Knaur

*Über den Autoren:*

Ernst Meckelburg, Jahrgang 1927, Wissenschaftsjournalist und Autor zahlreicher Beiträge und Bücher technischen Inhalts, ist redaktioneller Mitarbeiter bekannter Fachzeitschriften. Seit Jahrzehnten den Grenzbereichen der Wissenschaften zugetan, befaßt sich Meckelburg mit ungewöhnlichen Bewußtseinszuständen, das heißt, mit sämtlichen Aspekten der Parapsychologie und Paraphysik. Neben einer Fülle von Beiträgen in einschlägigen Zeitschriften und Magazinen veröffentlichte er verschiedene Werke über grenzwissenschaftliche Phänomene. Im In-und Ausland fanden seine Bestseller »Zeittunnel«, »Zeitschock«, »Transwelt«, »Traumsprung«, »Psi-Agenten«, »Hyperwelt« und »Wir alle sind unsterblich« große Beachtung.

Ernst Meckelburg

# *Die »andere« Wirklichkeit*

## Vorhersagen und Vorfälle aus der Welt des Übersinnlichen

Knaur

*Bildnachweis:*

Archiv Autor: 1a, b, 2, 4, 7, 10–15, 17–19a, b, 22–26;
Autor/Future-TV: 5, 6a, b;
Alternate Perception/Schwarz: 3, 8, 16, 27a, b;
Wesencraft: 9, 20, 21.

Besuchen Sie uns im Internet:
www.knaur.de

Vollständige Taschenbuchausgabe 2002
Droemersche Verlagsanstalt Th. Knaur Nachf., München

Umschlaggestaltung: ZERO Werbeagentur, München
Umschlagabbildung: Zefa, Düsseldorf
Druck und Bindung: Nørhaven Paperback A/S
Printed in Denmark
ISBN 3-426-77437-2

2 4 5 3 1

# *Inhalt*

## *Science-faction – Der letzte Kick*

Seit Stunden quälen wir uns nun schon durch das verzweigte riesige Areal der Ruinenstadt Pompeji am Fuße des Vesuv – unermüdlich auf der Suche nach immer noch beeindrukkenderen Fotomotiven. Die pralle Mittagssonne macht uns zu schaffen. Wir sehnen uns nach einem Schattenplatz, wo wir für ein paar Minuten verweilen, uns ein wenig abkühlen und ausruhen können.

Einer der zahllosen, bis auf die Knochen abgemagerten Hunde, die dort ein erbärmliches Dasein fristen, schwänzelt vor uns her, bettelt um ein Stückchen Brot, um etwas Wasser, um ein paar Streicheleinheiten. Unser vierbeiniger »Guide« lotst uns zielsicher zu einem schattigen Plätzchen, wo er offenbar die meiste Zeit döst: es ist das »Haus der vergoldeten Amoretten«, eines der interessantesten Bauwerke Pompejis, das einmal dem Geno Poppeo Abito gehört haben soll.

Erschöpft sinken wir auf einen der dort herumliegenden Steinquader, lassen unsere Blicke umherschweifen. Das Fresko mit Pelias und Janus unmittelbar vor uns wirkt im Halbschatten des Raumes auf einmal unscharf, die kleine Welt um uns irgendwie unwirklich. Ein Frösteln überfällt uns, trotz sengender Hitze da draußen. Hat uns die Vergangenheit, die schreckliche Katastrophe von damals eingeholt? Fast scheint es, als hätten wir eine fremde Welt betreten, eine, die seit 2000 Jahren unverändert geblieben, in einer Art Dornröschenschlaf erstarrt ist.

Vergleiche drängen sich auf: Da unsere geschäftige Welt, die kein Verweilen, keine Rückbesinnung kennt, deren Realität sich an High-Tech-Strategien, Gewinnmaximierung und Einschaltquoten orientiert, alles »Artfremde«, Nichtangepaßte unbarmherzig wegrationalisiert. Und dort im Verborgenen – die geheimnisvolle Welt dazwischen, die Schattenzone, die gar nicht so recht ins Kalkül der Rationalisten und Schubladen-Wissenschaftler hineinpassen will.

Wir, mit unseren Hochleistungscomputern, mit unserer globalen Datenvernetzung, virtuellen Realität, künstlichen Intelligenz, Gentechnologie, Nano- und Robo-Technik, wir, die wir alles im Griff zu haben glauben, können »unerklärliche« Geschehnisse nicht dulden. Wir erklären sie kurzerhand zu »Anomalien« – meßtechnisch verursachte kleine Abweichungen von der eigentlich zu erwartenden Normalität –, die sich irgendwann einmal doch ganz »normal« interpretieren lassen.

Die Frage ist, wie lange wir uns mit dieser Scheinlogik noch selbst betrügen wollen, denn schon kommt auf die Verfechter der »reinen Lehre« Schlimmeres zu, schon rütteln namhafte Vertreter der Naturwissenschaften an den offenbar gar nicht so ehernen Fundamenten der Physik ... sogar an Albert Einsteins Spezieller Relativitätstheorie.

Die merkwürdigen Ereignisse und unglaublichen Phänomene, von denen hier die Rede sein wird, lassen sich nicht länger verschweigen oder mit fadenscheinigen, pseudowissenschaftlichen Argumenten weginterpretieren. Ganz im Gegenteil: Gerade mit den unbestechlichen Instrumentarien der modernen Technik ist es möglich, subjektive Bewertungen auszuschließen und somit bislang Unerklärliches zu seinen Ursprüngen zurückzuverfolgen. Auf diese Weise lassen sich erstmals echte Psi-Manifestationen zuverlässig verifizieren und damit von okkultem »Wildwuchs« befreien.

Seit etwa 200 Jahren unterscheidet man penibel zwischen der physisch-physikalischen Realität und dem nichtmeßbaren »geistigen Prinzip«, dem Bewußtsein schlechthin. Diese längst überholte, leider immer noch vorherrschende Meinung von der Realität gerät jedoch durch die bewußtseinsintegrierende

»Neue Physik« couragierter naturwissenschaftlicher Vordenker und durch gewisse, gut dokumentierte »unerklärliche« Phänomene immer mehr ins Wanken. »Mind over matter« (Geist/Bewußtsein kontrolliert Materie) ist keineswegs eine substanzlose Floskel beweisarmer Anhänger der New-Age-Bewegung. Längst haben sich renommierte Naturwissenschaftler – Physiktheoretiker, Computerspezialisten, Informatiker, Mediziner und Biologen – der *Bewußtsein-Materie-Interaktion* angenommen. Sie erforschen ernsthaft den Einfluß des Bewußtseins – die Auswirkung von Denkprozessen – auf materielle Dinge. So wurde z. B. unlängst in dem RTL-Magazin »Future-TV« ein mittels Gedanken gesteuerter Kampfjet vorgestellt, für den eine manuelle Steuerung nur noch bedingt erforderlich sein könnte. Ähnliche Anwendungen mentaler Aktivitäten scheinen auch im zivilen Bereich vorprogrammiert zu sein. Offenbar gibt es kaum noch etwas, das es nicht geben könnte, heißt es doch in A. C. Clarks »Third Law« ganz richtig: »Jede weit fortgeschrittene Technologie ist kaum noch von Magie zu unterscheiden.«
Weltweit wird mit Vehemenz an der Entschlüsselung des Bewußtseins-»Codes«, an der Umsetzung gedanklicher Prozesse in irgendwelche nutzbringenden Anwendungen gearbeitet. Bewußtsein läßt sich nicht länger losgelöst von der materiellen Realität betrachten. Geistige Dinge sind ebenso real wie Materie, Instrumente und Maschinen. Beide beeinflussen einander auf subtile Weise, meist unbemerkt. Mit der sich bereits abzeichnenden Verfeinerung technischer Instrumente und Prozesse, wie z. B. in der Nano-Technik, geht die konsequente Umsetzung der gerade entstehenden, phantastisch anmutenden »Bewußtseinsphysik« einher – eine völlig neue naturwissenschaftliche Fachrichtung, deren Auswirkungen sich nur vage erahnen lassen. Damit werden denn auch sogenannte *paranormale* und *paraphysikalische*, aber auch andere, heute noch mysteriös erscheinende Phänomene eine wissenschaftliche Zuordnung erfahren.
Das vorliegende Buch soll keinesfalls Gegenstand kompli-

zierter theoretischer Erörterungen, sondern vielmehr eine Rückschau auf ungewöhnliche Ereignisse in der Vergangenheit sein. Im Lichte der zuvor angeführten neuen Erkenntnisse erscheinen sie jedoch ebenso natürlich wie alltägliches gegenwärtiges Geschehen. Die hier geschilderten Fälle beruhen – im Gegensatz zu den im Fernsehen gezeigten Science-fiction-Serien wie »Akte X«, »Sliders«, »Outer Limits«, »PSI-Faktor« usw. (an deren Einführung und Präsentation ich nicht ganz unschuldig war) – auf wahren Begebenheiten, d. h. solchen, die tatsächlich stattgefunden haben.
In dem vorliegenden »Story-Buch« geht es vorwiegend um unerklärliche Fälle paranormaler Art wie außersinnliche Wahrnehmung, Psychokinese, Poltergeistaktivitäten, Psycho-Doppelgänger, Erscheinungen, Astralkörperaustritte, Nahtoderlebnisse, Jenseitskontakte und Reinkarnation, um merkwürdige Naturphänomene und andere mysteriöse Ereignisse. *Science-faction* ist angesagt – Unglaubliches wird zur Realität, zur unumstößlichen Gewißheit.

# I
# Konfrontation mit der »anderen« Wirklichkeit

## Menschen mit Psi-Fähigkeiten – Telepathie – Hellsehen – Psychometrie – Vorauswissen – Schicksal

*Zutreffende Prophezeiungen zum Untergang des britischen Luxusliners »Titanic« waren für den Autor Anlaß, dieses Buch über ungewöhnliche Phänomene und Ereignisse, die auf Tatsachen beruhen, entsprechend zu titulieren. Der Buchtitel soll eine Verbindung zum Filmereignis des Jahres und zu den zahlreichen »Titanic«-Stories in den Printmedien herstellen, in denen diese nachgerade sensationellen Enthüllungen bedauerlicherweise mit keiner Silbe erwähnt wurden.*

*»Übersinnliches« hat heute Hochkonjunktur, steigert die Auflagen der Boulevardpresse, läßt die Einschaltquoten kommerzieller Fernsehsender in die Höhe schnellen. Die dort vermittelten Szenarien, in denen Supermedien mit ihren unglaublichen paranormalen Fertigkeiten wahre Wunder vollbringen, entsprechen allerdings kaum der Realität, haben als Science-fiction ausschließlich Unterhaltungswert. Ungeachtet dessen lassen sie vage erahnen, was uns demnächst widerfahren könnte, wenn Psi-Phänomene erst einmal zufallsunabhängig, d. h. instrumentell realisierbar sind.*

*Die Erforschung des Paranormalen ist auch heute noch mit harter Laborarbeit und aufwendiger Feldforschung verbunden, die sich über viele Wochen und Monate hinziehen kann. Die Testergebnisse fallen in der Regel eher bescheiden aus. Dennoch deuten die in den großen Instituten über lange Zeiträume erzielten gleichbleibenden Resultate – Parapsychologen sprechen von Signifikanz – unmißverständlich dar-*

*auf hin, daß es so etwas wie Telepathie, Hellsehen (Fernwahrnehmung), Vorauswissen (Präkognition) und andere Spielarten der sogenannten »außersinnlichen« Wahrnehmung gibt. Für den grenzwissenschaftlich unkundigen Leser sind monotone Berichte über arbeitsintensive Versuchsreihen und deren statistische Auswertung ausgesprochen langweilig. Ihn interessieren mehr spontan auftretende, spektakuläre Psi-Manifestationen, denen ähnlich, die ihm von den allabendlichen Science-fiction-Serien der TV-Sender her geläufig sind.*

*Wer glaubt, daß es solche spontanen Psi-Fälle nicht gibt, daß es sich hierbei auch wieder nur um clever zusammengebastelte Science-fiction handelt, irrt allerdings. Wir begegnen ihnen im Alltag auf Schritt und Tritt, ohne daß wir es sonderlich gewahr werden, denn sie sind Teil unserer Natur und bestimmen das, was wir gemeinhin als Schicksal bezeichnen.*

*In den vier Hauptkapiteln dieses Buches geht es zunächst um Fälle, in denen von Menschen die Rede ist, die über die Fähigkeit der außersinnlichen Wahrnehmung verfügen, bei denen der sogenannte »sechste« Sinn besonders stark entwickelt ist, um »Naturtalente«, die ihre ungewöhnlichen Gaben nie trainiert haben und die über diese oft sogar sehr unglücklich sind.*

*Indem wir uns in die einzelnen authentisch überlieferten Fälle paranormaler Wahrnehmung hineinlesen, werden wir spielend alles über das Wesen der Telepathie, des Hellsehens, Vorauswissens und anderer geheimnisvoller Psi-Phänomene erfahren, werden wir erkennen, daß es sich hierbei um etwas ganz Natürliches handelt, um Fähigkeiten unseres Bewußtseins, die wir im Prinzip alle besitzen, die uns aber aufgrund falscher »Programmierung« im Laufe der Zeit abhanden gekommen sind.*

## 1

## *Psi-Talent wider Willen*

Der bekannte Zürcher Arzt und Psychiater Dr. Naegeli-Osjord (†) – er untersuchte jahrelang im Rahmen einer ganzheitlichen Naturphilosophie unterschiedliche Psi-Manifestationen, Besessenheit und Geistheilung – machte mich während der Basler PSI-Tage 1995 auf einen Fall offenbar angeborener Medialität aufmerksam, der in seiner Vielfalt wohl einzigartig ist.

Schon als Kind hatte man Frau O., die in ihrer Umgebung einen fremdländischen Eindruck hinterließ, den »bösen Blick« nachgesagt, weshalb sie des öfteren grundlos verprügelt worden war. Einen ersten Wahrtraum, der ihre Medialität verdeutlicht, erlebte sie bereits mit zwölf Jahren. Ihr träumte, daß in einem Haus der nahen Umgebung ein Gasofen explodiert und das Haus abgebrannt sei. Nur das jüngste Familienmitglied habe sich durch einen Sprung aus dem Fenster retten können, die anderen aber waren verbrannt. Zu Tode erschrocken, sei sie erwacht und in die Küche gegangen, um etwas zu trinken. Kurz darauf, gegen drei Uhr früh, habe sich alles im Traum Gesehene bis ins letzte Detail verwirklicht.

Etwas Ähnliches widerfuhr ihr im Alter von 17 Jahren. Im Traum sieht sie an einer ihr vom Weg zur Arbeit wohlbekannten Stelle einen schweren Unfall. Anderntags fährt sie gegen ihre Gewohnheit nicht mit dem Motorrad zur Arbeit. Als sie zu Fuß an der im Traum gesehenen Stelle vorbeikommt, wird sie Zeugin eines schrecklichen Unfalls, der einen jungen Mann das Leben kostet.

Nach sechs Monaten wiederholt sich der Traum in ähnlicher Form. Sie erlebt – wiederum zu Fuß – am nächsten Tag an der »erträumten« Stelle einen weiteren Unfall, bei dem ein Radfahrer ums Leben kommt.
Bei Ahnungen oder Vorausschau allein sollte es nicht bleiben. In der Wohnung ihrer Adoptivmutter verschwinden, wenn sie ausnahmsweise einmal dort wohnt, Brillen, Bestecke und eine Schreckschußpistole. Auch brennen in ihrer Anwesenheit in auffälliger Weise Sicherungen durch. Glühbirnen versagen, leuchten dann aber mitunter wieder kurz auf, bevor sie erneut verlöschen. Gelegentlich schaltet sich der Fernseher von selbst ein. Türen öffnen sich von selbst, wenn sie in einen anderen Raum geht, um sich dann wieder ohne ihr Zutun zu schließen. Nachts hören sie und ihre Mutter Geräusche wie von schleppenden Schritten oder auch störendem Krähen, ohne daß sich Tiere in ihrer Nähe befunden hätten.
In der Nacht vom 2. zum 3. Mai 1983 vernahm Frau O. bei vollem Bewußtsein von der Haustreppe her Klopf- und Pfeiftöne sowie irgendwelche Dialoge, an die sie sich noch ganz genau erinnert.
Oft lösen sich in Anwesenheit ihrer Eltern Bilder aus den Befestigungen und weisen bislang intakte Vasen plötzlich Beschädigungen auf, die man sich nicht erklären kann. Häufig geschah es, daß Gegenstände von einem Haus ins andere oder auch ins Auto teleportiert und gelegentlich sogar deportiert, d. h. zurückversetzt wurden.
Psychokinetische Wirkungen spielen im Alltag von Frau O. offenbar eine dominierende Rolle. Sie berichtete Dr. Naegeli-Osjord über einen Fall, der sich unlängst in einem Warenhaus zugetragen habe. Sie habe den an der Wand befestigten Sicherungskasten fixiert und dabei gedacht, daß es ein »Witz« wäre, wenn gleich der Strom ausfallen würde. Prompt sei die Stromzufuhr für mehr als eine Stunde unterbrochen gewesen. Frau O. will im selben Warenhaus ein defektes Fernlenkauto mittels »Gedankenkraft« wieder in Gang gebracht haben. Es sei ihr auch gelungen, wie Uri Geller, Löffel be-

rührungslos zu verbiegen und danach wieder annähernd in die ursprüngliche Form zurückzubringen.
Das Medium behauptet, über beachtliche Heilkräfte zu verfügen. In ihren Brüsten seien vor Jahren Knoten aufgetreten, die der Arzt nach einer Laboruntersuchung als Krebsgeschwülste erkannt habe und die operativ entfernt werden sollten. Frau O. will sich daraufhin gedanklich auf das Verschwinden der Knoten konzentriert haben, was ihr nach einem Monat auch gelungen sei. Seit diesem Erfolgserlebnis übe sie sich im geistigen Heilen. Sie sei imstande, bei ihrem Freund das Fieber zu senken, die Migräne ihrer Mutter einzudämmen und kranke Tiere positiv zu beeinflussen.
Ungewöhnlich ist auch das Umfeld von Frau O. Ihre Adoptivmutter fährt regelmäßig, in Schwarz gekleidet, in ihre 200 Kilometer entfernte Heimatstadt, und sie besucht dort vermutlich dämonische Sitzungen. In ihrem Schlafzimmer befindet sich ein Schrank mit ausschließlich schwarzen Kleidungsstücken. Dr. Naegeli-Osjord vermutet, daß beide Frauen, die insgeheim einander fürchteten, eine »Kräfteakkumulation«, eine Anhäufung psychischer Kräfte, bewirkten. Er hält gerade diesen Fall für parapsychologisch hochinteressant und meint: »Ob sich die Paraphänomene aus dem eigenen Psychopotential der Tochter gestalten oder ob transzendente Geistwesen, von ihrer Medialität und der der Mutter angelockt, auch eigene Kräfte beisteuern, wird für immer ungeklärt bleiben.«

## 2

## *Die telepathische Leidensbrücke*

Immer wieder behaupten Menschen, jemand anders würde sie telepathisch verfolgen, sie mittels »Gedankenübertragung« beeinflussen. Dafür, daß ein Mensch auf diese Art in den Wahnsinn getrieben werden kann, gibt es keinen Beleg. Es kann aber vorkommen, daß die Wahnvorstellungen eines bereits geistesgestörten Menschen mit telepathisch übertragenen Inhalten gespeist und somit verstärkt werden.

Die paranoide Schizophrenie – ein auf Wahnvorstellungen beruhendes Spaltungsirresein – gehört zu den schrecklichsten Geisteskrankheiten überhaupt. Nicht nur, daß der Kranke zumindest zeitweilig den Kontakt zur Realität verliert, er leidet zudem ständig oder schubweise sowohl unter Wahnvorstellungen als auch unter Trugwahrnehmungen. So nimmt er z. B. Dinge wahr, die in unserer Realität gar nicht existieren. Bei dieser Störung geht es vornehmlich um eingebildete Bedrohungen, beispielsweise um das Vernehmen anklagender Stimmen oder um irgendwelche Todesängste.

Bei schizophrenen Schüben unterscheidet man zwischen solchen »reaktiver« Art – als Reaktion auf besonders belastende Lebensumstände – und »prozeßhafter« Art, um langfristige, chronische Störungen, die nicht mit einer eindeutig festgelegten psychologischen Ursache verknüpft zu sein scheinen. Die letztgenannte Gruppe ist nur sehr schwer zu heilen. Es gibt sehr wenige Patienten, die sich von diesem Leiden in vollem Umfang erholen.

Die mit der paranoiden Schizophrenie verbundenen Wahnvorstellungen treten mitunter sehr bizarr in Erscheinung. Ty-

pisch für sie ist z. B. die Behauptung des Patienten, man würde seine Gedanken stehlen, ihn mit gefährlichen Strahlen traktieren oder auch telepathisch beeinflussen, so daß er nicht mehr Herr seiner selbst sei. Andere Patienten sehen sich von geheimen Organisationen verfolgt. Der Autor weiß aufgrund von Leserbriefen, die ihn zu seinen Büchern erreichen über zahlreiche Fälle dieser Art zu berichten. Eine Leserin seines auch auf französisch erschienenen Buches »Geheimwaffe Psi« (»Les Armes Secrètes PSI«, Belfond 1984) verfolgte ihn hartnäckig von Paris bis zu seinem Wohnort, um mehr über die Machenschaften der mit Psi-Experimenten befaßten Geheimdienste zu erfahren und den Verfasser vor den verheerenden Folgen seines Buches in Frankreich zu warnen. Ein anderer Franzose wollte sich mit Hilfe dieses Buches ein Alibi für die Ermordung eines unliebsamen Abgeordneten beschaffen. Er fühlte sich von diesem verfolgt und glaubte daher, ihn zu Recht umbringen zu dürfen.
Man weiß bislang nicht, warum solche Ängste und irrealen Vorstellungen so häufig in Erscheinung treten und was sie auslöst. Besonders kompliziert wird es, wenn Anlaß zu der Vermutung besteht, die Wahnvorstellungen des Geisteskranken könnten echte telepathisch ausgelöste Reaktionen sein – dann nämlich, wenn es scheint, als könnten die Inhalte der Wahnvorstellungen konkret auf die Übertragung von Gedanken eines Mitmenschen zurückzuführen sein. Und hierfür gibt es heute immer mehr Hinweise. Dies ist zumindest die Ansicht von Frau Dr. Elisabeth Mintz, einer klinischen Psychologin mit einer Privatpraxis in New York. Diese Feststellung machte sie in ihrem schon vor einigen Jahren veröffentlichten Buch »The Psychic Thread« (Der seelische Faden), in dem sie darlegt, wie sie und einige ihrer Kollegen im Krankenhaus mit außersinnlicher Wahrnehmung zu experimentieren begannen. Während einer kurzen Verschnaufpause entschloß sich Dr. Mintz einem ihrer Kollegen eine telepathische Botschaft zukommen zu lassen. Sie saß in ihrem Büro und versuchte – da gerade eine Whisky-Flasche vor ihr

stand –, ihm den Markennamen »Johnny Walker« zu übermitteln. Ihr erschien dieses Experiment besonders interessant, da dieser Kollege, was Alkohol betraf, als besonders enthaltsam galt.
Noch während sich Dr. Mintz konzentrierte, kam einer der schizophrenen Patienten durch den Krankensaal gerannt. Er war sehr aufgeregt und beklagte sich, jemand würde fortgesetzt »Johnny Walker« rufen.
Über einen anderen Fall, der in besonderer Weise den telepathischen Einfluß auf Wahnvorstellungen aufzeigt, berichtet Dr. James McHarg, der seinerzeit in der Psychiatrie des »Royal Dundee Liff Hospital« im schottischen Dundee tätig war.
Die Fallgeschichte der von ihm betreuten Patientin las sich wie ein typischer Fall von paranoider Schizophrenie der »prozeßhaften«, chronischen Art. Mary Leeds (Pseudonym) war damals 58 Jahre alt und lebte allein in ihrer Wohnung, als sich die Krankheit zu entwickeln begann. Die ersten Symptome traten im Sommer 1958 auf, als sie über den unglücklichen Verlauf ihres Lebens unter Depressionen zu leiden begann. Einige Zeit zuvor hatte sie sich von ihrem Mann getrennt. Sie wurde von halluzinatorischen Stimmen geplagt, die sie »bösen Geistern« zuschrieb. Sie meinte, diese würden durch den Kamin und das Dach in ihre Wohnung eindringen. Besonders groß war ihre Angst, von jenen Wesen »übernommen« zu werden. Trotz dieser ernsten Symptome lebte sie noch ein Jahr ganz allein in ihrer Wohnung, bevor sie einen Arzt aufsuchte. Der überwies sie im Juli 1959 in das »Royal Dundee Liff Hospital«.
Die Stimmen sollten nicht das einzige Symptom bleiben, das die Patientin quälte. Fünf Monate nach ihrer Einlieferung beobachtete das Krankenhauspersonal, wie sie in Blumentöpfe und Aschenbecher spuckte. Auf Befragen erklärte sie ihr seltsames Verhalten damit, das in ihrer Kehle »Bestien« hausen würden, die sie auf diese Weise herauszuwürgen versuchte. Dieser Zustand hielt 14 Monate an, um dann ebenso rasch

wieder zu verschwinden, wie er gekommen war. Während der darauffolgenden zweieinhalb Jahre trat keine Veränderung im Befinden der Patientin ein. Dann, im September 1963, schien sich ihre Krankheit zu verschlimmern. Merkwürdige halluzinierte Geräusche im linken Ohr begannen ihr zuzusetzen. Ärzten gegenüber gab Frau Leeds zu verstehen, daß sie durch ein »Biest« verursacht würden, das sich von dort in ihr Gehirn hineinfresse.
Ihre Aufregung hierüber steigerte sich, als sie feststellen mußte, daß die Ärzte nicht in der Lage waren, dieses »Monster« auszutreiben. Besagte Wahnvorstellung hielt sich bis ins Frühjahr 1968. Inzwischen waren Komplikationen hinzugekommen, als die Patientin Ende 1965 eine ähnliche Verfolgungsangst vor einem »Biest« in ihrem rechten Ohr entwickelte.
Das Krankheitsbild der Patientin, die aufgrund der Schwere ihrer Erkrankung ständig in psychiatrischer Obhut verbleiben mußte, zeigte bis zu ihrem Tod einige Jahre später keine Veränderung. Obwohl sie bis zum Schluß paranoid blieb, verhielt sich Frau Leeds dem Krankenhauspersonal gegenüber stets freundlich.
Soweit scheint an dieser Krankheitsgeschichte nichts Ungewöhnliches zu sein. Wenn auch die besonderen Inhalte ihrer Wahnvorstellungen in der einschlägigen Literatur kaum erwähnt wurden, entsprach doch die Gesamtentwicklung dieses Falls weitgehend dem, was man bei paranoider Schizophrenie als typisch ansieht. Diese Meinung vertrat auch Dr. McHarg, der sich mit diesem Fall über Jahre eingehend beschäftigt hatte. Sie sollte sich jedoch abrupt ändern, als er 1964 bei einem anderen Patienten auf merkwürdige Symptome stieß und auf einen Synchronismus – gleichzeitig auftretende Ereignisse, die miteinander in einem sinnvollen Zusammenhang stehen – aufmerksam wurde.
Die Tatsache, daß es sich bei den Problemen von Frau Leeds vielleicht um etwas anderes als eine einfache Paranoia handeln könnte, wurde deutlich, als Dr. McHarg erfuhr, daß sich

ein weiterer Patient des Hospitals über ungewöhnliche Geräusche im rechten Ohr beschwerte. Obwohl dieser Patient nicht geistesgestört war, ließen sich die Ursachen seiner Beschwerden zunächst nicht feststellen. Dr. McHarg begann, sich für das Problem dieser Person zu interessieren. Zu seiner Überraschung mußte er feststellen, daß es sich bei ihm um einen Bruder von Frau Leeds handelte, den sie allerdings jahrelang nicht gesehen hatte. Keiner der beiden wußte, daß sie sich zur gleichen Zeit in verschiedenen Abteilungen des Krankenhauses aufhielten. Da der Bruder von Frau Leeds geistig völlig normal war, regte sich bei Dr. McHarg der Verdacht, daß dieser an einer nicht diagnostizierbaren körperlichen Störung litt.

Dr. McHarg beobachtete diesen Patienten bis zu dessen Tod im November 1969. Er starb an einem Bauchleiden, das mit den anderen Beschwerden nichts zu tun hatte. Aufgrund von Untersuchungen nach seinem Tod wurde festgestellt, daß der Mann an einem »akustischen Neurinom« – einem gutartigen Tumor – im linken Ohr gelitten hatte.

Als sich Dr. McHarg die Krankengeschichte dieses Patienten vornahm, entdeckte er, daß die ersten Symptome im Ohr im September 1963 aufgetreten waren, d. h. synchron mit Frau Leeds' Wahnvorstellungen, ein »Biest« halte ihr linkes Ohr besetzt.

Es schien, als ob die Wahnvorstellungen der Schwester durch die körperlichen Leiden des Bruders telepathisch ausgelöst wurden. Bei seinen Nachforschungen stellte Dr. McHarg fest, daß die Wahnvorstellungen von Frau Leeds im gleichen Monat verschwanden, als sich ihr Bruder mit dem Verlust seines Hörvermögens im linken Ohr abgefunden hatte. Diese Übereinstimmung erschien ihm so auffällig, daß der Psychiater die Krankheitsgeschichte des Bruders noch weiter zurückverfolgte. Je länger er forschte, desto mehr Einzelheiten kamen ans Licht, die eine Verbindung zwischen den Wahnvorstellungen der Kranken und den Leiden ihres Bruders erkennen ließen.

Es stellte sich heraus, daß der Bruder von Frau Leeds irgendwann in der Zeit zwischen 1957 und 1959 unter den ersten Anzeichen eines später als bösartig diagnostizierten Bronchialtumors litt. Dieses Geschehen stimmt geradezu frappierend mit dem Lebensabschnitt von Frau Leeds überein, in dem diese 1958 zum ersten Mal äußerte, daß »bösartige Geister« durch den Kamin in ihr Haus eindringen würden. Dr. McHarg weist mit Recht darauf hin, daß hier eine auffällige symbolische Übereinstimmung zwischen dem Symptom von Frau Leeds und der Krankheit ihres Bruders bestehe. Beide betreffen ein sich ausbreitendes Übel, das das Haus (den Körper) über den Kamin (die Luftwege) betritt.
Der Zustand des Bruders verschlimmerte sich, und 1960 traten krampfartige Hustenanfälle mit Schleimabsonderungen auf. Einen Monat zuvor hatte sich seine Schwester über »Bestien« in ihrem Hals beschwert, die sie heraushusten müsse. Auffällig ist auch, daß die Wahnvorstellungen der Schwester im Jahre 1961 auf geheimnisvolle Weise verschwanden, etwa zeitgleich mit der Operation, bei der man den Tumor des Bruders entfernt hatte.
Die Kette dieser Synchronismen sollte bis 1963 dauern, als Frau Leeds über »Monster« in ihrem Ohr zu klagen begann. Eindeutig erkennbar ist hier der Zusammenhang mit den Beschwerden ihres Bruders im linken Ohr, die von dem erst später entdeckten Tumor ausgelöst worden waren. Eine weitere Verbindung besteht zu den im Dezember 1965 beginnenden Klagen von Frau Leeds über eine ähnliche »Bestie« im rechten Ohr. Ihr Bruder hatte sich gegen Ende 1965 ebenfalls über seltsame Geräusche im rechten Ohr geäußert. Es handelte sich hierbei jedoch um ein »eingebildetes« Symptom, da dieses nach dem Verlust des Gehörs im anderen Ohr empfindlicher geworden war. Dr. McHarg erklärte dazu: »Diese Feststellungen legen nahe, daß die gesamte Psychose auf einer teilweise synchronen Nachahmung des entfremdeten Bruders durch die Patientin beruhte.«
Trotz dieser Tatsache ging es Frau Leeds auch nach dem Tod

ihres Bruders nicht besser. Dieser seltene Fall wirft einige interessante Fragen auf: Wurde die Patientin womöglich auf telepathischem Wege unbewußt in den Wahnsinn getrieben? Oder wäre sie auch dann geisteskrank geworden, wenn ihr Bruder all diese Krankheiten nicht gehabt hätte? Sind Schizophrene bessere Sensitive – besonders medial veranlagte Personen? Oder ist es möglich, daß manche verrückt erscheinenden Menschen hochmedial veranlagt sind? Diese Fragen ließen sich aufgrund unzureichender praktischer Erfahrungen bislang nicht eindeutig beantworten. Eines aber dürfte als erwiesen gelten: Medialität und Psi-Fähigkeiten haben nichts mit Intelligenz zu tun. Es hat sogar den Anschein, als ob diese das Auftreten paranormaler Phänomene unterbinden würde.

## 3

## *Die lebende Zeitmaschine*

Anfang der siebziger Jahre schickte der kanadische Archäologe Dr. Norman Emerson, Leiter der archäologischen Forschungsabteilung der Universität Toronto, dem in Vancouver tagenden Berufsverband einen Bericht über Experimente mit dem Hellseh-Medium George. Der frühere Lastwagenfahrer, heute besitzt er ein Maklerbüro in einer kleinen Stadt nahe Toronto, hatte im Laufe der zurückliegenden Jahre bei Ausgrabungsarbeiten vielfach seine ungewöhnliche Begabung unter Beweis gestellt. Er war in der Lage, genaue Auskünfte über jene Kulturen zu geben, deren Überreste die Archäologie mühsam zu deuten versuchte. Aus diesem Grund nannte der kanadische Reporter John Gault ihn die »lebende Zeitmaschine«.

Der Archäologiestudent Patty Reid glaubte zu wissen, wo er die Palisade eines alten Huronen-Indianerdorfes finden könnte. Er grub seit einiger Zeit auf einem Hügel am früheren Ufer eines ausgetrockneten Sees nahe Pickering, ungefähr 15 Meilen nordöstlich von Toronto, ohne jedoch fündig zu werden – bis zu dem Tag, an dem George an der Ausgrabungsstätte auftauchte.

Der Besucher kam mit dem Studenten ins Gespräch. Obwohl er fast nichts über Archäologie wußte, zeigte er sich doch an den dortigen Ausgrabungen sehr interessiert. Beim Hin- und Herspazieren während des Gesprächs deutete der Mann plötzlich auf eine Stelle am Hang und behauptete, daß dort die gesuchte Palisade zu finden sei.

George sollte recht behalten. Genau an der bezeichneten

Stelle – ein ganz ungewöhnlicher Platz – wurde die Palisade ausgegraben. Nur durch Zufall hätte Reid sie dort finden können. Im Laufe der weiteren Ausgrabungen zeigte es sich, daß die Palisade genau der Richtung folgte, die George angegeben hatte. Er konnte die fragliche Stelle nicht zufällig gefunden haben, weil er keine zehn Zentimeter daneben getippt hatte. Reid später: »Normalerweise hätten wir einen 70 Meter langen und eineinhalb Meter breiten Graben ausheben müssen, um auf einige dieser Pfähle zu stoßen. Wir hatten bis dahin mehr als 50 Quadratmeter aufgegraben und nichts gefunden, obgleich alle archäologischen Erkenntnisse darauf hindeuteten, daß die Einzäunung eines solchen Indianerdorfes immer an der Hügelkante verläuft.«

George behauptete außerdem, daß das Dorf vor 800 Jahren dort gestanden habe. Spätere wissenschaftliche Datierungen, die man anhand ausgegrabener Kunstgegenstände durchgeführt hat, bestätigten dies. »Das Dorf war ein friedlicher Ort«, wußte George weiter zu berichten. George beschrieb die Tore der Ansiedlung und meinte, daß sie nur zum Einlassen der Bewohner gedient hätten, da das Vieh außerhalb der Umzäunung geblieben sei. Und dies stimmte genau mit den Annahmen der wissenschaftlichen Archäologen überein. George zeigte Patty Reid außerdem, wo sich das Tor befunden hatte – tatsächlich wurde es dann auch an der bezeichneten Stelle gefunden –, und er beschrieb eine größere Hütte – wahrscheinlich ein Gemeinschaftsraum –, der später genau dort freigelegt wurde.

Insgesamt gab George dem jungen Archäologen so viele Anhaltspunkte, daß an diesem Ort noch längere Zeit erfolgreich gegraben werden konnte. Das plötzliche Auftauchen von George war für Patty Reid ein Glücksfall, da er unter Zeitdruck stand: Das dortige Gebiet war nämlich als Teil eines seit langem geplanten Flugplatzes von Pickering vorgesehen. George, der Mann, der wie kein anderer über Lage und Beschaffenheit des Indianerdorfes Bescheid wußte, ist kein Wissenschaftler. Er besuchte den Ausgrabungsort nur des-

halb des öfteren, weil er die Arbeit seines Freundes Dr. Norman Emerson, des Leiters der archäologischen Forschungsabteilung an der Universität Toronto, unterstützen wollte. George, der nicht möchte, daß sein Familienname genannt wird, besitzt hellseherische Fähigkeiten – er vermag mit seinem Bewußtsein quasi rückwärts »durch die Zeit zu reisen«. Auf eine logisch nicht zu erklärende Weise »sieht« er das uralte indianische Dorf genau so, wie es vor Hunderten von Jahren einmal ausgesehen hat. George behauptet, mit den Dorfbewohnern sogar »sprechen« und ihnen Fragen stellen zu können, was so zu verstehen ist, daß er mit ihnen ausschließlich auf Bewußtseinsebene kommuniziert. Das erscheint durchaus verständlich, wenn man einmal davon ausgeht, daß unser aller Bewußtsein als multidimensionales Gebilde selbst zeitfrei existiert, sich demnach in der Zeit völlig frei bewegen kann.
Noch vor Jahren hätte man über Georges Aussagen gelacht, hätte Dr. Emerson seine wissenschaftliche Karriere aufs Spiel gesetzt, wenn bekannt geworden wäre, daß er bei seinen Unternehmungen die Hilfe eines Mediums in Anspruch nahm. George, Vater von drei Kindern, ist in einer kleinen Stadt unweit von Toronto aufgewachsen. Solange er sich zurückerinnern kann, besaß er die »Gabe« der Hellsichtigkeit. Noch bevor er die Schule besuchte und lesen konnte, »wußte« er, wie die Indianer vom weißen Mann verfolgt worden waren. Das Bemerkenswerte: Damals stellten die kanadischen Geschichtsbücher die Unterdrückung der Indianer noch ganz anders dar. Erst viel später wurde das Geschichtsbild unter Berücksichtigung des indianischen Standpunktes revidiert.
Seit frühester Kindheit hatte George unter seiner extremen Sensibilität zu leiden. Gleich am ersten Schultag wurde er nach Hause geschickt. Er hatte sich geweigert, beim Singen der Nationalhymne »God Save the King« aufzustehen, weil er befürchtete, unkontrolliert in Trance zu fallen, was ihm in jungen Jahren öfter passierte.

Seine Mutter zog damals den dort ansässigen Pastor zu Rate, an den George sich später als an einen »fürchterlichen Mann« erinnerte. Dieser hatte ihm mehrmals mit ewiger Verdammnis in der Hölle gedroht, wenn er nicht sein Verhalten ändere. George sagt, darauf habe er dem Pastor geantwortet, daß das schön wäre, da er dort wenigstens mit den himmlischen Weisen zusammen wäre anstatt mit christlichen Heuchlern.

Im Frühsommer 1934, als George gerade einmal 14 Jahre alt war, fuhr einer seiner gleichaltrigen Schulkameraden zu einem Onkel in Kirkland Lake in die Ferien. Nachdem er sich verabschiedet hatte, wandte sich George an seine Kameraden und sagte ernst: »Wir werden ihn nicht mehr wiedersehen.« Natürlich wurde er wie immer als »Spinner« ausgelacht. Dann geschah das Schreckliche, etwas mit dem niemand gerechnet hatte: Der Wagen, mit dem der Junge gegen Ende der Ferien nach Hause gebracht wurde, stieß mit einem anderen zusammen. Er wurde völlig zertrümmert, und der Junge kam ums Leben.

Damals begann George damit, sein Vorauswissen für sich zu behalten. Er war inzwischen auch in der Lage, ungewollte Trancezustände zu vermeiden und seine medialen Fähigkeiten anzuwenden, ohne daß man ihm sofort etwas anmerkte. George vergleicht seine Fähigkeit, sich »an- und abschalten« zu können, mit dem Ein- und Ausschalten eines Radios. Er kann seine Empfängerfunktion, wann immer er oder Freunde es wünschen, aktivieren. Ist er müde, niedergeschlagen, nervös oder befinden sich Personen mit einer »schlechten Ausstrahlung« in seiner Nähe, vermag er sich sofort zu deaktivieren.

Die paranormalen Eindrücke erreichen ihn in unterschiedlicher Stärke. Gelegentlich treffen sie bei ihm mit einer solchen Intensität ein, daß er sich ihnen nicht verschließen kann. Ist der Inhalt der Information schlecht, geschmacklos oder widerlich, kann er sich ihm nur durch Flucht entziehen. Während eines Besuchs im Königlichen Museum von Ontario befielen ihn beim Anblick der ägyptischen Mumien der-

art unangenehme Vorstellungen, daß er das Gebäude fluchtartig verließ. Ähnliches erlebte der Sensitive beim Besuch archäologischer Ausgrabungsstätten. Erst in zeitlicher Distanz ist er in der Lage, über das zu sprechen, was ihn aus der Fassung gebracht hat.
Als George vor Jahren die Begräbnisstätte eines ehemaligen Indianerdorfs östlich von Toronto besuchte, hielt Dr. Emerson Georges Reaktion auf Tonband fest: »... ich kann es unter meinen Füßen fühlen ... Furchtbares hat sich hier abgespielt ... (wiederholtes Keuchen) ... es preßt mir die Kehle zusammen ... Es fühlt sich so an, als ob hier jemand gehenkt worden wäre ...«
George hat es sich zur Gewohnheit gemacht, nur die Informationen weiterzugeben, von denen er glaubt, daß Dritte sie erfahren sollten. »Sieht« er ein Ereignis – eine Greueltat, ein Verbrechen oder dergleichen –, das er als widerwärtig empfindet, behält er die Einzelheiten für sich.
In vielen seiner hellsichtigen Äußerungen kommt ein besonderes Verständnis für die Indianer zum Ausdruck. Die weißen Christen früherer Jahrhunderte bezeichnet er hingegen als Barbaren. Einmal »sah« er ein von New Yorker Irokesen verübtes Massaker, das sich östlich der Stelle ereignet hat, an der später Toronto entstand. Das brutale Vorgehen der Indianer entschuldigte er damit, daß diese zuvor dreimal von den Weißen vertrieben und dabei fast völlig ausgerottet worden waren.
George vermied es stets, persönliche Voraussagen für die Zukunft zu machen. Das Wissen, wann ein Freund oder Verwandter sterben wird, bedeutete für ihn stets eine enorme Belastung. Er war sich durchaus bewußt, welch großen Einfluß er durch seine Vorhersagen von schlechten und guten Ereignissen ausüben konnte. Daher erschien es ihm auch als sicher, daß er seine Kräfte sofort und für immer verlieren würde, sollte er versuchen, sie kommerziell zu nutzen.
Die Bereitwilligkeit des Hellsehers George, seine Gabe Dr. Emerson zur Verfügung zu stellen, ist bemerkenswert. Der

Grund mag darin liegen, daß die Arbeit seines Freundes der Erweiterung des Wissens über die alten Indianerkulturen Nordamerikas dient. Und diese Kenntnisse können dazu beitragen, die Welt über die wahre Natur der Ureinwohner zu informieren.

Im Januar 1971 entdeckte Dr. Emerson, daß George auch psychometrische Fähigkeiten besitzt – die Gabe, anhand eines Objekts Eindrücke über die Personen zu empfangen, in deren Besitz es sich eine Zeitlang befunden hat. Der Gegenstand stellt dabei die Brücke zur außersinnlichen Wahrnehmung dar. Beim ersten Test beschrieb George seine Empfindungen im Zusammenhang mit einer alten Brosche, die Frau Emerson geerbt hatte. Seine Aussagen waren, wie sich später herausstellen sollte, erstaunlich genau.

Ein anderes Mal legte Emerson dem Sensitiven Münzen vor, die man beim Ausgraben einiger Skelette nahe dem Ort Orillia gefunden hatte. Am schwarzen Haar der Toten war eindeutig festgestellt worden, daß es sich um Indianer handelte, obgleich Kleidungsreste von weißen Männern bei ihnen lagen. George lokalisierte den Fundort, bis auf wenige Meilen genau. »Es ist seltsam«, sagte er, »aber ich sehe lange schwarze Haare.«

Dr. Emerson begann nun, George mit verschiedenen antiken Kunstgegenständen, die er im Laufe von drei Jahrzehnten bei Ausgrabungen gesammelt hatte, systematisch zu testen. Einen schriftlichen Bericht über die Ergebnisse schickte er an die in Vancouver tagende Archäologen-Vereinigung. Hierin heißt es unter anderem: »Ich legte George das Fragment eines Kunstgegenstandes aus dem ›Black Creek‹-Gebiet im Stadtzentrum Torontos vor. Er hielt es in der Hand, ›schaltete um‹, betastete es und meditierte darüber. Dann behauptete er, daß es ein Pfeifenstiel sei. Er gab Alter und Fundort an, erläuterte, wie die Pfeife gefertigt worden sei, und schilderte die Lebensverhältnisse ihres Besitzers. Mehr noch: Er fertigte von dem Pfeifenkopf, der an dem aufgefundenen Stiel befestigt gewesen war, sogar eine Zeichnung an. Ich war fasziniert und tief beeindruckt, denn George hatte das Bild einer typisch irokesischen Ringkopfpfeife gezeichnet – eine der am häufigsten verbreiteten Formen, die in der ›Black-Creek‹-Gegend gefunden wurden.«

»Intuitive Archäologie« ist keinesfalls neu. Es hat schon immer Archäologen gegeben, die sich auf der Suche nach versunkenen Kulturen intuitiver Informanten bedienten. Dr. Emersons Kollegen zeigten sich daher über diese Berichte gar nicht einmal so sehr erstaunt.

George behauptet, er habe drei geistige Führer oder – anders ausgedrückt – Helfer »auf der anderen Seite«. Ihre Stimmen seien »weder jung noch alt«. Sie dienten ihm als »Reiseführer«, wenn er sich durch die Jahrhunderte bewege. Sie stellten auch die Verbindung mit früher lebenden Personen her, von denen George angeblich telepathisch Auskünfte empfängt. »Ein Teil dessen, was sie mir mitteilen, besteht aus eigenen Erinnerungen an das Geschehen zu ihren Lebzeiten. Das ist aber nicht immer exakt festzustellen. Die geistige Welt ist genauso kompliziert wie die materielle, und man muß die guten Persönlichkeiten von den schlechten unterscheiden können. Sogar nach Jahrhunderten ist noch zu erkennen, welche Menschen eigennützige Zwecke verfolgt haben. Wenn ich etwas Besonderes sehen möchte, zum Beispiel, wie die Leute bei einer bestimmten Zeremonie gekleidet waren, muß ich mich von ihnen absondern, so als ob ich von einem Baumwipfel aus auf sie hinunterblicke.«

Ein Fall, dem sich George seinerzeit widmete, verdeutlicht seine psychometrischen Fähigkeiten wie kein anderer. Im Sommer 1972 reisten das Ehepaar Emerson sowie George und seine Frau in die USA, wo sie unter anderem eine Freundin von Frau Emersons Schwester in Connecticut besuchten. Besagte Dame half dem Schriftsteller Irving Wallace bei den Recherchen zu einem Buch über die Mormonen. Sie befaßte sich gerade mit Nachforschungen über eine von Brigham Youngs 27 Frauen – Ann Eliza Webb Young. Das Problem bestand darin, zu ermitteln, was mit Ann Eliza, die im Jahre

1908 urplötzlich verschwand, geschehen war. Damals war gerade ihr Buch »Mein Leben in Mormonen-Fesseln« erschienen, das mit dazu beigetragen hatte, die alte Mormonengemeinde aufzulösen, die Abschaffung der Polygamie gesetzlich zu verankern und die Mormonen der Regierung des Staates Utah zu unterstellen.

Die Gastgeberin bat George, von dessen Fähigkeiten sie wußte, anhand eines alten Exemplares von Ann Eliza Youngs Buch zu versuchen, psychometrisch etwas über deren Verbleib in Erfahrung zu bringen. George lehnte dies zunächst ab. Nachdem jedoch die Frau das Zimmer verlassen hatte, griff er, von Neugierde gepackt, doch nach dem Buch. Dr. Emerson teilte der Gastgeberin später mit, George habe geäußert, es sei nicht ratsam, Ann Elizas weiteren Lebenslauf zu erforschen. George hatte durch Kontakt mit dem Buch einiges über das Schicksal der Vermißten erfahren. Er ließ Dr. Emerson wissen, die Mormonenfrau sei in einem wüstenartigen Landstrich – vielleicht in Utah oder Arizona – umgekommen. Sie sei höchstwahrscheinlich schrecklichen Verfolgungen von Youngs anderen Frauen ausgesetzt gewesen, in die Einsamkeit der Wüste geflohen, dort aus Verzweiflung fast dem Wahnsinn verfallen und schließlich gegen Ende des Ersten Weltkrieges gestorben.

## 4

## *Die Traumspur*

Das Gestüt »The Welcomes« in Hayes Lane, Kenley, ein Außenbezirk Londons, wäre wohl der letzte Ort, den man mit mysteriösen Geschehnissen, ausgelöst durch ein schreckliches Verbrechen, in Verbindung bringen würde. Doch der Traum des Reverend George Tombe, des 60jährigen Rektors von Little Tew, Oxfordshire – etwa 100 Meilen von Hayes Lane entfernt –, sollte eine Kette merkwürdiger Ereignisse zur Folge haben, die jeglicher logischen Erklärung trotzen und letztlich zur Aufklärung eines scheußlichen Verbrechens beitragen, das sich dort Anfang der zwanziger Jahre zugetragen hat.

Die Situation war höchst ungewöhnlich. Keine zwei Personen hätten verschiedener sein können als Ernest Dyer und Eric Tombe. Beide Männer waren 30 Jahre alt, und sie hatten sich während des Ersten Weltkrieges beim Royal Flying Corps kennengelernt. Hiermit endete aber bereits ihre Gemeinsamkeit.

Dyer war zwar ein unerschrockener Pilot, der sich vor nichts und niemand fürchtete, besaß aber einen schlechten Ruf als Trunkenbold und Falschspieler. Eric Tombe, der nach dem Krieg als Verwaltungsbeamter arbeitete, war hingegen ein ruhiger, zurückhaltender und von Grund auf solider Mensch. Es war daher ziemlich ungewöhnlich, daß Tombe und Dyer im Jahre 1918 plötzlich Geschäftspartner wurden. Die beiden Männer waren übereingekommen, Tombes Jahresrente von 500 englischen Pfund zusammen mit einem Startkapital, das ihm sein Vater geborgt hatte, in ein Gestüt, »The Welcomes«, zu investieren. Dyer hatte in das Unternehmen nichts außer seiner Geschäftserfahrung von vor dem Krieg einzubringen – eine zweifelhafte Referenz, denn aufgrund einiger kleinerer Betrügereien war er damals schon zu einer Freiheitsstrafe von zwei Jahren verurteilt worden.

Während viele ehemalige Offiziere nach dem Krieg ins soziale Aus gerieten und sogar zum Betteln gezwungen waren, begannen die Geschäfte der beiden ungleichen Partner zu florieren. Doch Dyer muß der plötzliche Wohlstand zu Kopf gestiegen sein. Insgeheim hatte er des öfteren vom gemeinsamen Geschäftskonto Geld abgehoben, um sich damit an illegalen Glücksspielen zu beteiligen. Im Laufe von zwei Jahren war ein Großteil des Reservekapitals durch Dyers Spielleidenschaft dahingeschmolzen. Daß seine Betrügereien lange Zeit unentdeckt geblieben waren, verdankte Dyer raffinierten Verschleierungstricks und dem unbegrenzten Vertrauen, das Tombe ihm entgegenbrachte.

Schließlich mußte es auch Tombe auffallen, daß Dyer immer wieder Ausreden gebrauchte, um die Überprüfung der Konten abzuwenden. Während Dyer wieder einmal außer Haus war, entdeckte sein Partner Tombe beim Überprüfen der Konten die Fehlbeträge und daß er die ganze Zeit über um die Früchte seiner Arbeit gebracht worden war. Als Dyer zurückkam, wurde er von einem wütenden Tombe mit Vorhaltungen überschüttet. Da jener beim Glücksspiel gerade einen größeren Gewinn eingestrichen hatte, war er in der Lage, die veruntreuten Gelder samt Zinsen zurückzuzahlen. Dyer verblieb sogar noch eine kleine Summe, die er für sich behielt. Tombe war daraufhin bereit, seinem Partner die Unredlichkeit noch einmal zu verzeihen. Die Auszahlungsermächtigung bei der Bank wurde jedoch dahingehend abgeändert, daß nur noch Tombe Geld abheben konnte.

Doch Dyer dachte gar nicht daran, das Glücksspiel aufzugeben. Mit dem Rest seines Gewinns frönte er auch weiterhin seiner Spielleidenschaft. Das London der »wilden« zwanziger Jahre bot einem jungen Mann mit »überschüssigem«

Geld nahezu unbegrenzte Möglichkeiten, dieses rasch loszuwerden: Mädchen, Nachtclubs, Trinkgelage und Buchmacher sorgten dafür, daß Dyer schon bald wieder pleite war. Da ihm die Bank jeglichen Kredit verweigerte und er über das Geschäftskonto keine Verfügungsgewalt mehr besaß, bat er Tombe um einen Kredit. Der aber weigerte sich, ihm auch nur einen Penny zu leihen.

Da das Gestüt wie nie zuvor prosperierte, verfiel Dyer auf eine neue Idee der Geldbeschaffung. Ohne Tombes Wissen versicherte er den gesamten Besitz über eine Summe von 12000 Pfund. Am Weihnachtsabend 1921 vernichtete ein Feuer sämtliche Außengebäude des Anwesens. Nur Tombes unermüdlichem Einsatz war es zu verdanken, daß wenigstens die Zuchthengste gerettet werden konnten. Ein Großteil der Einrichtung war dem verheerenden Brand zum Opfer gefallen. Als Dyer seine Ansprüche aus der Versicherung geltend machen wollte, hielt sich das Unternehmen mit der Auszahlung zurück. Irgendwie hatte man Verdacht geschöpft. Ein Brandsachverständiger fand schließlich heraus, daß es sich hier um eine plumpe Form vorsätzlicher Brandstiftung handelte, woraufhin man Dyer die Auszahlung der vereinbarten Versicherungssumme verweigerte.

Als Tombe vom heimlichen Abschluß dieser Versicherung auf das Anwesen und von der Brandstiftung erfuhr, sah er in diesem Vertrauensbruch die letzte Chance, Dyer ein für allemal loszuwerden. Er beschloß die Auflösung des Partnerschaftsvertrags. Sein Kompagnon hatte in das gemeinsame Unternehmen nichts eingebracht und sollte daher von dem erwirtschafteten Vermögen auch nichts erhalten. Eric Tombe informierte Dyer kurzerhand, daß ihre Geschäftsbeziehung ab sofort beendet sei und ihn nichts in der Welt umstimmen könne. Jetzt verlor Dyer vollends seine geheuchelte Freundlichkeit. Er geriet in Wut, tobte und drohte mit Vergeltung. Doch Tombe blieb völlig ungerührt. Er setzte Dyer eine letzte Frist, bis Ende April das Büro zu verlassen. Am 5. April 1922 verschwand Eric Tombe, ohne irgend jemandem eine

Nachricht zu hinterlassen. Die erste Person, die sich über Tombes Verschwinden wunderte, war seine Verlobte. Besorgt über das Ausbleiben seiner Briefe, begab sie sich selbst zum Gestüt, wo sie nur den halbbetrunkenen Dyer vorfand. Der Mann verhielt sich ihr gegenüber abweisend, ausgesprochen beleidigend. Er sagte ihr lediglich, Tombe habe ihn um ausstehendes Geld geprellt und sich nach Paris abgesetzt. Tombes Verlobte schenkte Dyers Behauptung jedoch keinen Glauben. Seine Geschichte widersprach so ziemlich allem, was sie von ihrem Zukünftigen wußte. Es gab aber keine Möglichkeit, Dyers Behauptung zu entkräften. Daher beschloß sie, Tombes Vater aufzusuchen, um herauszufinden, ob dieser etwas von seinem Sohn gehört hatte.

Reverend George Tombe war über das, was er von der Verlobten seines Sohnes vernahm, gleichfalls beunruhigt. Auch er suchte in der Folge Dyer auf, der ihm in beleidigender Weise das gleiche wie Tombes Verlobter erzählte.

Eric Tombes Bankmanager war ihm ebenfalls keine große Hilfe. George Tombe erfuhr von ihm lediglich, daß das Privatkonto seines Sohnes »gut gefüllt« und das Geschäftskonto unangetastet sei. Daraus schloß er, daß Dyer keinen Versuch unternommen hatte, um in Abwesenheit von Eric widerrechtlich an Geld zu kommen. Durch George Tombes Recherchen nervös geworden, entschloß sich Dyer, unverzüglich zu handeln. Im November 1922 tauchte er unter, nachdem er zuvor den gesamten beweglichen Besitz veräußert hatte.

Wochen und Monate vergingen, ohne daß eine Nachricht von Eric Tombe eingetroffen wäre. Sein Vater bekam es mit der Angst zu tun. Er war sich sicher, daß seinem Sohn etwas zugestoßen sein mußte. Schon bald nach dem Verschwinden von Dyer suchte er Scotland Yard auf, um Vermißtenanzeige zu erstatten. Die englische Polizei ist bei derartigen Anzeigen immer etwas vorsichtig, denn man weiß dort nur zu gut, daß selbst angesehene Bürger gelegentlich aus ihrer gewohnten Umgebung ausbrechen, um vorübergehend ihre vermeintliche Freiheit zu genießen. Man ließ den Reverend wissen, daß seitens Scotland Yard noch kein begründeter Verdacht vorliege, Eric Tombe sei einem Verbrechen zum Opfer gefallen. Die Auffassung der Polizei schien sich zu erhärten, als der Bankmanager dem Reverend mitteilte, Schecks mit Erics Unterschrift seien in Paris aufgetaucht und von einer dortigen Bank anerkannt worden. Daraufhin bedeutete man dem Geistlichen in aller Höflichkeit, daß er seine Vermißtenanzeige zurückziehen möge, da sein Sohn offensichtlich noch am Leben sei und er sich bestimmt bald melden würde, spätestens dann, wenn er wieder Geld benötige.

Reverend Tombe konnte den Gedanken, daß seinem Sohn etwas Schlimmes zugestoßen sei, nicht verdrängen. Seine ständige Grübelei wurde schließlich zur Zwangsvorstellung. Nachts quälten ihn seltsame Träume, in denen sein Sohn ihn um Hilfe zu bitten schien. Seine Träume waren mehr diffuser Natur und ergaben kein klares Bild, keinen Hinweis auf das, was ihm übermittelt werden sollte. Tombe entwickelte sich allmählich zum Einsiedler – allein gelassen mit seinen abstrusen Träumen.

Dann, eines Nachts hatte er jenen realistischen Traum, der schließlich die Wende brachte: Eric war gekommen und stand neben seinem Bett. Er wandte sich seinem Vater zu und beugte sich langsam über ihn. Zweifellos, es war Erics Gesicht, nur eben schrecklich entstellt. Irgend etwas mußte ihn fast bis zur Unkenntlichkeit verstümmelt haben.

Eric winkte seinem Vater zu, so als ob er ihn zum Mitkommen auffordern würde. Mit einemmal sah sich der Reverend in Begleitung seines Sohnes in rasantem Tempo über die Landschaft gleiten... hin zu einem abgelegenen Gehöft – dem Gestüt »The Welcomes«, das er nie zuvor besucht hatte. Ungepflegt lag es da, von Unkraut und Gestrüpp überwuchert. Erics Gestalt überquerte den Hof, um schließlich vor einer Steinplatte anzuhalten. Mit einem markerschütternden Schrei löste sich Erics Körper auf. Er schien mit der Platte förmlich zu verschmelzen. Schweißgebadet, immer noch den

schrecklichen Schrei seines Sohnes im Ohr, erwachte der Reverend. Er konnte keine Ruhe mehr finden. Die Platte – irgendwie mußte sie mit Erics Verschwinden zu tun haben.
Anderntags fuhr George Tombe zu dem 100 Meilen entfernten Gestüt seines Sohnes. Er mußte sich durch stark wucherndes Brennesselgestrüpp und Buschwerk einen Weg bahnen, bis er schließlich jene Platte fand, die er im Traum gesehen hatte. Es gab sie also tatsächlich. Sie war allerdings zu schwer, als daß er sie allein hätte fortrücken können. Der Reverend suchte daher ein nahe gelegenes Dorf auf, um Hilfe zu holen. Die Bewohner weigerten sich jedoch, ihm zu helfen. Sie wollten in Erfahrung gebracht haben, daß es, nachdem Dyer verschwunden und das Anwesen völlig heruntergekommen war, dort gelegentlich spukte. Die Einheimischen erzählten Tombe von Erics Hund – ein rothaariger Setter –, der nach dem Verschwinden seines Herrchens tagelang wie versteinert auf der Zufahrt zum Hof gesessen und jede Nahrungsaufnahme verweigert habe. Nachts habe der Hund jämmerliche Laute von sich gegeben, bis Dyer ihn kurz vor seinem Verschwinden erschoß. Genau an der Stelle, wo der Hund aufgetaucht sei, wollen Einheimische später eine Erscheinung gesehen haben, die der des Vermißten glich. Und niemand hatte bis dahin den Mut aufgebracht, sich auf dem verlassenen Gestüt umzuschauen. Es schien für in der Gegend lebende Menschen tabu zu sein.
Gleich nach seiner Rückkehr verständigte Tombe die Polizei. Die Beamten waren jedoch über das erneute Erscheinen des exzentrischen Geistlichen nicht sehr begeistert. Man ging auch weiterhin von der Annahme aus, daß Eric noch am Leben sei und daß er sich in Paris aufhalte.
Aber um den etwas penetranten Zeitgenossen loszuwerden, beauftragte Scotland Yard die Ortspolizei von Kenley mit der Durchsuchung des Gestüts. Tags darauf zeigte Reverend Tombe dem für die Aktion verantwortlichen Polizeiinspektor Hedges die fragliche Platte. Vier kräftige Polizisten schoben die schwere Platte kurzerhand beiseite. Unter ihr befand

sich die Öffnung eines Brunnens, der bis an den Rand mit Erde, Steinen und Abfällen aller Art aufgefüllt war. Der Reverend schaute ungläubig auf den zugeschütteten Schacht, erstaunt darüber, nicht das vorzufinden, was er hier erwartet hatte. Er hatte fest damit gerechnet, an dieser Stelle die Leiche seines Sohnes zu entdecken.

Inspektor Hedges, der sich über die vermeintliche Zeitvergeudung ärgerte, war fest entschlossen, Scotland Yard von der Sinnlosigkeit dieser Aktion zu unterrichten. Der Reverend, fest davon überzeugt, daß doch etwas unter der Platte vergraben lag, bestürmte den Inspektor, den Abfall ausräumen und weitergraben zu lassen. Mürrisch willigte Hedges ein. Es war eine langwierige Prozedur.

Plötzlich bemerkte einer der mit dem Graben beschäftigten Polizisten einen gelbbraunen Gegenstand direkt unter seinen Füßen. Er bückte sich, um diesen besser betrachten zu können. Dann richtete er sich plötzlich entsetzt auf, um seinem Vorgesetzten mitzuteilen, daß er auf eine völlig verweste menschliche Hand gestoßen sei. Als man schließlich den völlig nackten Körper des Vergrabenen freigelegt hatte, stellte ein Mediziner fest, daß es sich bei der Leiche um eine etwa 30 Jahre alte männliche Person handele. Sie wies keine Erkennungsmerkmale auf, und selbst die Zähne waren vom Täter entfernt worden, um eine Identifizierung zu erschweren.

Trotz fehlender Körpermerkmale und fortgeschrittenem Zerfall konnte man aufgrund einer eilig vorgenommenen Autopsie die Todesursache feststellen. Der Täter hatte seinem Opfer mehrmals mitten ins Gesicht geschossen. Selbstmord war mit absoluter Sicherheit auszuschließen. Im Protokoll des Gerichtsmediziners hieß es: Ermordung einer unbekannten männlichen Person durch einen oder mehrere unbekannte Täter. Doch Reverend George Tombe war sich über die Identität der Person des Ermordeten und die des Täters absolut sicher. Das Gesicht seines Sohnes, das er im Traum gesehen hatte, war ebenso entstellt gewesen wie das der entdeckten Leiche. Für ihn stand fest: Dyer hatte Eric brutal ermordet und sich dann abgesetzt. Tombe fuhr als gebrochener Mann nach Hause. Er fühlte sich einsam wie nie zuvor. Niemand wollte ihn anhören oder seinen Anschuldigungen Glauben schenken.

Dennoch blieb Scotland Yard nicht untätig. Es ließ die seinerzeit in Paris eingelösten Schecks, die mit dem Namen Eric Tombe gezeichnet waren, nochmals genau unter die Lupe nehmen. Nach genauer Überprüfung stellten Experten von Scotland Yard fest, daß es sich bei der Unterschrift um eine perfekte Fälschung handelte. Aufgrund dieses Beweises leitete die Polizeibehörde endlich die Fahndung nach Ernest Dyer ein. Er wurde wegen Fälschung und Mordverdachts steckbrieflich gesucht.

Der Zufall wollte es, daß Sergeant Lee von der Kriminalpolizei in Scarborough mit der Vernehmung eines Mannes namens Fitzsimons betraut worden war, den man verdächtigte, einen kleineren Diebstahl begangen zu haben. Er wohnte in einer drittklassigen Absteige am Meer. Als Lee dort ankam, schickte sich Fitzsimons gerade an, mit einem Koffer in der Hand die Treppe zum Ausgang zu benutzen. Als er Lee sah, mußte er etwas geahnt haben. Noch bevor dieser ihn ansprechen konnte, ließ er den Koffer fallen, um eine Pistole zu ziehen. Ultimativ forderte er den Beamten auf, ihn ungehindert passieren zu lassen. Doch Lee war nicht so leicht einzuschüchtern. Er dachte, nur einen Dieb vor sich zu haben, der wohl kaum einen Polizistenmord riskieren würde, und ließ sich daher durch die Drohung nicht einschüchtern. Fitzsimons hielt den Lauf seiner Pistole an Lees Kopf. Die Situation spitzte sich zu. Schon krümmte sich der Finger um den Abzug, so als ob Fitzsimons alle Augenblicke abdrücken wollte. Dann plötzlich geschah etwas Unbegreifliches. Der Pistolenlauf begann sich langsam von Lee wegzudrehen, so als ob er von einer fremden Kraft mit aller Gewalt in eine andere Richtung gedrängt würde. Als er schließlich auf Fitzsimons Stirn gerichtet war, löste sich ein Schuß und zer-

schmetterte diesem den Schädel. Er war sofort tot. Hatte er sich selbst gerichtet oder stand er unter fremden Zwang?
Als Kriminalbeamte Fitzsimons Koffer durchsuchten, entdeckten sie darin eine komplette Fälscherausrüstung sowie ein Visitenkarten-Etui und Manschettenknöpfe mit den Initialen E. T. – sie stammten von Eric Tombe. Der Koffer enthielt ferner ein Scheckbuch mit den bereits gefälschten Schecks des Opfers und einen auf Eric Tombe ausgestellten Paß mit einem Foto von Dyer. Fitzsimons war demnach niemand anders als Ernest Dyer. Zeugen wurden einbestellt, die das schrecklich entstellte Gesicht des Kriminellen identifizieren sollten. Er selbst hatte sich genauso schlimm zugerichtet wie damals Eric Tombe.
Obwohl Sergeant Lee über den Zwischenfall bei Dyers Festnahme einen ausführlichen Bericht vorlegen konnte, fand er keine Erklärung dafür, was sich in den bangen Sekunden vor dem Auslösen des Schusses tatsächlich abgespielt hatte.

## 5

## *Hellseher auf Verbrecherjagd*

In den zwanziger Jahren dieses Jahrhunderts ereigneten sich nicht nur viele Schwerverbrechen. Es war auch die Zeit berühmter berufsmäßiger Kriminalmedien – Sensitive, die sich mit ihren medialen Fähigkeiten der Verbrechensaufklärung verschrieben hatten. Sie boten ihre Dienste sogar in Zeitungsannoncen an und fanden damals bei Ermittlungsbeamten, Staatsanwälten, Richtern und Verteidigern großen Zuspruch.

In Wien war es Dr. Leopold Thoma, der ein Kriminaltelepathisches Institut gründete. Die mit seinem Spitzenmedium Megalis erzielten Erfolge waren so groß, daß das Wiener Landgericht ihn zum vereidigten Gerichtssachverständigen für Telepathie ernannte. Wenn bei einem Kapitalverbrechen die Ermittlungen der Polizei ins Stocken gerieten, wurde dieser von privater Seite und von der Presse aufgefordert, sich des Beistands von Kriminalmedien zu bedienen.

Drei große Prozesse waren es, die die Öffentlichkeit mit dem Wirken der Kriminalmedien vertraut machten. Die Staatsanwaltschaft hatte seinerzeit drei der berühmtesten Kriminal-Telepathen angeklagt: den Lehrer August Christian Drost, die Frau eines Schuldirektors, Else Günther-Geffers, und den berufslosen Herschel Steinschneider, der später unter seinem Künstlernamen Erik Jan Hanussen bekannt wurde. Sie alle hat man beschuldigt, das Publikum durch die Vorspiegelung der falschen Tatsache, daß Medien imstande seien, durch Hellsehen Verbrechen aufzuklären, getäuscht zu haben. Doch sollten alle drei Prozesse mit einem Freispruch enden.

Das gegen Drost im Jahre 1925 angestrengte Verfahren – es ging als »Bernburger Hellsehprozeß« in die Kriminalgeschichte ein – war der erste Strafprozeß seiner Art. Der an der katholischen Schule von Bernburg angestellte Lehrer Drost behauptete allen Ernstes, seine hellseherischen Kräfte sogar auf andere übertragen zu können. In solchen Fällen hypnotisierte er die betreffenden Medien und versetzte sie in einen tranceartigen Bewußtseinszustand, der es ihm ermöglichte, mit derem Unbewußten Kontakt aufzunehmen. Natürlich bedurfte es eines Bezugsobjekts, um dem Verbrechen auf die Spur zu kommen. Und so händigte Drost seinen Medien meist einen Gegenstand aus, der auf irgendeine Weise mit dem Kriminellen oder dessen Opfer in Verbindung stand. Dies konnte ein Kleidungs- oder ein Schmuckstück oder auch die Tatwaffe selbst sein.
Internationale Berühmtheit erlangte der Bernburger Lehrer durch den »Fall Heese«. Damals berichtete die »Bernburger Zeitung«: »Ein rätselhafter Todesfall beschäftigt die hiesige Staatsanwaltschaft. Am Sonnabend wurde Kriminalkommissar Hildebrandt nach dem Haus Badergasse fünf gerufen, wo unter verdächtigen Umständen die 25 Jahre alte verehelichte Minna Heese, geborene Pitzler, tot aufgefunden worden war. Die Untersuchung der Leiche ließ den Verdacht aufkommen, daß die Frau nicht eines natürlichen Todes gestorben war.« Hildebrandts Verdacht richtet sich sofort gegen den Ehemann, den 21jährigen Schuhmacher Otto Heese. Er wurde sofort festgenommen, bestritt jedoch energisch seine Schuld. Er gab an, seine Frau habe sich schon am Abend unwohl gefühlt. Sie beide hatten wachgelegen und sich etwa bis gegen drei Uhr früh unterhalten. Er sei dann eingeschlafen und habe beim Erwachen gegen fünf Uhr seine Frau tot vorgefunden. Der Gerichtsmediziner konnte damals keine spezifische Todesursache feststellen, und die Polizei schien ihren Verdacht nicht beweisen zu können.
In dieser verfahrenen Situation griff Kommissar Hildebrandt zu einem ungewöhnlichen Mittel. Er bat Drost, einen Hell-

sehversuch zu unternehmen, um die Schuld oder Unschuld des Tatverdächtigen zu beweisen. In der Akte 4 J 720/21 vom 2. März 1921 heißt es: »In der Mordaffäre der Frau Minna Heese, geborene Pitzler, habe ich gestern, den 1. d. Mts., den Hypnotiseur Herrn Lehrer Drost, An der Aue vier wohnhaft, hinzugezogen. Wie vereinbart brachte er das Medium, Herrn Blenke, Schloßstraße zehn wohnhaft, mit ins Rathaus.« Drost hypnotisierte Blenke, der sofort den Auftrag erhielt, sich unverzüglich zum Tatort zu begeben.

Blenke tastete sich zunächst zum Nebenhaus vor, dann in das Mordhaus und direkt in das Zimmer, in dem die Tat verübt worden war. Gefragt, ob er wohl in dem Raum stehe, wo die Tat begangen worden sei, antwortete Blenke: »Ja, ich stehe jetzt in dem Zimmer, wo sich der dunkle Vorfall abgespielt hat.« Alsdann griff er nach einem im Waschbecken liegenden Tuch und sagte: »Mit diesem Lappen ist der Körper der Frau abgerieben worden, als sie noch schwache Lebenszeichen von sich gab.« Auf die Frage, ob die Frau nicht geschrien habe oder aus dem Bett gesprungen sei, sagte Blenke: »Als er sie ergriff, sprang sie nicht heraus, weil ihr Hals zugedrückt war. Er schlang seine Hände so fest um ihren Hals, daß sie nichts rufen konnte, außer ›Laß mich doch‹. Dann ließ er von ihr ab, aber zu spät. Der Täter legte sich wieder hin und ist eine halbe Stunde liegengeblieben. Von Vorwürfen gepeinigt stand er wieder auf, drehte sich um, nahm ein Gefäß und einen Lappen, um die Stellen am Hals und an der Brust einzureiben, damit man annehmen sollte, daß diese von starker Massage herrührten. Dann brachte er den Körper in seine ursprüngliche Lage zurück. Als er fortging, ließ er sie liegen, ohne den Mitbewohnern etwas zu sagen. Seiner Schwester hat er zuerst vom Tode seiner Frau Mitteilung gemacht.«

Schon am 3. März ließ der Staatsanwalt Heese vorführen. Der aber bestritt noch immer, das Verbrechen begangen zu haben. Als ihm dann Hildebrandt den von Blenke hellseherisch ermittelten Tathergang schilderte, wurde Heese kreidebleich.

Verdattert wollte er wissen, woher er dies wüßte. In die Enge getrieben gestand er schließlich den Mord.
Es ist schon erstaunlich, daß Blenke nicht nur Teile der Tat, sondern den gesamten Verlauf der Tötung präzise zu rekonstruieren vermochte. Möglicherweise hat er den Tathergang Heeses Bewußtsein telepathisch entnommen, als dieser, ängstlich bemüht, sein Verbrechen zu verschleiern, ständig an das Vorgefallene denken mußte. Wäre Blenkes Schilderung nicht derart genau ausgefallen, hätte Heese die Tat womöglich nie zugegeben.
Heute steht den mit der Aufklärung komplizierter Fälle befaßten Kriminalbeamten das ganze Spektrum moderner technischer Hilfsmittel und wissenschaftlicher Untersuchungsmethoden zur Verfügung, so daß man glaubt, auf die Mithilfe Sensitiver verzichten zu können.

# 6

## *Psi-Detektive*

Der holländische Heilpraktiker Gérard Croiset war einer der bedeutendsten und erfolgreichsten Hellseher dieses Jahrhunderts. Seiner Arbeit kommt deshalb große Bedeutung zu, weil er mit den fähigsten wissenschaftlich orientierten Parapsychologen seiner Zeit, dem holländischen Privatdozenten Professor Wilhelm Heinrich Carl Tenhaeff und dem deutschen Professor für Psychologie und Grenzgebiete der Psychohygiene Hans Bender über viele Jahre eng zusammenarbeitete. Einer der von ihm gelösten tragischen Fälle war der des vermißten holländischen Jungen Hans Hermans aus der Gemeinde Sevenum, etwa 120 Kilometer von Utrecht entfernt. Die Eltern von Hans hatten sich nach zwei Tagen vergeblichen Wartens in ihrer Verzweiflung an den katholischen Pfarrer des Ortes, Pater Grauw, gewandt, der, zunächst äußerst skeptisch, am 13. September 1960 Croiset anrief, um ihn über ein Hilfeersuchen seiner Schutzbefohlenen zu unterrichten. Bereits während des ersten Telefonats meinte Croiset unvermittelt: »Ich sehe ein Fahrrad und einen Jungen; er fährt damit ...« Dies war absolut zutreffend. Hans war das letzte Mal gesehen worden, als er sich mit dem Rad vom Anwesen seiner Eltern entfernte. Immer noch von Zweifel geplagt, fragte der Priester, ob das Fahrrad irgendwo gefunden worden sei, was Croiset mit »in den Wäldern« bejahte. Er beschrieb auch die Fundstelle und bat den Pater, ihn anderntags in Utrecht aufzusuchen. Er solle ein Bild des Jungen und eine Karte von der näheren Umgebung mitbringen. Am anderen Morgen, noch bevor Grauw eingetroffen war,

meldete sich bei Croiset ein Redakteur des lokalen Fernsehens. Er hatte auf Umwegen von dem Fall gehört und wollte sich nun bei der Suche nach dem Jungen einschalten. Mehr als eine private Information gemeint, vertraute Croiset ihm an: »Ich sehe die Leiche des Jungen ... sie ist vergraben, direkt unter der Erdoberfläche. Ich sehe Gebüsch sowie Eichen und Fichten. Dort muß er liegen.«
Nur wenige Augenblicke nach diesem Gespräch traf Pater Grauw bei Croiset ein. Noch während der Begrüßung läutete im Nebenraum das Telefon. Der Anruf aus Sevenum war für Grauw bestimmt. Als der Priester zurückkam, war sein Gesicht ernst. Man hatte soeben die Leiche des Jungen gefunden: in einem Spargelfeld, in unmittelbarer Nähe eines Gebüschs aus niedrigen Sträuchern und Bäumen, dicht unter der Erdoberfläche, so wie von Croiset angegeben.
Als sich Grauw verabschieden wollte, meinte Croiset, daß jetzt der Mörder gefunden werden müsse. Vorsichtig betastete er die vor ihm liegende Fotografie des Jungen. Dann sprudelte es aus ihm heraus: »Ich sehe einen Mann, etwa 1,70 Meter groß, von kräftiger Statur, mit dunklem Haar ... Er hat einen dunkelgrauen Anzug an. Sein Hemd – es ist auffallend hell, fast weiß ... Ich sehe es jetzt ganz genau: Gebückt schleicht er hinter dem Jungen her, er nähert sich ihm ...« Was niemand wußte: In diesem Augenblick hatte Croiset anhand des vorliegenden Fotos von Hans dessen Mörder beschrieben, eine Person, die bislang niemand kennen konnte.
Obwohl sich inzwischen die Kriminalpolizei eingeschaltet hatte, gab es am Sonntag, den 18. September – vier Tage nach dem Fund der Leiche –, vom Täter immer noch keine Spur. An diesem Tag begibt sich Croiset in Begleitung von Grauw und Professor Tenhaeff vom Parapsychologischen Institut der Universität Utrecht zum Tatort. Erneut gibt der Sensitive eine Beschreibung vom Hergang der Tat: »Ich sehe den Jungen. Auf seinem Fahrrad radelt er den sandigen Hauptweg entlang ... Dort drüben, in der Nähe jener Sträucher, 200 Meter vom Waldrand entfernt, hält der Täter den Jungen

an … Als er vom Rad steigt, stürzt sich der Mann auf ihn … Der Junge flieht … und der Mann verfolgt ihn auf dessen eigenem Rad … Plötzlich bemerkt der Mann auf einem der Felder Leute, die dort arbeiten … Er hat Angst, daß ihn jemand gesehen haben könnte, der ihn später vielleicht beschreiben würde … Da entschließt er sich zum Mord … Er nimmt eine Schnur aus der Tasche, mit der er den Jungen erdrosselt … Er schleift den toten Körper in den Wald … versteckt das Fahrrad des Jungen …«

Nach dieser protokollierten Schilderung verlassen die drei Männer den Tatort. Plötzlich hält Croiset inne, so als ob er einen weiteren Eindruck von dem grausigen Geschehen empfangen hat: »Ich sehe einen Spaten. Der Mörder benutzte ihn, um ein Loch zu schaufeln, in dem er die Leiche verscharrte … Er versuchte es zuerst mit bloßen Händen. Dann aber ging er fort, um einen Spaten zu holen …«

Auf dem Rückweg nach Sevenum wird Croiset erneut »fündig«. Beim Durchfahren des kleinen Ortes Zeilberg verspürt er eine gewisse Unruhe. Auf dem Dorfplatz herrscht buntes Treiben. Da weiß es Croiset auf einmal ganz genau: Der Mörder ist nach der Tat hiergewesen.

In Sevenum werden die Männer von Kommissar Verhagen erwartet. Als Croiset in seinem Situationsbericht den Spaten erwähnt, wird Verhagen hellhörig. Auf seine Bitte hin wird Croiset deutlicher: »Der Spaten, den der Täter benutzte, war von einer weißlichen Masse bedeckt.« Was zu diesem Zeitpunkt außer der Polizei niemand wußte: Ein am Tatort gefundener Spaten zeigte tatsächlich Spuren von hellem Lehm und Zement.

Als die Polizei nach Wochen intensiver Recherchen immer noch keine Spur vom Mörder besitzt, kann ihr Croiset erneut einen wichtigen Hinweis geben. Er läßt den Beamten durch Professor Tenhaeff die Fotografie eines Bekannten von Croiset übergeben, der, nach seinen medialen Eindrücken, eine gewisse Ähnlichkeit mit dem Mörder haben müsse. Der Mann mußte für die Aufnahme ein weißes Hemd anziehen, da, so Croiset, der Täter ein solches getragen habe. Jetzt war alles nur noch Polizeiroutine. Nach zwei Monaten faßte man schließlich den Mörder.

Verglichen mit dem Polizeiprotokoll sollten sich Croisets Beschreibungen später als äußerst exakt erweisen: Der Mörder besaß tatsächlich eine frappierende Ähnlichkeit mit Croisets Bekanntem. Zur Tatzeit trug er ein weißes Hemd. Es stimmte auch, daß er sich nach der Tat in Zeilberg aufgehalten hatte. Der Tathergang stimmte übrigens fast haargenau mit Croisets Angaben überein. Lediglich bei der Körpergröße hatte sich das Medium geirrt –, um ganze drei Zentimeter. Der Mörder von Hans Hermans maß nämlich 1,73 Meter.

Es mag etwa 20 Jahre her sein, daß ich selbst Zeuge eines tragisch verlaufenen Falles wurde, in dem das Stuttgarter Hellseh-Medium Ella Korff seine detektivischen Fähigkeiten unter Beweis stellte.

Eine Kollegin, die zu dieser Zeit als Leiterin der Telefonzentrale in einem großen Konzernbetrieb tätig war, rief mich eines Tages an, um meinen Rat einzuholen. Ihr Mann – seit einigen Jahren aufgrund psychischer Störungen arbeitsunfähig – hatte fünf Tage zuvor die Wohnung verlassen und war seitdem verschwunden. Er hatte zwar tagsüber schon immer allein Spaziergänge innerhalb des Stadtbereichs unternommen, war aber stets zum Abendessen wieder nach Hause zurückgekehrt. Die Dame war sichtlich verzweifelt, hatten doch Polizeistreifen schon die gesamte Umgebung und vor allem das östlich von Hanau gelegene Waldgebiet Bulau zweimal abgesucht, ohne eine Spur von dem Vermißten zu entdecken. Da sie von meinen Ambitionen auf grenzwissenschaftlichem Gebiet wußte, fragte sie mich, ob ich einen erfahrenen Hellseher wüßte, mit dem sie wegen ihres vermißten Gatten Kontakt aufnehmen könnte.

Zunächst versuchte ich über den Freiburger Parapsychologen Professor Hans Bender mit dem holländischen Spitzenmedium Croiset in Verbindung zu treten. Da dieser aber ge-

rade mit zwei anderen Fällen befaßt war, konnte er sich nicht einschalten, um Irritationen zu vermeiden.
Von der Redaktion des Magazins »esotera« wurde mir die Telefonnummer des in Stuttgart lebenden Mediums Ella Korff genannt, das auch gleich bereit war, diesen Fall aufzugreifen. Sie benötigte dazu nur ein Foto des Vermißten und eine Karte von der Umgebung.
Nachdem ich den Kontakt zwischen der Frau des Verschwundenen und Ella Korff hergestellt hatte, trat ich beruhigt einen zweiwöchigen Urlaub an. Bei meiner Rückkehr erfuhr ich, daß der Fall eine dramatische Wendung genommen hatte. Das Medium war zu der Überzeugung gelangt, der Vermißte würde nahe der Bundesstraße B8 in einem großen Waldgebiet am Ufer eines Flusses, halb im Wasser liegend, zu finden sein. Daraufhin wurde eine dritte Suchaktion eingeleitet, die sich bis tief in den Waldbereich der Bulau erstreckte. Dort fand man schließlich den Vermißten etwa zwei Kilometer von der Bundesstraße entfernt an dem kleinen Flüßchen Kinzig. Der Tote lag, genau wie von Ella Korff vorausgesagt, mit seinem Körper zur Hälfte im Wasser. Bis heute ist ungeklärt, wie der Vermißte zu Tode gekommen ist, obwohl ein Mord mit Sicherheit ausgeschlossen werden kann.

# 7
## *Die Frau mit dem Röntgenblick*

Im Zuge des sich immer stärker ausbreitenden Spiritismus traten Ende des vorigen und Anfang dieses Jahrhunderts häufig selbsternannte »Medien« in Erscheinung, die sich durch mitunter recht plumpe Manipulationen Ansehen und Reichtum zu erwerben erhofften. Daß dies wiederum kritisch eingestellte Wissenschaftler auf den Plan rief, die mit gut abgesicherten Experimenten besagten Personen auf die Schliche zu kommen versuchten, darf nicht verwundern. Schließlich war man sich damals schon bewußt, daß es jene sonderbaren paranormalen Phänomene tatsächlich gibt und daß man deren genauen Ursachen nur durch wissenschaftlich abgesicherte Experimente verifizieren konnte. Und man wollte verhindern, daß die sich gerade anbahnenden seriösen Untersuchungen an echten Medien durch das Werk einiger Scharlatane in Zweifel gezogen wurden.

Zentralrußland gegen Ende des vorigen Jahrhunderts. Dr. Chowrin, Oberarzt an der Psychiatrischen Anstalt von Tambow, war alles andere als ein leichtgläubiger oder leicht zu beeinflussender Mensch. Die Idee, daß es so etwas wie Hellsehen geben könnte, war ihm völlig fremd. Und dennoch verdanken wir ihm vieles von unserem Wissen über dieses interessante paranormale Phänomen, dessen Existenz durch die über Jahrzehnte an amerikanischen Universitäten durchgeführten Versuchsreihen heute statistisch als erwiesen gelten darf.

Wieder einmal sollte der Zufall in Gestalt eines harmlosen Briefes, der mit der Morgenpost eingetroffen war, Regie führen. Chowrin selbst hatte ihn einer Patientin überbracht. Sie saß an ihrem Lieblingsplatz im Sessel am Fenster. Eine Weile unterhielten sie sich über Belangloses wie zwei gute Bekannte. Die unverheiratete Frau M., eine damals 32jährige Lehrerin aus adeligem Hause, war bereits seit über einem Jahr in Chowrins Behandlung. Die Frau litt an einer völligen Empfindungslosigkeit der gesamten linken Körperhälfte. Sie konnte mit dem linken Auge nichts sehen, mit dem linken Ohr nichts hören und mit der entsprechenden Zungenhälfte auch nichts schmecken.

Noch während ihrer zwanglosen Unterhaltung veränderte sich plötzlich ihr Gesichtsausdruck. Ihre fast übermütige Fröhlichkeit schlug übergangslos um, und ihre Augen bekamen einen unsagbar traurigen Ausdruck. Mit tränenerstickter Stimme sagte sie nur »der Brief«, so als ob sie ahne, was er enthalte. »Welcher Brief«, fragte Dr. Chowrin. Dann sah er, daß Frau M. das ungeöffnete Kuvert noch immer in Händen hielt. »Sie haben mir schlechte Nachrichten gebracht«, meinte sie. Langsam beruhigte sie sich wieder. Sie wischte sich die Tränen ab, blickte den Arzt fast flehend an und eröffnete ihm den Grund ihrer Traurigkeit. »Meine kleine Nichte – sie ist tot. Meine Schwester schreibt, daß sie tot ist ...«

Voller Mitgefühl nahm Chowrin ihr den Brief aus den Händen und fragte sie, ob er ihn öffnen dürfe. Sie nickte stumm und blickte hinaus in den Garten ... teilnahmslos, so als bedürfe es für sie keiner weiteren Bestätigung. Der Arzt riß den Umschlag auf, hastig überflog er die Zeilen. Seine Patientin hatte recht gehabt. Durch einen Zufall hatte er an Frau M. die bemerkenswerte Fähigkeit entdeckt, verschlossene Briefe lesen zu können.

Chowrins erster Gedanke war, seine Patientin habe die Nachricht vom Tode ihrer Nichte irgendwie schon früher erhalten. Als sich dieser Verdacht als falsch erwies, ging er davon aus, daß hier reiner Zufall im Spiel sei. Doch ehrgeizig, wie er nun einmal war, beschloß er, diesen Fall unter wissenschaftlich abgesicherten Bedingungen zu prüfen.

Für die erste Experimentalserie – das Lesen verschlossener Briefe – zog Dr. Chowrin neben anderen Fachgelehrten einen weiteren hochrangigen Experten hinzu: den Leiter des Post- und Telegrafenwesens von St. Petersburg namens Stragonow. Dieser selbst schickte eine der ersten »Aufgaben« nach Tambow. Mit schwarzer Tinte schrieb er auf einen doppelten Bogen Briefpapier: »Es gibt in der Welt Tatsachen, von denen die Weisen sich nichts träumen lassen.« Um betrügerisches Öffnen dieses Briefes (und der folgenden) zu unterbinden, wurde – so Dr. Chowrin – »ein gewaltiger Aufwand an Mühe und Scharfsinn betrieben«. Es gab viele Vorsichtsmaßnahmen. Die Briefe wurden mehrfach in Papier- und Leinenkuverts und dann noch in verschnürte Schachteln gesteckt. Darüber hinaus hatte man die Kleberänder der Umschläge durch Metallknöpfe gesichert. Zudem trugen sie Siegel mit unscheinbaren Härchen darunter, deren Lage man durch mikroskopisch kleine Nadelstiche markiert hatte. Frau M. hätte schon enorme detektivische Fähigkeiten besitzen müssen, um den ihr gestellten »Fallen« zu umgehen.
Stragonows Testsendung traf am 13. April 1893 in Tambow ein. Vier Tage später gab Frau M. sie mit der »Lösung« zurück. Sie lautete, allerdings nicht ganz korrekt: »Es gibt Tatsachen, von denen man sich nichts träumen läßt.« Nach Rückgabe des Briefes an Stragonow stellte dieser nach eingehender Prüfung fest, daß »er sich genau in dem Zustand wie übergeben befand«.
Die ersten Versuche mit Frau M. waren nach Chowrins Ansicht noch immer unvollkommen. So behauptete sie, die Anwesenheit kontrollierender Personen störe sie. Man mußte ihr also zwangsläufig die Briefe für längere Zeit unbeobachtet überlassen. Obwohl in keinem einzigen Fall auch nur das geringste Anzeichen dafür entdeckt werden konnte, daß sie die Briefe zu öffnen versucht hatte, waren Zweifel angebracht. Der äußerst skeptisch eingestellte Chowrin glaubte so wenig an die Existenz des Hellsehens, daß er eine entscheidende Bedingung für deren Nachweis unberücksichtigt

gelassen hatte: Indem Stragonow den Inhalt des von ihm abgeschickten Briefes kannte, konnte Frau M. ihr Wissen auch auf telepathischem Wege erlangt haben und nicht durch Hellsehen. Bei weiteren Experimenten wurden solche Fehlerquellen ausgeschaltet. Dr. Chowrin gelang es nämlich, seine Patientin so zu erziehen, daß sie ihre erstaunliche Fähigkeit schon bald auch unter ständiger Beobachtung auszuüben vermochte. Um bei den nachfolgenden Versuchen Telepathie auszuschließen, wurden die Aufgaben nunmehr von ganz unterschiedlichen Personen gestellt. So schrieben z. B. alle Mitglieder der St. Petersburger »Gesellschaft für experimentelle Psychologie« jeweils einen oder einige wenige kurze Sätze nieder und steckten den fraglichen Zettel in einen Briefumschlag. Der Präsident der Gesellschaft wählte sodann einen aus der großen Anzahl Briefe aus, der ungeöffnet nach Tambow geschickt wurde. Die übrigen Brief verbrannte man, um spätere Manipulationen auszuschließen.

Über das Ergebnis dieses Experiments der zweiten Serie gibt es ein Protokoll. In dem betreffenden Brief, dessen Siegel nach dem Versuch von Dr. Chowrin in Anwesenheit vor Zeugen erbrochen wurde, stand: »Ein großer Raum, von Lampen und Kronleuchtern grell beleuchtet. In diesem spazieren gruppenweise Kavaliere und Damen in Ballkostümen. Eine Dame mit Fächer steigt auf die Bühne, bleibt dort stehen und beginnt mit angenehmer Stimme die Arie ›Während des Gewitters‹ zu singen. Das Publikum applaudiert.«

Für den Versuch benötigte man sechs Sitzungen mit Frau M. Von einer zur anderen wurde das Bild vom Briefinhalt, das Frau M. »sah«, immer deutlicher. Sie hielt dabei stets den betreffenden Umschlag nur in der Hand und machte niemals den Versuch, den Brief an die Augen zu halten.

In den einzelnen Sitzungsprotokollen heißt es wörtlich:

»22.5.1883: Ich sehe einen hellen Streifen... ganz ungewöhnlich hell... irgendeinen großen Raum... ein heller Fleck erscheint, so wie ein Stern.

28.5.1883: Ich sehe sehr helle Punkte, Sternen ähnlich...

weiße Pfeiler ... weiße Kerzen ... ja, das ist ein großes Zimmer, Fenster ... Woher kommt dieses Licht? Ja, das sind Kerzen ... viele Kerzen ... alles ist grell beleuchtet. Ich sehe schwarze Punkte ... Menschen!
30.5.1883: Wieder grelles Licht, Kerzen, Kandelaber, aber keine Sterne. Es gehen Menschen, hell, sehr hell ... eine Menge Menschen ... Ein Zimmer grell beleuchtet ... viele Menschen. Ein Theater? Nein, ein Ball vielleicht?
31.5.1883: Ein Raum, es gehen Menschen vorbei ... paarweise. Eine Gestalt sondert sich ab. Die Dame hält etwas in Händen ... Hören Sie? Es wird gesungen.
1.6.1883: Es scheint mir, als befinde ich mich in einem Theater ... das Fräulein singt. Es kommt mir immer wieder das Lied ›Während des Gewitters‹ in den Sinn ... Ich höre jetzt den Gesang ... Ein Geräusch. Was machen sie? Sie applaudieren ... Ich sehe nichts mehr, alles ist dunkel.«
Nur drei Minuten später schreibt Frau M. die Lösung auf den Umschlag: »Ich sah ein großes, mit Kerzen grell beleuchtetes Zimmer mit Kronleuchtern. Viele Menschen in Balltoiletten spazierten zu zweit. Im Saal eine Bühne. Eine weiß gekleidete Dame sondert sich ab, hält etwas in Händen, steigt auf die Bühne und fängt an zu gestikulieren, sie scheint zu singen. Die Menge ist unbeweglich, scheint zu applaudieren.«
Chowrin meinte hierzu: »Die Aufgabe ist völlig richtig gelöst.« Dennoch war er von Zweifel geplagt. Vom wissenschaftlichen Standpunkt aus durfte es so etwas wie Hellsehen einfach nicht geben. Er dachte sich immer neue Kontrollen aus, zog immer neue Fachgelehrte zu Rate.
Nach dem »Lesen« von Briefen in verschlossenen Hüllen unternahm er Versuche mit farbigen Papierstücken in verschlossenen Schachteln. Auch diese wurden von Frau M. richtig benannt. Alle Versuche, mochten sie auch noch so ausgeklügelt sein, deuteten darauf hin, daß seine Patientin hellseherische Fähigkeiten besaß -- eine Gabe, die, wie im vorliegenden Fall, heute *Kryptoskopie*, d. h. »räumliches Hellsehen«, genannt wird.

Selbst als die St. Petersburger »Gesellschaft für experimentelle Psychologie« längst davon überzeugt war, daß es sich bei Frau M. weder um Täuschung noch um Betrug, sondern um eine echte Fähigkeit handelte, weigerte sich Chowrin, dieses für ihn völlig unverständliche Phänomen anzuerkennen. Er redete sich damit heraus, daß seine Patientin die von Medizinern anerkannte Fähigkeit der *Hyperästhesie* besäße, eine Überempfindlichkeit, vor allem der Sinnes- und der Gefühlsnerven. Für dieses Phänomen machte er die Empfindungslosigkeit der linken Körperhälfte von Frau M. geltend und meinte, daß hierdurch die Organe der rechten Hälfte eine extreme Steigerung der Sinnesempfindlichkeit erfahren hätten. Wie das genau vor sich gehen sollte, auf welche Weise sie mit ihren Fingern durch millimeterdickes Papier oder durch Karton den Inhalt eines Schreibens auch nur annähernd »erfühlen« konnte, vermochte auch er nicht zu erklären. Ein Spiel mit Worten, nur um den naturwissenschaftlich tabuisierten Begriff »Hellsehen« zu vermeiden?
Es fällt auf, daß Frau M. nicht den Wortlaut des Briefes, sondern nur seinen sinngemäßen Inhalt wiedergegeben hat. Hier scheidet Telepathie also aus, und es liegt tatsächlich ein Fall echten Hellsehens vor.

## 8

## *Gespeicherte Vergangenheit*

In ihrer Maiausgabe 1997 berichtete das grenzwissenschaftliche Magazin »esotera« über einen Kriminalfall, der in einer einmaligen konzertierten Aktion, an der zwölf englische Sensitive beteiligt waren, psychometrisch aufgeklärt wurde. Inoffiziell, versteht sich.

Die amerikanische Bundespolizei FBI suchte einen Briefbomben-Attentäter, den gefürchteten »Unabomber«, der schon seit 1978 sein Unwesen trieb und durch dessen verbrecherische Umtriebe bereits drei Menschen ums Leben gekommen und 23 weitere schwer verletzt worden waren.

Indem die beteiligten, über diesen Fall aber nicht weiter informierten Medien ein geschlossenes Kuvert mit Schriftproben des Attentäters berührten, konnten sie schließlich einen »Steckbrief« vom Gesuchten erstellen, der einem FBI-Mitarbeiter zugeleitet wurde. Die Sensitiven beschrieben ihn als einen etwa 50 Jahre alten intelligenten Akademiker, der zurückgezogen in einer Blockhütte in den Bergen von Kalifornien oder Montana hause, sich nur mit einem Fahrrad fortbewege und eine Schreibmaschine benutze.

Ende April 1996 konnte das FBI zugreifen und den Betreffenden festnehmen. Es handelt sich bei diesem Mann um den 55jährigen Theodore John Kaczynski, der früher als Mathematikdozent an der Universität von Kalifornien tätig war und mit einem IQ von 170 als außergewöhnlich intelligent gilt. Er hatte sich 1970 vom akademischen Betrieb zurückgezogen und bewohnte seitdem eine einsame Blockhütte bei Lincoln in den Bergen von Montana. Der Mann besaß tatsächlich nur ein Fahrrad. Seine Schreibmaschine wird in dem laufenden Prozeß gegen ihn als Beweismittel herangezogen.

Psychometrisches Hellsehen wird schon seit Menschengedenken praktiziert. Es waren vorwiegend französische Wissenschaftler, so vor allem der Arzt Gustave Geley (1868–1924), der Physiologe und Nobelpreisträger Professor Charles Richet (1850–1930) sowie der Arzt und Parapsychologe Eugène Osty (1874–1938), die sich Jahrzehnte nach der Entdeckung der Psychometrie durch den Amerikaner Dr. Joseph Rhodes Buchanan 1842 erneut intensiv mit dem Phänomen befaßten.

Irgendwann im Jahre 1922 sucht das französische Medium Pascal Forthuny das Institut Métaphysique (I. M. I.) in Paris auf, wo es eine Verabredung mit Direktor Dr. Geley hat. Da Geley gerade beschäftigt ist, muß er ein wenig warten. Dann führt man ihn ins Direktionszimmer, wo Madame Geley, die hin und wieder ihrem Mann zur Hand geht, anwesend ist. Dort liegen auf einem Tisch einige Gegenstände herum, die Geley für ein Experiment mit einem Medium bereithält, darunter auch ein Briefkuvert.

Flüchtig begrüßt Forthuny Geleys Frau, um dann, wie unter Zwang, nach dem frisch versiegelten Briefumschlag zu greifen. Augenblicklich beginnt er, ohne auf den Brief zu schauen, das Innere und Äußere eines Landhäuschens nahe der Ortschaft Gambais zu beschreiben, in dem zahlreiche Frauen auf bestialische Weise ermordet worden waren. Dr. Geley hatte wenige Augenblicke zuvor ein Stück Papier in das Kuvert gesteckt, auf dem sich das Original einer Unterschrift von Landru befand, dem berüchtigten »Blaubart«-Mörder.

Madame Geley schaltet sofort, nimmt einen Fächer, der ebenfalls auf dem Tisch liegt und reicht ihn Forthuny mit den Worten: »Und wo kommt der her?« Schlagfertig erwidert der Angesprochene: »Ich habe das Gefühl, als würde ich ersticken, und ich höre deutlich ›Elisa‹ neben mir.«

Auch mit dieser Äußerung sollte Forthuny recht haben. Der Fächer war zuvor im Besitz einer alten Dame mit dem Vornamen Elisa gewesen. Sie hatte eine Lungenblutung erlitten und war daran erstickt.
Professor Richet berichtet, wie es einem Kriminalbeamten, Dr. Dufay, mit Unterstützung eines psychometrisch begabten Mädchens namens Marie gelang, ein Verbrechen aufzuklären. Er übergab ihr einen Gegenstand, den er zuvor dick mit Papier umwickelt hatte, so daß sie ihn nicht sehen konnte. Kaum hielt Marie das Paket in ihren Händen, eröffnete sie ihm, daß durch dessen Inhalt ein Mann ums Leben gekommen sei. Seine Frage, ob es sich dabei um ein Seil handele, verneinte sie. Sofort fügte sie hinzu: »Eine Halsbinde. Sie gehört einem Gefangenen, der sich damit aufhängte, weil er einen Mord begangen hat. Er tötete sein Opfer mit einer Holzfälleraxt.« Doch damit nicht genug. Marie gab auch an, in welcher Gegend sich das Mordinstrument noch befinde und beschrieb sogar dessen Lage. Alles, was sie zu Protokoll gab, stimmte. Die Axt wurde an dem von ihr bezeichneten Ort ohne langes Suchen gefunden.
Dr. Osty, der gelegentlich mit der medial veranlagten Madame Vivian arbeitete, erhielt eines Tages von Schiffskapitän C. für Testzwecke ein verschlossenes Kuvert, dessen Inhalt ihm verschwiegen worden war. Man hatte ihm lediglich mitgeteilt, der Absender des Briefes lebe nicht mehr.
Besagten Brief überreichte Osty am 18. Mai 1922 Madame Vivian, gespannt auf deren Reaktion. Sie zerknüllte ihn und erklärte lakonisch, daß der Schreiber nicht mehr am Leben sei. Dann begann sie, wie aus der Pistole geschossen, mit wirr aneinandergereihten Aussagen visionsartig ihre Eindrücke zu schildern. In dem mitstenografierten Bericht heißt es: »Ein Soldat im Krieg, sonnengebräunt, mit sehr offenem Blick, willensstark und kämpferisch, unsentimental, intelligent, gutmütig, energisch, liebenswert … katholischen Glaubens, mit einem Hang zur Mystik, betete, wenn er traurig war, aber nicht bigott … aus frommer Familie und aus einem

Land, wo man Schiffe nach dem Namen von Heiligen benennt, so wie in England … Hatte einen älteren Bruder, mit dem er sehr vertraut war. Seine einzige Angst galt einer geliebten Frau … ja, da ist ein Kind … Ein Gefühl des Schwankens, Rollens, Feuchtigkeit und Wasser … meine Lippen sind salzig, so als ob ich auf dem Meer wäre. Ein Offizier, jung, starb gegen Kriegsende, nicht verwundet … erstickt, ein plötzlicher Schmerz im Kopf … starb nicht im Bett. Kleine Häuser, Soldaten, Ingenieure, Spitzhacken, Zelte drumherum.« Dies ist nur ein kleiner Teil dessen, was Madame Vivian heraussprudelte.
Dr. Osty, der diese Aussagen genau recherchierte, fand heraus, daß 25 Angaben exakt stimmten. Nur vier blieben unklar. Keine von Vivians Aussagen war ausgesprochen falsch. Der Brief stammte von Kapitän C.s Bruder. Er hatte ihn bei starkem Seegang geschrieben, was durch Empfindungen wie »Schwanken«, »Rollen« und »Geschmack von Salzwasser« verdeutlicht wird. Das Schiff hieß »St. Anna«, was auch den mysteriösen Hinweis auf den Heiligennamen verständlich macht. Der Soldat, der auch an der Front gekämpft hatte, war jedoch nicht im Kampf gefallen, sondern an einer Infektionskrankheit gestorben.
Psychometrisch hochbegabt war auch der polnische Ingenieur Ossowiecki mit dem bisweilen Osty, Geley und Richet experimentierten. Er vermochte jedoch nur Handgeschriebenes auszuwerten. Bei maschinengeschriebenen oder gedruckten Texten versagten seine hellseherischen Fähigkeiten. Bei einer Sitzung in Warschau kritzelte Professor Richet heimlich auf einen Zettel: »Das Meer wirkt niemals so weit, wie wenn es ruhig ist. Der aufgewühlte Zustand läßt es kleiner erscheinen.« Er faltete das Papier mehrere Male, steckte es in ein Kuvert und überreichte es Ossowiecki. Dieser knüllte es in seiner Hand zusammen, so als wolle er den Inhalt aus dem Zettel herauspressen. Nach etwa zehn Minuten stieß er hervor: »Ich sehe viel Wasser, sehr viel Wasser. Sie wollen eine Idee mit dem Meer verbinden. Das Meer ist so groß, daß ne-

ben seiner Bewegung … mehr kann ich nicht sehen.« Man möchte meinen, daß Ossowiecki weniger Richets Text hellseherisch »gelesen«, als vielmehr seine Gedanken telepathisch angezapft hat. Die Grenzen zwischen Telepathie und Hellsehen scheinen fließend zu sein.

Bei einem anderen Experiment schrieb Geley unter dem Tisch auf eine Karte. »Nichts ist erhebender als der Gebetsruf der Muezzins, der arabischen Gebetsrufer.« Als der Sensitive den Umschlag mit der Karte betastete, sagte er: »Da gibt es ein Gefühl von Beton, einen Ruf von Menschen, die gerade verwundet oder getötet werden … Nein, das ist es nicht … Es gibt nichts, was das Gefühl mehr erhebt, als der Ruf zum Gebet, es ist wie ein Ruf zum Gebet. Für wen? Eine bestimmte Kaste von Männern, mazzi, madz … Eine Karte. Mehr kann ich nicht sehen.«

Ossowiecki wurde einmal gefragt, auf welche Weise die hellseherischen Eindrücke in ihm entstehen würden. Er sagte: »Ich beginne damit, jegliches Denken zu unterbinden und meine gesamten inneren Kräfte auf die Wahrnehmung seelischer Empfindungen zu konzentrieren. Ich versichere, daß diese Situation durch meinen unerschütterlichen Glauben an die seelische Einheit der gesamten Menschheit zustande kommt. Ich befinde mich dann in einem neuen, außergewöhnlichen Zustand, in dem ich, unabhängig von Zeit und Raum, sehe und höre … Ob ich einen versiegelten Brief lese oder eine verlorene Sache finde oder Psychometrie anwende – die Sinnesempfindungen sind nahezu gleich. Ich scheine dabei Energie einzubüßen. Meine Körpertemperatur steigt an, und der Herzschlag wird unregelmäßig. Ich werde in dieser Annahme dadurch bestätigt, daß, sobald ich zu denken aufhöre, für einige Sekunden so etwas wie Elektrizität (sic!) durch meine Glieder fließt. Das aber dauert nur einen Augenblick, dann überkommt mich Hellsichtigkeit, Bilder tauchen in mir auf, normalerweise aus der Vergangenheit. Ich sehe die Person, die den Brief schrieb, und ich weiß auch, was sie schrieb. Ich erkenne den Gegenstand in dem Moment, da er verloren wird, mit allen Einzelheiten der Begebenheit, oder aber ich nehme wahr bzw. fühle die ›Geschichte‹ des Gegenstands, den ich in Händen halte. Die Sicht ist neblig, und es bedarf großer Anstrengung. Besondere Bemühungen sind erforderlich, um Einzelheiten und die näheren Umstände einer auftauchenden Szene zu erkennen. Hellsichtigkeit entsteht gelegentlich innerhalb weniger Minuten. Ein anderes Mal bedarf es stundenlangen Wartens. Zudem hängt sehr viel von der Umgebung ab. Skepsis, Ungläubigkeit oder auch eine zu sehr auf mich konzentrierte Aufmerksamkeit können den Erfolg schnell blockieren.«

Es ist dies eine altbekannte Erfahrung, über die Medien immer wieder berichten. Eingefleischte Skeptiker wollen sie nicht gelten lassen, halten diesen Einwand für eine faule Ausrede, wenn einmal ein Experiment nicht gelingt. Da aber sämtliche Psi-Manifestationen nachweislich reine Bewußtseinsphänomene sind, darf man davon ausgehen, daß auch negative Bewußtseinsinhalte notorischer Skeptiker den Verlauf eines Psi-Tests durchaus stören können. Mit einem »Sperrfeuer« zweifelnder Gedanken halten sie das Medium davon ab, telepathisch oder hellseherisch Informationen einzuholen.

Eine ganze Serie psychometrischer Experimente unternahm der deutsche Augenarzt und Parapsychologe Dr. Rudolf Tischner (1879–1961). Sein begabtestes Medium war ein gewisser Herr H., der aber, ganz im Gegensatz zu anderen Sensitiven, nichts über die »Geschichte« eines Gegenstandes oder über das Schicksal von dessen Vorbesitzer auszusagen wußte. Er beschrieb ausschließlich den Gegenstand selbst, dessen Aussehen und Zusammensetzung sowie seinen Verwendungszweck. Interessanter erscheint hingegen der Fall der Mexikanerin Señora Maria Reyes de Zierold, deren hellseherische Fähigkeiten von dem in Mexiko City lebenden deutschen Arzt Dr. Gustav Pagenstecher (1855–1942) rein zufällig entdeckt worden waren. Die Señora war wegen Schlaflosigkeit und einer schweren Magenerkrankung in

seine Praxis gekommen. Als alle Medizin nicht half, schlug Dr. Pagenstecher eine Hypnosebehandlung vor.
Schon bei der ersten Sitzung erlitt die Dame einen kataleptischen Anfall, d.h., ihre Arme und Hände wurden vollkommen steif. In diesem Zustand machte der Arzt eine merkwürdige Entdeckung. Sie beschrieb die »Erlebnisse« eines Gegenstandes, der ihr unbeabsichtigt in die Hände gelegt worden war, in aller Ausführlichkeit und vermochte auch nach dem Erwachen aus der Hypnose noch Auskünfte über ihn zu geben. Dies erregte die Aufmerksamkeit des Psi-Phänomenen gegenüber eher indifferent eingestellten Dr. Pagenstecher, der nach diesem Schlüsselerlebnis mit Señora de Zierold zu experimentieren begann.
In einer der ersten Sitzungen erhielt sie einen Marmorbrocken aus einem Tempel des Forum Romanum in Rom, über dessen Herkunft man sie allerdings nicht unterrichtet hatte. Sie beschrieb den wichtigsten öffentlichen Platz des antiken Rom in allen Einzelheiten, wobei natürlich auch Telepathie mit im Spiel gewesen sein mag. Schließlich hatte sich Dr. Pagenstecher zuvor einen Bildband von Rom angeschaut, in dem auch der Blick vom Kapitol nicht fehlte.
Im März 1921 reiste Professor Dr. Walter Franklin Prince (1863–1934), damals Amerikas prominentester Parapsychologe, nach Mexiko, um sich von Señora de Zierolds Fähigkeiten persönlich zu überzeugen. Prince übergab ihr zu Beginn der Sitzung in Anwesenheit einer Sachverständigenkommission zwei in Umschlägen sorgfältig versiegelte Briefe. Niemand der Anwesenden wußte, was sie enthielten. Einer von Dr. Pagenstechers Freunden, der in Tokio lebte, hatte sie ihm geschickt, und selbst ihm war der Briefinhalt nicht bekannt.
Nachdem die Sensitive in Hypnose versetzt worden war, begann sie, die Kuverts fest in Händen haltend, zu erzählen: »Es ist Nacht… stockdunkel… heftige Bewegung… ich glaube, ich bin auf einem Schiff. Da sind viele Leute… sie alle sind voller Entsetzen. Ich sehe Frauen, die vor Schreck ohnmäch-

tig werden ... andere umarmen Mann und Kinder ... knien und beten ...«

Als Dr. Pagenstecher sie fragte, ob ihr eine der Personen besonders auffalle, antwortete sie: »Ja, ein Herr, ein Weißer. Er hat einen Bart und einen Schnurrbart ... über seiner linken Augenbraue eine große Narbe ... ein großer, sehr kräftiger Mann. Seine Augen sind schwarz, auch seine Haare ... *Jetzt* (sic!) reißt er eine Seite aus einem Heft und schreibt etwas auf ... Die anderen schreien, weinen ... Ich höre eine Explosion ... Sie binden sich Schwimmwesten um ... wieder eine Explosion ... Der Mann, er zieht eine Flasche aus der Tasche, stopft den Zettel hinein, korkt sie zu ... Das Schiff sinkt sehr schnell ... alle ertrinken ... Vor mir taucht der Mann aus den Fluten auf ... er schreit ... ruft flehend: ›Dios mio, mis hijos!‹ (›Mein Gott, meine Kinder ...‹).«

Augenblicklich holte Dr. Pagenstecher das Medium aus der Hypnose zurück. Die Señora zitterte am ganzen Körper und weinte vor sich hin. Sie war von dem, was sie soeben »gesehen« hatte so mitgenommen, daß es eine ganze Weile dauerte, bis sie wieder zur Ruhe kam.

Unmittelbar nach der Sitzung suchten Prince, Pagenstecher und die anderen Zeugen einen Notar auf, der die versiegelten Briefe öffnete und deren Inhalt laut vorlas. Das Resultat – ein Vergleich zwischen den Aussagen des Mediums und dem Inhalt der Briefe – fiel geradezu sensationell aus. Einer der Umschläge enthielt einen verwitterten, aber dennoch lesbaren Zettel, den portugiesische Fischer nahe den Azoren aus dem Atlantik gefischt hatten. Es war die letzte Botschaft eines Schiffbrüchigen. Sie lautete: »Leb wohl Luisa, sorge dafür, daß die Kinder mich nicht vergessen. Dein Ramon.«

In einem Begleitschreiben wurde Dr. Pagenstecher über die näheren Umstände informiert, die der Flaschenpost zugrunde lagen. Bei dem Absender handelte es sich um einen politischen Flüchtling aus Kuba, der mit der »Lusitana« unter falschem Namen von Amerika nach Europa reisen wollte. Das große Passagierschiff der Cunard-Linie war während des Ersten Weltkrieges am 7. Mai 1915 von einem deutschen U-Boot versenkt worden, wobei 1200 Personen den Tod fanden.

Señora de Zierold hatte das Aussehen von Ramon genau beschrieben. Sogar der Hinweis auf die Narbe traf zu. Im Verlaufe einer weiteren Sitzung wußte sie zu berichten, daß besagte Narbe von einem Attentat herrührte. Die Witwe, der man dies mitteilte, konnte die Aussagen des Mediums vollauf bestätigen.

Interessant ist der Umstand, daß sich Señora de Zierold im Präsens, in der Gegenwartsform, ausdrückt, so als ob sie an der Katastrophe unmittelbar beteiligt wäre. Folgt man Albert Einsteins Betrachtungen der Zeit im Rahmen der Speziellen Relativitätstheorie, die nur so etwas wie *Gleichzeitigkeit* kennt, wäre dies durchaus verständlich: Gestern und morgen *sind* jetzt, in diesem Augenblick. Die Wirklichkeit ist nicht das, was sie auf den ersten Blick zu sein scheint.

# 9
## *Zeitloses Bewußtsein*

Der berühmte Mathematiker und Philosoph Bertrand Russell (1872–1970) meinte einmal, daß ihm die Beschreibung dessen, was wir als *Zeit* bezeichnen, mit europäischen Sprachen, in deren Grammatik die Zeit in jedem Satz verkörpert sei, nicht möglich wäre. Er müsse daher einen kaum bekannten ostafrikanischen Dialekt erlernen, der keine Zeitformen besäße, bevor er sich diesem Problem widmen könne.

Viele der hier beschriebenen Vorkommnisse lassen darauf schließen, daß die Welt aus mehr als nur drei Dimensionen besteht. Aber wir können uns eine vierte, geschweige denn eine fünfte, sechste oder – entsprechend den Vorstellungen des bekannten deutschen Physikers Burkhard Heim – eine zwölfte Dimension nicht bildhaft vorstellen.

Das Denken im euklidischen 3D-Raum und in der linear ablaufenden Newtonschen Zeit ist dem Wachbewußtsein des Menschen durch seine eigene dreidimensionale Körperlichkeit vorgegeben. Weil dies der Fall ist, sind alle Versuche, die Existenz und das Wirken anscheinend zeitloser Psi-Phänomene wie z. B. die Präkognition, das Vorauswissen, entsprechend den Gesetzmäßigkeiten der konventionellen Physik rein theoretisch zu erklären, von vornherein zum Scheitern verurteilt. Im Falle der Präkognition kommt die scheinbare Aufhebung des Kausalitätsprinzips – die zeitliche Abfolge von Ereignissen – als weiteres Dilemma hinzu. Aber, ist es wirklich ein totales Dilemma, oder ist unsere Denkweise einfach falsch? Müssen wir nicht nach anderen Erklärungen suchen, wenn wir z. B. feststellen, daß bei weitem nicht alle »präkognitiv« wahrgenommenen Ereignisse eintreten? Oft scheinen sie nur der Warnung zu dienen. Sie zeigen dann eine Wahrscheinlichkeit auf, deren Verwirklichung wir, da vorgewarnt, verhindern können.

Dr. Louisa Rhine, die Frau des berühmten amerikanischen Biologen und Parapsychologen Joseph Banks Rhine, nennt hierfür ein Beispiel, das eine Mutter aus New York ihr berichtet hatte: »Vor etwa zehn Jahren hatte ich einen schlimmen Traum. Ich hörte einen Schrei, drehte mich um und sah meinen Sohn, der damals zwei Jahre alt war, durch das Fenster fallen. Ich hörte sogar die Sirenen des Krankenwagens, der vor unserem Haus anhielt. Als ich erwachte, schaute ich zuerst nach dem Baby und dann nach den Fenstern. Alles war in Ordnung. Wenige Tage später legte ich seine Matratze zum Lüften ins Fenster. Es war dicht heruntergezogen (die Rede ist von einem Schiebefenster, wie man sie in den USA sehr häufig antrifft). Ich beschäftigte mich im Nebenraum. Plötzlich erinnerte ich mich an den Traum und rannte in das Kinderzimmer zurück. Er (der Junge) hatte es fertiggebracht, das Fenster aufzustoßen, und saß bereits auf dem Fensterbrett. Ich ergriff ihn in dem Augenblick, als er gerade fiel. Die Matratze lag schon unten auf der Straße.«

Diese Art von Präkognition, die ja eigentlich keine ist, denn sie hat ja nur den Zweck, die Verwirklichung eines Ereignisses zu *verhindern*, wird von Parapsychologen als *Intervention* bezeichnet. Der Terminus ist allerdings doppeldeutig, weil er an ein zwangsweises Eingreifen durch eine übergeordnete Instanz denken läßt.

Wäre dem immer so, so bestünde für unsere Philosophen nicht die Notwendigkeit, darüber zu grübeln, ob der Ablauf der Geschehnisse und damit auch unser Schicksal vorausbestimmt ist oder nicht. Der *freie Wille* hätte zweifellos Vorrang. Fatalerweise stellt sich das Schicksalsszenarium doch komplexer dar, als man gemeinhin annehmen möchte. Ein anderer Fall soll dies belegen.

Herr R. ist bei seinem Bruder in Österreich eingetroffen, um auf dessen Bauernhof den Urlaub zu verbringen. Beim Erwachen am ersten Morgen sieht R., noch halb im Schlaf, in einer Zimmerecke die Vision einer Krankenschwester, die sich gerade eine Operationsmaske umbindet. Nach wenigen Augenblicken verschwindet das Bild. Es hat aber bei R. einen derart starken Eindruck hinterlassen, daß er am Frühstückstisch davon erzählt. Der Bruder und dessen Frau meinen, dies könne eine Warnung gewesen sein, und so beschließt R. einen für diesen Tag vorgesehenen Ausflug zu verschieben. Er verbringt den ganzen Tag bei Bruder und Schwägerin. Von Langeweile geplagt, will er am Abend beim Zubereiten des Abendessens helfen. Doch dazu kommt es erst gar nicht. Kaum, daß er sich anschickt, Kartoffel zu schälen, rutscht das scharfe Messer aus, und er schneidet sich in die Hand bis auf die Knochen. Der Bruder fährt den Verletzten zur ambulanten Behandlung ins nächstgelegene Krankenhaus. Die Wunde muß genäht werden. Noch während der Patient wartet, tritt eine Krankenschwester ein, ergreift eine Gesichtsmaske und bindet sie um. Es ist bis ins Detail dasselbe Bild wie das der Vision am Morgen.

Zur gleichen Kategorie zählt ein von Nils-Olof Jacobson wiedergegebener Bericht eines Schweden, der als Laborant in einem Fotolabor arbeitete. Eines Nachts träumte er, daß er durch ein Versehen einen Satz Verlobungsfotos überentwickelt und somit verdorben habe. Als er mit den schwarzen Bildern noch ratlos in der Dunkelkammer steht, tritt seine Chefin ein, schaut ihm über die Schulter und ruft: »Aber was ist denn da passiert?« Dann überschüttet sie ihn mit Vorwürfen, und einer der Sätze lautete: »Daß einem Mann mit Lindströms [Name des Laboranten] Fachausbildung so etwas passieren kann!« Lindström schrieb sich den Traum genau auf, war aber fest davon überzeugt, daß ihm so etwas nicht passieren könne.

Dennoch traf das Geträumte wenige Tage später genau so ein. Als Lindström in der Dunkelkammer stand und er im Vorraum Absätze klappern hörte, wußte er bereits, was kommen

würde. Seine Chefin trat ein und gebrauchte »genau die gleichen Worte, die ich nach meinem Traum notiert hatte«.
Es könnte durchaus eine Präkognitionsform geben, die sich durch telepathisches Erfühlen von Gegebenheiten erklären läßt, die das Unbewußte, zusammen mit anderen bekannten Daten, zu einer Zukunftsprojektion verarbeitet hat. Alle »groben«, symbolischen Eindrücke lassen sich so notfalls erklären. Diese Deutung muß aber versagen, wenn das Zustandekommen eines Ereignisses entweder von fremden und ganz unerwarteten Ursachen abhängt oder wenn völlig unvorhersehbare Details vorauserlebt werden. Es kann dies das Endresultat einer recht komplizierten Kette materieller Faktoren und menschlicher Reaktionen sein, die wiederum von ganz individuellen Konfliktsituationen und Wertmaßstäben abhängen. Wenn wir eine »natürliche« Erklärung suchen, kann das Ausrutschen des Messers, wie im Fall von Herrn R., allenfalls noch als eine Folge von Autosuggestion gesehen werden, ausgelöst durch die Vision einer Krankenschwester beim Erwachen am Morgen. Wir müssen jedoch diesen Ansatz zu Ende denken. Die Übereinstimmung der Gesichtszüge und Bewegungen besagter Schwester in der Realität mit denen der Phantomschwester in der Vision und, wie im Fall des Fotolaboranten, der gleiche Wortlaut von Chefin und Traumgebilde, zwingen zu ganz anderen Denkansätzen. Man ist heute nur allzu rasch versucht, dieser präzisen, sehr wichtigen Unterscheidung auszuweichen. Erkennen wir sie aber an, dann fällt das wissenschaftlich scheinbar so gut definierte Uhrwerkuniversum sofort in sich zusammen. Ursache und Wirkung scheinen manchmal vertauscht.
Es gibt zahlreiche mathematisch-philosophische Versuche, die Problematik der Paradoxa zu lösen. Mithin am bekanntesten ist die Theorie des irischen Flugzeugingenieurs J. W. Dunne (1875–1949), der in seinem Buch »An Experiment with Time« (Ein Experiment mit der Zeit) davon ausgeht, daß das Erleben aufeinanderfolgender Geschehnisse in unserer dreidimensionalen Welt eine *Illusion* von Vergangenheit,

Gegenwart und Zukunft erzeuge. Anstelle von nur *einer* Zeitdimension (die vierte im Einstein-Minkowski-Modell) denkt Dunne an eine unendliche Zahl von Zeitdimensionen, die wir erleben wie in einem ineinander verschachtelten System: als 3D-Beobachter innerhalb eines 4D-Beobachters innerhalb eines 5D-Beobachters usw. Mit anderen Worten: Alles ereignet sich *gleichzeitig*, jedoch auf verschiedenen (parallelen) Ebenen. Andere Physiker spekulieren über ein *Spiegelwelt*-System, in dem bestimmte symmetrische Vorgänge ihr Gegenstück haben. In einer solchen Spiegelwelt würde dann auch die Zeit entgegengesetzt zur unsrigen verlaufen. Die Wirkung käme vor der Ursache. Unvorstellbar, aber zumindest theoretisch nicht völlig abwegig.

Man kann sich dem Phänomen des Vorauswissens aber auch von der Bewußtseinswarte aus nähern. Denkbar wäre, daß Träume oder Visionen *Ursache* des späteren Geschehens sind, indem sie »suggestiv« die Keime für später eintretende Ereignisse »säen«. Vielleicht sind gewisse Ereigniseintritte in einer zeitlosen, für uns immateriellen, mehr geistigen *Überwelt* bereits existent, und wir *müssen* ganz einfach durch sie hindurch, weil sie auf jener höherdimensionalen geistigen Ebene bereits geschehen sind. Wir können sie mit unserem multidimensionalen und daher zeitfreien Bewußtsein bisweilen als Vorausschau erfassen. Dies setzt ein zeitloses Universum – einen *Hyperraum* – voraus, in dem sich unser Bewußtsein frei bewegen kann. Und alles deutet darauf hin, daß dies exakt so ist.

# 10

## *Die Vision des Zigeuners*

Haben Sie sich jemals Ihre Zukunft voraussagen lassen? Wenn ja: Glauben Sie auch wirklich an das, was Ihnen prophezeit wurde? Niemand würde es Ihnen verübeln, wenn Sie diese Fragen mit einem Achselzucken abtun, denn es gibt nur wenige Menschen, die solche Voraussagen ernst nehmen und vielleicht sogar ihre Lebensgewohnheiten darauf einstellen. Jack Forbes aus Glasgow war auch so ein Typ, der von der Wahrsagerei nicht viel hielt. Der Krieg hatte ihm übel mitgespielt und ihn illusionslos gemacht.

Während des Ersten Weltkrieges war er zwei Jahre in Flanderns Schützengräben stationiert, wo er – Opfer eines deutschen Gasangriffs – einen Lungenflügel eingebüßt hatte. Dennoch war er glücklich, überlebt zu haben, obwohl er infolge seiner Behinderung nur noch leichte Arbeiten verrichten konnte. Im Jahre 1930 hatte Jack geheiratet und war inzwischen Vater von zwei gesunden Kindern geworden. Es war im Sommer 1935, als er mit seiner Frau Mary und den Kindern eine Tagesfahrt per Schiff nach dem beliebten Ausflugsort Rothesay am Firth of Clyde unternahm. Auf der dortigen Strandpromenade reiht sich eine Vergnügungsbude an die andere, und hier kann man Eiskrem, bunte Papierhüte und billigen Modeschmuck kaufen. Einen Wahrsager gibt es auch, der allen, die es wissen wollen, seine prophetischen Dienste anbietet.

Frau und Kinder drängen Jack, ein paar Schillinge zu opfern und einen »Blick in die Zukunft« zu wagen. Obwohl dieser nichts vom Handlesen, Kristallsehen und Kartenlegen hält,

läßt er sich schließlich doch noch umstimmen und betritt voller Skepsis das Kabinett. Zu seiner Überraschung sitzt da nur ein junger Zigeuner, ganz ohne die sonst übliche »Ausstattung«, ohne Kristallkugel und ohne Karten. Nicht einmal einen Tisch gibt es, nur einen weiteren Stuhl, auf dem Jack Platz nimmt.
Der junge Mann konzentriert sich auf einen winzigen Spiegel, den er bei Jacks Eintreten aus der Tasche gezogen hat, und beginnt mit seinem prophetischen Monolog. Die ganze Sitzung dauert nur wenige Minuten. Amüsiert verläßt Jack das Kabinett. Draußen wird er von seiner Familie gefragt, was er über seine Zukunft wichtiges erfahren habe. Jack, der den Wahrsager mehr aus Jux aufgesucht hatte, schüttelt sich vor Lachen. Nichts Außergewöhnliches war ihm gesagt worden, nur daß es um seine Gesundheit nicht zum Besten bestellt sei, daß seine Ehe glücklich verlaufe und er zwei hübsche Kinder habe. Doch eine Warnung hatte ihm der Zigeuner noch mit auf den Weg gegeben, eine, mit der er absolut nichts anzufangen wußte, die er für geradezu lächerlich hielt: Er solle niemals einem Zug oder Bus hinterherlaufen. Wenn er sehen würde, daß ein Bus ihm gerade vor der Nase wegfährt, dürfe er niemals versuchen, diesen einzuholen. Er solle dann lieber den nächsten nehmen.
Wieder zu Hause, erzählten die Forbes' ihren Nachbarn von ihren Erlebnissen in Rothesay und von dem merkwürdigen »Rat«, den der Wahrsager Jack gegeben hatte.
Vier Jahre danach brach der Zweite Weltkrieg aus. Jack arbeitete damals immer noch als Pförtner an einem Glasgower Theater. Obwohl Glasgow während der ersten Kriegsjahre einem heftigen Bombardement durch die deutsche Luftwaffe ausgesetzt war, wurde das Theater nicht geschlossen. Immer, wenn die Abendvorstellung vorbei war, machte Jack seine Runde, um nachzuschauen, ob alle Lichter abgedreht waren. Dann verließ auch er das Gebäude durch einen Seiteneingang. Auf dem Weg nach Hause nahm er für gewöhnlich den kürzesten Weg durch das Gewirr der Straßen und

Gassen, um die nächstgelegene Straßenbahnhaltestelle zu erreichen.

Eines Abends waren die Docks rund um Glasgow wieder einmal Ziel eines langandauernden schweren Luftangriffs. Dennoch hatte die Theatervorstellung keine Unterbrechung erfahren. Nachdem die letzten Zuschauer gegangen waren, drehte Jack, wie üblich, seine Runde, um sich danach auf den Weg nach Hause zu machen. Gerade hatte er die Ecke erreicht, von der aus er die Haltestelle einsehen konnte, als er feststellen mußte, daß die Straßenbahn gerade langsam anfuhr. Jack schickte sich an, ihr nachzurennen, mußte aber bald feststellen, daß sie zunehmend an Fahrt gewann und er hoffnungslos hinter ihr zurückblieb. Es war die letzte Straßenbahn an diesem Abend, und Jack mußte sich wohl oder übel zu Fuß auf den langen Heimweg machen.

Er war noch nicht weit gegangen, als er plötzlich eine gewaltige Explosion vernahm, deren Druckwelle ihn zu Boden schleuderte. Die Straßenbahn, mit der er nach Hause fahren wollte, war von einer Fliegerbombe getroffen und völlig zerstört worden. Eine Maschine, die am Bombardement der Docks beteiligt und jetzt auf dem Rückflug war, hatte sich einer letzten Bombe entledigt und dabei unbeabsichtigt die Straßenbahn in voller Fahrt getroffen. Jack, der sich während des schrecklichen Geschehens in unmittelbarer Nähe der Straßenbahn befunden hatte, sah sich außerstande, den Passagieren Hilfe zu leisten. Sie alle waren in dem flammenden Inferno ums Leben gekommen.

Als Jack seiner Frau die aus nächster Nähe beobachtete Katastrophe schilderte, erinnerte sie ihn an den Rat des Zigeuners in Rothesay.

Einer meiner in England lebenden Freunde, der mir diese unglaubliche Geschichte erzählte, hatte selbst in den Archiven einer Glasgower Tageszeitung nachgeforscht, um den Wahrheitsgehalt von Jacks Erzählung zu überprüfen. Er fand tatsächlich Hinweise auf die Zerstörung einer Straßenbahn durch eine verirrte Fliegerbombe und die Anwesenheit von

Jack Forbes als einzigem Zeugen am Ort des Geschehens. Nachbarn von Forbes bestätigten seinen Besuch bei besagtem Hellseher im Jahre 1935. Auch stimmte es, daß Jack ihnen von der ihm damals unsinnig erscheinenden Warnung erzählt hatte.

Man ist schnell versucht, hinter diesem Fall wieder einmal den blinden Zufall zu vermuten. Was aber ist Zufall? Was oder wer löst ihn aus? Ist unser aller Schicksal nur eine Anhäufung solcher Zufälle?

## 11

## *»Die Titanic wird sinken«*

Titanic, das Giga-Filmereignis des Jahre 1998. James Camerons aufwendiges Remake vom Untergang des britischen Luxusliners, dem unglücklicherweise ein Eisberg im Weg stand, verschlang Millionen, sorgte wochenlang für volle Kinos und versetzte die Medien weltweit in einen wahren Katastrophentaumel. Jedes noch so winzige Detail der Tragödie wurde akribisch abgehandelt, jedes noch so unbedeutend erscheinende Ereignis in epischer Breite ausgewalzt. Doch etwas scheinen die Filmemacher und Autoren all der zahllosen wahren und unwahren Geschichten, die sich um die Fahrt des glücklosen Ozeanriesen ranken, vergessen zu haben, etwas außerordentlich Interessantes, das hier nachgeholt werden soll.

Auch auf See gibt es zahlreiche Beispiele für Vorahnungen, für Visionen und Prophezeiungen, die auf sich anbahnende Katastrophen hindeuten, auf Entwicklungen, die offenbar niemand und nichts aufzuhalten vermag, wie im Fall der »Titanic«. Sie kollidierte auf ihrer Jungfernfahrt am 14. April 1912 um 23.40 Uhr im Nordatlantik mit einem Eisberg und sank innerhalb von zweieinhalb Stunden. Von den 2207 an Bord befindlichen Passagieren und Mannschaften konnten gerade einmal 705 Personen gerettet werden. Der Untergang des zuvor als »unsinkbar« gepriesenen Luxusdampfers hatte damals die Weltöffentlichkeit arg schockiert, zumal die bei diesem Schiff angewandte Technik perfekt zu sein schien. Rationale Gründe für ihr Versagen schieden jedenfalls aus.

Trotz aller Vorschußlorbeeren, mit denen man das angeblich

sicherste Schiff der Welt bedacht hatte, gab es seinerzeit einige Zeitgenossen, die, von bösen Vorahnungen geplagt, das schreckliche Unglück in ihren Träumen fast »plastisch« miterlebt hatten ... Tage, Wochen, ja selbst Monate zuvor. Der amerikanische Psychiater Professor Ian Stevenson von der »Division Personality Studies« am »Health Science Center« in Charlottesville, Virginia (USA), einer der bedeutendsten Reinkarnationsforscher unserer Zeit, hat im Zusammenhang mit der Katastrophe der »Titanic« 19 Fälle nachgewiesener Präkognition analysiert. Die Vorahnungen wurden in Träumen und Visionen, als »Stimmen«, aber auch als eine Art Ergriffensein vom Schrecken des Ereignisses empfangen.
Ein Londoner Geschäftsmann, J. Connon Middleton, der selbst einen Platz auf der »Titanic« gebucht hatte, wähnte sich zweimal im Traum über dem Wrack des kieloben treibenden Liners schwebend, wobei er sogar die hilflos im eisigen Wasser schwimmenden Menschen zu »sehen« wähnte. Middleton glaubte zwar nicht, daß Träume in Erfüllung gehen, hatte aber dennoch ein ungutes Gefühl, als er geschäftlich nach New York mußte. Über das Telegramm, daß er wegen einer Terminverlegung die Reise zu verschieben habe, war er daher eigentlich sehr froh.
Zwischen dem 3. und 10. April 1912 machten mehrere Personen ihre Buchung rückgängig, manche mit der fadenscheinigen Begründung, es bringe Unglück an einer Jungfernfahrt teilzunehmen. Psychologen vermuten, daß sie alle, wenn auch mehr unbewußt, das bevorstehende Desaster präkognitiv »gespürt« haben, ihre Ahnung aber nicht zugeben wollten.
Der bekannte englische Publizist W. T. Stead, der von dem damals amtierenden amerikanischen Präsidenten William Howard Taft (1909–1913) zu einem Vortrag in die USA eingeladen worden war, hatte Jahre zuvor einmal einen Artikel geschrieben, in dem er den Untergang eines Schiffes schilderte, das im Mittelatlantik mit einem Eisberg kollidierte. Stead hatte das Thema aufgegriffen, um auf Gefahren hinzu-

weisen, die daraus entstünden, daß die meisten Passagierschiffe nicht über genügend Rettungsboote verfügten. In einem seiner Vorträge beschrieb er sich selbst einmal in der imaginären Situation eines Schiffbrüchigen, der den Untergang eines großen Ozeandampfers als einziger überlebt hatte.

Graf Louis Hamon, ein damals unter dem Pseudonym Cheiro bekannt gewordener Hellseher, warnte Stead vor Schiffsreisen. Neun Monate vor dem Untergang der »Titanic« bat Hamon – offenbar von bösen Vorahnungen verfolgt – den Schriftsteller nochmals, im April 1912 keine solche Reise anzutreten. Zwar hatte Stead zu diesem Zeitpunkt noch keine konkreten Reisepläne, nahm aber die Warnung immerhin ernst genug, um einen weiteren Hellseher zu konsultieren, einen gewissen W. de Kerlor. Dieser sagte dem verblüfften Stead voraus, daß er bald nach Amerika reisen werde. Eigenartigerweise will er in seiner Vision nur den halben Rumpf eines riesigen schwarzen Schiffes gesehen haben. Auch Kerlor ließ die Sache nicht mehr los. Ihm träumte später, daß er in der Person von Stead in ein Schiffsunglück verheerenden Ausmaßes verwickelt war: »Ich träumte, ich befände mich inmitten einer Katastrophe auf See. Eine Unmenge (über tausend) menschliche Leiber zappeln im Wasser, und ich befand mich mitten unter ihnen. Ich konnte ihre verzweifelten Hilfeschreie hören.«

Stead erhielt von Dritten noch mehrere solcher Warnungen, darunter auch einen Brief von einem hohen anglikanischen Geistlichen. Dieser sagte voraus, daß die »Titanic« untergehen werde. Stead wußte damals noch gar nicht, daß er sich unter den Passagieren befinden würde. Dann kam die Einladung des Präsidenten der Vereinigten Staaten und Stead konnte diese schwerlich ablehnen. Also bestellte er eine Kabine auf der »Titanic«, trat die Fahrt an – und fand bei dem Schiffsuntergang den Tod.

Am 10. April 1912 stach die »Titanic« in See. Blanche und Jack Marshall standen mit ihren Angehörigen auf dem Dach

ihres Hauses gegenüber der Southampton vorgelagerten Isle of Wight, um das Auslaufen des stolzen Schiffes von einer erhöhten Position aus verfolgen zu können. Plötzlich ergriff Blanche erschrocken den Arm ihres Mannes und rief: »Dieses Schiff wird sinken, noch bevor es Amerika erreicht.« Jack Marshall brachte mit seinem Einwand, daß die »Titanic« unsinkbar sei, seine Frau noch mehr in Rage: »Steht doch nicht so da und starrt mich an, unternehmt etwas! Ihr Narren, ich sehe Hunderte von Menschen im eiskalten Wasser zappeln! Seid ihr denn alle so blind, daß ihr sie einfach ertrinken laßt?« Eine Tochter der Marshalls, die als Kind diesen Vorfall miterlebt und später in ihrem Buch »Far Memory« (Kindheitserinnerungen) festgehalten hat, wußte ergänzend zu berichten, daß in den darauffolgenden Tagen niemand in der Familie die »Titanic« zu erwähnen wagte. Dennoch hielt die Nervosität ihrer Mutter an, was ihren Vater sehr beunruhigte. Ihr Zustand besserte sich erst, als sie erfuhr, daß die »Titanic« auf einen Eisberg aufgelaufen und das Schiff gesunken war.
Der Militärberater des Präsidenten Howard Taft, Major Archibald Butt, teilte am 23. Februar 1912 seiner Schwägerin Clara Butt mit, daß er eine Europareise plane. In seinem Schreiben heißt es: »Denke daran, daß alle meine Papiere im Depot liegen. Falls das alte Schiff untergeht, wirst Du meine Unterlagen in bester Ordnung vorfinden. Da ich Dir dies jedesmal, wenn ich verreise, mitteile, wirst Du auch diesmal keine schlimme Vorahnung haben.« Diesen Brief schrieb er, kurz bevor er die »SS Berlin« bestieg, die ihn nach Europa bringen sollte. Zu diesem Zeitpunkt wußte er noch nicht, daß er die Rückreise auf der »Titanic« antreten würde. Und auch ihn sollte der nasse Tod ereilen. In diesem Fall fällt es allerdings schwer, von Präkognition zu sprechen, da Butt als Pessimist bei all seinen Reisen nie die Möglichkeit eines unfallbedingten, plötzlichen Todes ausschloß. Dennoch hatte er bei drei vorangegangenen Seereisen gegenüber seiner Schwägerin nie angedeutet, daß er mit dem Schlimmsten rechne.

Eindeutig scheint hingegen der Fall von Mrs. Charles Hughes aus Stoke-on-Trent zu sein, die als 14jährige in der Nacht vom Freitag, dem 12. April, einen prophetischen Traum gehabt haben will, der (wörtlich) »alle meine anderen Träume an Deutlichkeit übertraf«. Das Mädchen hatte sich selber auf einer Straße in Hanford gesehen. Sie beobachtete »ein sehr großes Schiff, nicht weit weg, so als stünde es im Park von Trentham, mit Gestalten, die auf ihm hin- und herliefen«. Als sie dort stand und sich wunderte, was mit dem Schiff los sei, habe sich plötzlich sein Rumpf an einem Ende gesenkt. Gleichzeitig will sie fürchterliche Schreie vernommen haben, die sie aufweckten.

Ihre Großmutter, der sie diesen Traum sofort erzählte, war über das »dumme Zeug«, das ihre Enkelin von sich gab, ungehalten und drohte ihr mit dem Entzug des Abendbrotes. Hiervon unbeeindruckt schlief das Mädchen nach einer Weile erneut ein und sah sich augenblicklich mit der gleichen Szene konfrontiert. Als sie abermals die Todesschreie der Passagiere vernahm, begann auch sie laut zu schreien, was ihre Großmutter völlig aus der Fassung brachte. Drei Tage später stellte es sich heraus, daß der Onkel des Mädchens, Leonard Hodgkinson, der auf der »Titanic« als vierter Ingenieur seine letzte Fahrt vor der Pensionierung angetreten hatte, ebenfalls ertrunken war.

Der zuvor zitierte Psychiater Professor Ian Stevenson, der sich an diesem überzeugenden Fall besonders interessiert zeigte, fand auch heraus, warum die Traumszene im Park von Trentham spielte. Er vermutete, daß es in diesem Park ein Gewässer geben müsse, zu dem das Mädchen irgendeinen Bezug habe, um es mit dem tragischen Geschehen in Verbindung zu bringen. Die Stadtverwaltung von Stoke-on-Trent sandte Stevenson auf dessen Bitte Kartenmaterial zu, dem er entnehmen konnte, daß es dort einige Teiche und in den sich anschließenden Anlagen, den Trentham Gardens, sogar einen kilometerlangen See gibt, auf dem Kinder bisweilen ihre Spielzeugschiffchen schwimmen ließen. Mit Hilfe der Karten konnte Stevenson sogar den imaginären »Standort« des Mädchens ermitteln, den sie während ihres schrecklichen Traumerlebnisses innegehabt hatte. Der große See in den dortigen Anlagen muß genau in ihrem Blickfeld gelegen haben, so daß ihr das Schiff so erschienen sei, als ob es sich im Park von Trentham befände.

Auch in der Literatur gibt es seltsam anmutende Koinzidenzen. Es scheint, als habe ein Autor, wenn auch eher unbewußt, die Schiffskatastrophe der »Titanic« vorausgeahnt. Im Jahre 1898 veröffentlichte Morgan Robertson einen Roman mit dem Titel »The Wreck of the Titan« (Der Untergang der Titan), der mit unheimlich anmutender Präzision das »Titanic«-Desaster von 1912 antizipiert. Die Geschichte handelt von der ersten Fahrt eines Ozeanriesen, des »Titan«, der im Monat April unterging, obwohl man ihn für unsinkbar gehalten hatte. Im Roman beträgt die Zahl der an Bord befindlichen Personen 3000, auf der »Titanic« waren es genau 2207 Menschen, in Robertsons Epos waren 24 Rettungsboote vorhanden, auf der »Titanic« ganze 20. Auch in Robertsons Roman rammte das Schiff einen Eisberg, und dies mit einer Geschwindigkeit von 25 Knoten, während es bei der »Titanic« 20 Knoten waren. Die Kapazität der »Titan« betrug 75000 Bruttoregistertonnen, die der »Titanic« 66000 Bruttoregistertonnen. Der Längenunterschied beider Schiffe war mit 18 Metern ausgesprochen minimal. Sowohl im Roman als auch in der Realität besaßen die Schiffe drei Schrauben.

Man fragt sich, was die Phantasie des Autors beflügelt haben mochte, einen Roman zu schreiben, der in geradezu erschreckender Weise die Wirklichkeit fast authentisch »vorzeichnet«. Manche mögen einwenden, daß dies alles nur Zufall sei, eine Anhäufung unerklärlicher Verkettungen. Im Falle der glücklosen »Titanic« sind es allerdings ein paar Zufälle zuviel. Es wäre wohl an der Zeit, den Begriff *Zufall* neu zu bewerten, einmal auszuloten von *woher* uns die Dinge »zufallen«, was sich hinter dieser gedankenlos gebrauchten Floskel denn wirklich verbirgt.

## 12
## *Todesträume*

Im Laufe von nahezu 30 Jahren wurde der in Verona ansässige Arzt Dr. Gastone de Boni Zeuge einer unglaublichen Kette mysteriöser Ereignisse, deren Ursache auf den tragischen Tod eines seiner besten Freunde, Roberto Molteni, zurückzuführen war. Beide hatten sich nach jahrelanger Freundschaft aus den Augen verloren. Erst als de Boni viel später vom Schicksal Moltenis und den hierdurch ausgelösten merkwürdigen Ereignissen erfuhr, rekonstruierte er diesen Fall, der in seiner Eindeutigkeit interessante Rückschlüsse auf nachtodliche Zustände der menschlichen Persönlichkeit zuläßt. Er veröffentlichte die ihm von Frau Molteni geschilderten Vorkommnisse in der italienischen Zeitschrift »Luce e Ombra«, einem der meistgelesenen grenzwissenschaftlichen Blätter Italiens.

Im Februar 1927 träumt der damals 19jährige Roberto von seinem 15 Jahre zuvor gestorbenen Großvater, der zu ihm sagt: »Bald wirst du bei mir sein.« Im Traum antwortet ihm Roberto: »Na schön, ich komme gern.« – »Ja, das weiß ich«, bemerkt der Großvater, »aber ich denke an den Schmerz deiner Mutter.«

Anderntags erzählt Roberto den Traum seiner Mutter, Dr. Lisa Musso Molteni, einer klugen Frau von umfassender Bildung. Sie versucht, die bedrückende Situation dadurch zu überspielen, daß sie ihren Sohn daran erinnert, er könne sich seines Großvaters ja gar nicht einmal genau entsinnen, da er bei dessen Ableben erst vier Jahre alt war. Roberto aber beharrt darauf: »Ich bin mir ganz sicher, daß es Opa war. Ich erinnere mich, daß er auf dem linken Augenlid eine Warze hatte.« Frau Musso ist verblüfft, hatte doch Roberto bislang keine Ahnung von diesem kleinen Schönheitsfehler seines Großvaters.

Mehr als ein Jahr verstreicht. In der Nacht vom 22. zum 23. März 1928 hat Robertos Mutter selbst einen sonderbaren Traum. Nie zuvor hatte sie an einer spiritistischen Séance teilgenommen. Jetzt aber träumt sie, einer solchen beizuwohnen und den Anwesenden zu erklären, daß sie nicht an die Existenz von »Geistern« glaube. Dabei will sie geäußert haben: »Ich werde nun den ›Geist‹ meines Vaters rufen und ihn bitten, mir eine Sache zu erklären, die niemand sonst auf der Welt wissen kann. Sollte die Antwort einen Sinn ergeben, werde ich daran [an eine jenseitige Fortexistenz] glauben.«

Dann träumt sie, daß sie an einem Séancen-Tisch sitzt. Kaum, daß sie dort Platz genommen hat, spürt sie einen heftigen Schmerz im Nacken. Sie fühlt sich an den Haaren gepackt, mitsamt dem Tisch in die Höhe gehoben und von dort auf den Fußboden geschleudert. Inzwischen hat sich eine Wand des Zimmers aufgetan, und aus dem entstehenden Spalt schießt ein Rennauto heraus. Es ist winzig klein, so wie ein Spielzeugauto und noch dazu durchsichtig. In diesem Augenblick beginnt der Tisch, sich in der Luft zu drehen, während das Phantomauto auf sie zurast und sie überfährt. Die Träumende erlebt das »schreckliche Geschehen« gleich noch einmal, was sie zu der Frage veranlaßt: »Soll es vielleicht dazu kommen, daß ich von einem Auto zerquetscht sterben muß? Warum sagst du mir nichts, Papa? Nun, ich verstehe schon: Du willst mir so etwas Schreckliches nicht enthüllen.« Sie erhält jedoch keine Antwort, der Sinn des Traumgeschehens bleibt ihr verborgen.

Nach dem Aufwachen vertraut sich Frau Musso, durch den sonderbaren Traum zutiefst aufgewühlt, ihrer Mutter an und äußert die Befürchtung, von einem Auto überfahren zu werden. In der Nacht vom 24. zum 25. März haben beide, Mutter und Tochter, einen Warntraum. Frau Musso träumt, sie ginge durch eine abgelegene, finstere Straße Veronas. Ein Leichenzug kommt ihr entgegen, angeführt von einer langen Reihe schwarz gekleideter Männer, die zu zweit nebeneinander dahinschreiten. In ihren Händen halten sie eine leuchtende Kugel und eine nicht näher definierbare Uniform. Die Kutscher mit dem Leichenwagen gehen zu Fuß, anstatt auf dem Bock zu sitzen, wobei sie die Pferde an den Zügeln führen. Der Leichenwagen ist noch weit von ihr entfernt. Sie aber sieht dennoch, daß er leer ist.

Viele Menschen, darunter etliche in Militäruniform, folgen dem Leichenzug. Verängstigt will die Signora in eine Seitenstraße einbiegen, doch der Zug kommt plötzlich mit hoher Geschwindigkeit auf sie zu. Sie findet sich mit einemmal auf einem kleinen Balkon wieder, von dem aus sie auf die Straße hinunterschauen kann, wo sie ihre Mutter sieht, die sich die Haare rauft, weint und schreit: »Es hat keinen Sinn, daß du flüchtest. Der Leichenzug ist schon hier und sucht einen von uns.«

Zu Tode erschreckt wacht Frau Musso auf. Sie kann nicht mehr einschlafen. Gleich am anderen Morgen erzählt sie den Traum ihrer Mutter. Diese sagt nur: »Auch ich hatte einen bösen Traum. Ich träumte von deinem Vater (Robertos Großvater), der mir einen Friedhof zeigte und dabei sagte: ›Da mach ich dir ein Geschenk.‹«

Am 25. März 1928 trug der junge Molteni zum ersten Mal die Uniform der Miliz. Er war zum Ordnungsdienst bei einem Autorennen außerhalb von Verona abkommandiert. Infolge regennasser Straße geriet ein Wagen ins Schleudern und überfuhr den am Straßenrand postierten Roberto. Der junge Mann wurde mehrere Meter durch die Luft geschleudert und prallte hart auf dem Boden auf. Ein Schädelbruch hatte seinen sofortigen Tod zur Folge.

Robertos Beisetzung fand, wie von seiner Mutter geträumt, unter Beteiligung zahlreicher Milizsoldaten statt, die teils dem Leichenwagen vorausschritten, teils diesem folgten.

Eine Doppelreihe Soldaten bildete die Spitze des Zuges, gefolgt von Behördenvertretern in Uniform. Die Kutscher führten die Pferde an den Zügeln; sie gingen, wie im Traum vorausgesehen, zu Fuß.

Bemerkenswert ist die Feststellung von Zeugen, daß an dem Nachmittag, als der Unfall passierte, Robertos kleine Schwester, die im Hause von Freunden spielte, ganz plötzlich in Ohnmacht fiel. Dieser Zwischenfall ereignete sich um 16 Uhr, genau zu dem Zeitpunkt als Roberto zu Tode kam. Nie zuvor und zu keiner Zeit danach war die Kleine ohnmächtig geworden.

An den Tagen nach dem tragischen Unfall kam es im Hause der Moltenis zu merkwürdigen Manifestationen. In der Nacht vom 26. zum 27. März verspürte die Großmutter – als Professorin für Philosophie und Pädagogik eine ausgesprochen realistisch denkende Frau –, während sie hellwach dalag, wie ihr plötzlich eine Hand zweimal über die Stirn strich. In der darauffolgenden Nacht vernahm Frau Musso auf einmal lautes Krachen, wie »wenn ein Servierbrett mit vielen Gläsern zu Boden fällt«. Der Lärm weckte auch ihren Ehemann und die Mutter auf, war also keineswegs eine subjektive Empfindung, keine traumhaft bedingte akustische Halluzination.

Die nächtlichen Spukmanifestationen sollten noch lange andauern: Schläge gegen die Tür, eine hell strahlende Lichtkugel im Zimmer der Großmutter und das Vibrieren des Bettes der alten Dame waren nur einige von vielen Phänomenen, die nach Robertos Tod von den Familienangehörigen wahrgenommen wurden. Im August desselben Jahres will die Großmutter Roberto im häuslichen Korridor gesehen haben. Er sei völlig durchsichtig gewesen. Man habe Gegenstände, die dort herumstanden, durch ihn hindurch sehen können.

Im September 1948, 20 Jahre nach Robertos Tod, nahm Dr. de Boni als einziger italienischer Gast in London am »Internationalen Kongreß für psychische und spiritualistische Forschung« teil. Nach einer Veranstaltung mit der berühmten

Hellseherin Estella Roberts in der Victoria Hall hielt sich de Boni in einem kleinen Seitensaal auf, als er plötzlich eine junge Dame auf sich zukommen sah, der er nie zuvor begegnet war. Es war, wie er später erfuhr, Ursula Roberts, eine andere berühmte Hellseherin. Sie sagte zu ihm: »Entschuldigen Sie, mein Herr, als Sie hier hereinkamen, hatten Sie einen jungen Mann an Ihrer Seite, so um die Zwanzig herum, mittelgroß, schwarzes, gelocktes Haar, der bei einem Verkehrsunfall ums Leben kam.«

An der Beschreibung erkannte de Boni sofort Roberto Molteni. Es erübrigt sich anzumerken, daß Ursula Roberts von der Erscheinung neben de Boni rein gar nichts wußte.

## 13

## *Blick in die Zukunft*

Im Studio des französischen Fernsehsenders TV 5 herrscht Hochbetrieb. Es ist kurz vor Weihnachten, und die beliebte Ballerina Janine Charrat wirbelt, graziös wie eine Feder, vor laufender Kamera über die Bühne. Plötzlich, niemand weiß wie es geschah: ein lauter Knall. Die Dekoration fängt Feuer, das blitzschnell auf die hauchzarte Bekleidung der Ballerina übergreift und diese augenblicklich in eine lebende Fackel verwandelt. Mit Mühe und Not ersticken Bühnenarbeiter den Brand. Die Bewußtlose wird mit Verbrennungen dritten Grades in eine Pariser Unfallklinik gebracht.

Alle Bemühungen, sie zu retten, scheinen umsonst zu sein. Ihr Puls hat ausgesetzt, der Blutkreislauf ist zusammengebrochen, und ihr Herz schlägt schon seit einer Minute nicht mehr. Die Frau ist bereits klinisch tot. Und doch geben die Spezialisten der Unfallklinik nicht auf, bemühen sich auch weiter, ihr Sauerstoff und Kreislaufmittel zuzuführen, durch Massage und Elektroschocks das Herz wieder in Bewegung zu setzen. Das Unglaubliche geschieht. Wie durch ein Wunder wird die Frau gerettet.

Viele Jahre nach diesem schrecklichen Zwischenfall wird Janine Charrat gefragt, was sie an jenem 18. Dezember 1961, als sie, nach Aussage der Ärzte, schon klinisch tot war, empfunden hat – ob sie in diesem Zustand überhaupt einer Empfindung fähig war. Froh, über ihre Erlebnisse in der »anderen Welt« einmal offen sprechen zu können, erinnert sie sich noch sehr genau an alle Einzelheiten während ihres Totseins: »Wie von einem Wirbel gepackt, glaubte ich in einen tiefen

Brunnenschaft zu stürzen. Der Sturz schien kein Ende zu nehmen, und alle Versuche, mich irgendwo festzuhalten, scheiterten. Als ich dann letztlich doch Boden unter meinen Füßen verspürte, konnte ich meine bis dahin geschlossenen Augen öffnen. Doch, was ich nun zu sehen bekam, ließ mich vor Entsetzen laut aufschreien. Mutterseelenallein in einer mir völlig fremden Welt sah ich mich mit einemmal einem gewaltigen Flammenmeer gegenüber, das ich für die ›Hölle‹ hielt. Der dichte Feuervorhang war wohl das Werk Satans, denn wo und wie wurden die lodernden Flammen sonst genährt als in der Hölle? Der Boden unter meinen Füßen bestand aus Glut und einem lavaähnlichen, kochenden Schlamm.

Aufgrund der großen Einsamkeit und wachsenden Gefahr faßte ich den Entschluß, der bedrohlichen Lage ein rasches Ende zu bereiten. Entschlossen ging ich auf die Flammen zu. Dabei konnte ich feststellen, daß der rotglühende Untergrund unter meinen Füßen nur geringfügig warm war. Direkt vor der mich umschließenden Feuerwand hielt ich inne, mußte ich an das gerade auf der Bühne erlebte Brandunglück denken. Als gläubige Christin hatte ich in brenzligen Situationen stets gebetet, was ich auch jetzt wieder tat.

Nach dem Gebet schaute ich auf und stellte fest, daß die riesigen Flammen ihren Schrecken verloren hatten. Sie waren viel kleiner geworden und leuchteten jetzt nur noch rosa, beinahe durchsichtig. Ich verlor jegliche Furcht und durchschritt erleichtert die mich umgebende kreisförmige Flammenhülle …

Während der ersten zaghaften Schritte in die geheimnisvolle Welt hinter der Flammenwand hielt ich verzweifelt nach einem Menschen Ausschau. Denn wie sollte ich mich in dieser fremden Umgebung allein, ohne die Hilfe eines anderen, zurechtfinden? Kaum, daß ich mir dieses Wunsches bewußt geworden war, erblickte ich auch schon eine Frau in einem seidenen Gewand … Langsam schwebte sie mir entgegen und sprach: ›Du erinnerst dich sicher nicht mehr an mich, Janine.

Ich bin Isabelle, deine Großmutter. Hast du mich ganz vergessen?‹ Plötzlich erkannte ich meine verstorbene Großmutter, was ich angesichts meiner verzweifelten Lage als großes Glück empfand.
Sie nahm mich zärtlich am Arm und belehrte mich, weil ich von den Verhältnissen im Jenseits nichts wußte, über dessen Gesetze: ›Im Totenreich ist alles niedergeschrieben – die Vergangenheit, Gegenwart und auch die Zukunft. Das Schicksal jedes Menschen steht im Lebensbuch des Himmels. Vielleicht fühlst du dich in diesem Augenblick verloren. Deshalb möchte ich dir jetzt etwas zeigen, was dir hoffentlich den Mut, den du benötigst, zurückgibt.‹
Ohne zu zaudern folgte ich meiner Großmutter. Wir schritten im roten Nebel dahin und gelangten schließlich an einen großen Garten, in dem viele fremdartige Bäume standen. Inmitten dieses von wundervoller Harmonie erfüllten Gartens gab es einen Teich, dessen Wasser durchsichtig und ungewöhnlich klar war.
Meine Großmutter sagte mir, ich solle mich über den Rand des Teiches beugen. Beim genaueren Hinschauen bemerkte ich, wie auf dem Wasserspiegel allmählich ein Bild entstand. Bald erkannte ich zwei Krankenschwestern, die mich bei ersten Gehversuchen durch das Zimmer stützten. Hierzu bemerkte meine Großmutter: ›Es wird noch lange dauern, aber du wirst wieder gesunden. Schaue nur weiter in den Teich, denn du mußt jede Gelegenheit, die sich dir hier bietet, nutzen.‹«
Janine blickte weiter unverwandt auf die Wasseroberfläche. Sie sah, wie in einem Film, ihr künftiges Lebensszenarium vor sich abrollen: ihre Hochzeit auf einer Südseeinsel, ihren zukünftigen Bräutigam Michel, der erheblich größer als sie war, und ihr eigenes Ich, das vor Glück strahlte. Das alles erschien ihr zum damaligen Zeitpunkt wenig glaubhaft, da sie ja noch mit dem Filmschauspieler Gérard Munsky verheiratet war. Beide hatten zwar erhebliche Meinungsverschiedenheiten und sprachen gelegentlich auch von Trennung, es er-

schien ihr aber höchst unwahrscheinlich, daß sie nochmals eine Ehe eingehen sollte. Beim Anschauen ihres Lebenspanoramas regten sich Zweifel in ihr, ob dies wirklich die ihr zugedachte Zukunft sei. Als sie ihre Großmutter erneut ansprechen wollte, war diese verschwunden.
Janine spürte, wie ihre Wunden brannten. Sie stöhnte vor Schmerzen. Und plötzlich schien ihr Bewußtsein in den zerschundenen Körper zurückzukehren.
Janine Charrats Leidensweg war lang und beschwerlich. Erhebliche Eiweiß- und Flüssigkeitsverluste in den verbrannten Körperteilen, die durch veränderte Gewebeeiweißstoffe entstandenen Gifte sowie Störungen der Wärmeregulation der Haut verursachten einen bedrohlichen Schock, der ihren Kreislauf vorübergehend zusammenbrechen ließ.
Nach zahllosen schmerzhaften Wundbehandlungen und diversen Hauttransplantationen schaffte Janine Charrat schließlich den Weg zurück ins Leben und ... wieder auf die Bühne. Niemand merkte ihr die Spuren des Unfalls an, als sie sich zum ersten Mal nach ihrer Genesung dem Publikum zeigte. Unmittelbar nach einer Aufführung in Genf lernte sie einen hochgewachsenen Mann kennen, der sie sehr verehrte. Die beiden wurden unzertrennlich. Irgendwie schien die schicksalhafte Lebensschau während der bangen Minuten ihres klinischen Todes »programmgemäß« in Erfüllung zu gehen: Janine Charrat und Michel Humbert [selbst der Vorname stimmte!] heirateten im August 1969 in dem kleinen Dorf Haapiti auf der Pazifikinsel Moorea.
Später gestand die Ballerina, daß während der jahrelangen nervenaufreibenden medizinischen Nachbehandlung nur dieses Nahtoderlebnis ihr die Kraft zum Durchhalten verliehen habe.

## 14
## *Progression – Psychotrip ins Übermorgen*

Es ist längst nichts Ungewöhnliches mehr, unter suggestiver Anleitung eines Reinkarnationstherapeuten geistig in die Vergangenheit zu reisen. Unabhängig davon, ob die empfangenen »Bilder« solch einer Rückführung echt sind oder nicht, kann die Therapie dem Ratsuchenden helfen, problematische »Mitbringsel« aus der Vergangenheit zu erkennen und diese allmählich aufzulösen.

Der letzte »Schrei« in Sachen »Zeitreisen« ist das genaue Gegenstück zur Rückführung: Die von einigen amerikanischen Therapeuten praktizierte *Progressionsmethode.* Dabei begeben sich Patienten oder Ratsuchende unter fachlicher Anleitung im Zustand tiefster Entspannung in ihre eigene Zukunft. In eine von unendlich vielen Zukünften wäre wohl richtiger, da unsere »Zukunft« – gemeint ist der im nachhinein feststehende Schicksalsverlauf – durch zahllose praktisch nicht vorhersehbare Ereignisse bestimmt wird. Die eigene Zukunft und die der Welt insgesamt besitzen unzählige Verzweigungsmöglichkeiten – Möglichkeiten, die den im nachhinein endgültigen Schicksalskurs prägen.

Progressionstherapeuten führen ihre Klienten zunächst an eine beliebige Zukunftssituation heran, um in Folgesitzungen durch etwaige »Kurskorrekturen« den idealen Endzustand, den der Betreffende vielleicht unbewußt anstrebt, anzupeilen. Er steht somit unter einem indirekten Zwang zur Schicksalserfüllung. Negativ betrachtet, könnte man sagen, daß durch eine solche mentale »Reise in die Zukunft« zum Zwecke anschließender Korrekturen in den natürlichen Lebens- oder Schicksalsablauf einer Person »hineingepfuscht« wird. Man ist versucht, vom »geklonten Schicksal« oder Bestimmungs-»Design« zu sprechen. Der Progredierte wäre dann ein mentaler Zeitreisender, der von einer fiktiven und dennoch bereits existierenden Zukunft aus fördernde oder auch verhindernde Aktionen planen kann. Anders als bei Inanspruchnahme hellseherisch begabter Medien, die ihren Klienten deren zukünftige Entwicklung voraussagen wollen, ist es bei der Progression der Vorwärtsgeführte selbst, in dessen Bewußtsein sich das Zukunftsszenarium entfaltet. Daß dabei ein gewisses Wunschdenken einfließt und der Betreffende an seiner Schicksalsgestaltung selbst mitarbeitet, ist nicht zu übersehen. Paradoxerweise können aber gerade diese Maßnahmen ein integrierter Bestandteil des endgültigen Geschehens sein. Vielleicht lassen sich Vorbestimmtes und Gewolltes nach dem Yin-Yang-Prinzip im Sinne des Betreffenden positiv »auspendeln«, lassen sich zukünftige Ereignisse dadurch erträglich gestalten.

Die medial begabte amerikanische Psychotherapeutin Petrene Soames behauptet, daß ihre Klienten bei der Progression keinerlei zeitlichen Beschränkungen unterliegen. Die mentale Zeitreise könne sich von wenigen Tagen bis weit in die Zukunft erstrecken. Bei einer Präsentation im britischen Fernsehen will sie eine Frau mehrere tausend Jahre in die Zukunft versetzt haben, in eine Zeitepoche, die ihr harmonischer als die heutige erschien.

Einer der von Soames in die Zukunft Geführten hatte das Gefühl, eine Art *Bilokation* zu erleben, also gleichzeitig an zwei Orten zu weilen. Er gab zu Protokoll, daß sich das zeitlich ferne Geschehen in seinem Bewußtsein völlig real abgespielt habe.

Die nach der Progressionsmethode in ihre eigene Zukunft versetzten Personen behaupten durchweg, größere Zuversicht und mehr Selbstvertrauen gewonnen zu haben. Sie bemühen sich, selbstgesteckte Ziele entschlossener anzugehen. Eine typische Progressionstherapie sieht vor, daß der

Klient in einen Zustand tiefster Entspannung versetzt wird. Alsdann führt ihn der Therapeut suggestiv »eine Treppe hinauf, einen Gang entlang oder durch ein Portal«. Diese Handlungen symbolisieren Bewegungen vor- bzw. rückwärts durch die Zeit. Einige Therapeuten führen die Betreffenden zunächst ein wenig in der Zeit zurück, um ihnen eine Vorstellung von ihrer Vorgehensweise zu vermitteln. Sie wollen damit auch etwaige aus der Kindheit oder einem vergangenen Leben resultierende Blockaden beseitigen, um dem *höheren Selbst* Gelegenheit zur Klärung und Selbstheilung von Problemen zu geben, damit der spätere Progressionsprozeß nicht behindert wird.

Nach dem Passieren des symbolischen Portals und dem Betreten des Zukunfts-Territoriums wird der Person bedeutet, sich selbst zu betrachten, Schuhe, Kleidung usw. zu beschreiben. Der in der Zeit Vorwärtsgeführte wird gefragt, was er momentan fühle und ob jemand bei ihm ist. Sobald sich der zukünftige Zustand stabilisiert hat, wird der Betreffende aufgefordert, zu beobachten, was als nächstes geschieht. Die meisten Angesprochenen schildern dann einen typischen Tagesablauf in der Zukunft. Sie zapfen zukünftige Ereignisse in ihrem Beruf und in ihren Beziehungen an. Der Psychotherapeut fragt auch, was der Betreffende unternommen hat, um die zukünftige Situation herbeizuführen. Diese Informationen übermittelt er dann seinem Klienten im Wachzustand, damit er sich auf die Entwicklung einstellen kann.

Der amerikanische Hypnotherapeut Bruce Goldberg will im Laufe von 19 Jahren mehr als 33 000 Progressionen durchgeführt haben. Er meint, die Progressionstherapie führe dazu, daß die mental in die Zukunft Versetzten mehr Eigenverantwortung übernehmen und ihre Zielrichtung ständig kontrollieren.

Als er 1977 mit einer Dame eine Progression durchführte, habe sich diese plötzlich in einen Lebensabschnitt im 23. Jahrhundert versetzt gefühlt. Hierbei will Goldberg so-

wohl die Wurzeln als auch die Lösung ihres Problems erkannt haben. In der Folge entwickelte er eine neue Therapie, die er »Anzapfen des Überbewußtseins« nennt – ein emotionaler und spiritueller Reinigungsakt.
Einblicke in zukünftige tragische Ereignisse können auch spontan, d. h. ohne Anwendung von Progressionstechniken zustande kommen. So rief z. B. am 4. Oktober 1992 eine holländische Hellseherin die auf dem Flugplatz von Shiphol (Holland) stationierte Polizei an, um dieser höchst aufgeregt mitzuteilen, daß noch am gleichen Tag ein »weißblaues Flugzeug« abstürzen werde. Nur fünf Stunden später geschah das Unfaßbare: Eine Frachtmaschine der israelischen Fluggesellschaft »El Al« stürzte direkt über einem dicht besiedelten Wohngebiet nahe Amsterdam ab und riß dabei 51 Menschen mit in den Tod. Das Verblüffende: Die Unglücksmaschine hatte tatsächlich einen weißblauen Anstrich.
Wenige Tage später wurde die Hellseherin von der Flugaufsichtsbehörde zu einem Test an einem Flugsimulator geladen, an dem sie den Unglücksflug nacherleben konnte. Die mit der Aufklärung des Falles betraute Kommission bestätigte, die Angaben der Frau zu verschiedenen technischen Details seien zum Teil derart präzise gewesen, daß man sich nicht erklären könne, wie sie in den Besitz dieser Informationen gelangt war.
Es stellt sich die Frage, ob besagte Katastrophe, die genau gemäß der Voraussage eintrat, zu vermeiden gewesen wäre, wenn alle Maschinen mit weißblauem Anstrich keine Start- und Landeerlaubnis erhalten hätten. Wer jedoch den hektischen Betrieb und die Sachzwänge auf modernen Flughäfen kennt, weiß, daß sich totale Start- und Landeverbote nicht lange aufrechterhalten lassen. Bislang wurden sie nur bei extrem schwierigen Witterungsbedingungen oder bei zu erwartenden kriegerischen Handlungen ausgesprochen. Wer von den für die Flugabwicklung Verantwortlichen würde auch schon auf die eher vage anmutenden Behauptungen einer wenig bekannten Hellseherin etwas geben? Wichtiger noch: Die

echte medial empfangene Voraussage eines katastrophalen Ereignisses und dessen Verhinderung schließen einander aus. Denn: Wäre die Warnung befolgt und das Unglück vermieden worden, hätte das, was die Hellseherin vorausgesehen hat, niemals stimmen können. Einschränkend muß jedoch gesagt werden, daß, wäre die Katastrophe in unserer Welt ausgeblieben, sie sich dennoch vielleicht in einer (zeitversetzten) parallelen Wirklichkeit hätte zutragen können. Dann hätte unser Medium indirekt doch recht gehabt, was aber leider nicht nachprüfbar ist.

Zola Meacham aus Palms (Kalifornien) berichtete kürzlich über eine Eisenbahnkatastrophe, der sie selbst durch eine im Traum empfangene visionäre Warnung entgangen sein will. Ihr nahe Wichita lebender Vater lag im Sterben, und sie beabsichtigte, ihm einen letzten Besuch abzustatten. Die Frau hatte tags zuvor die Koffer gepackt, für sich und ihre dreijährige Tochter Mary Fahrkarten gekauft, um vom Bahnhof Woodward (Oklahoma) aus den 6-Uhr-Zug nach Wichita zu nehmen.

Doch da war dieser schreckliche Traum, der in einem fahrenden Zug spielte: »Ich hörte plötzlich ein Krachen und wurde durch das Abteil geschleudert. Der Zug rollte den Bahndamm hinunter und kippte um. Ich selbst befand mich außerhalb des Waggons und rief verzweifelt nach Mary. Überall lagen die Körper der Verwundeten und Toten herum. Die blutenden Menschen stöhnten und schrien. Ich konnte Mary nicht finden und wachte auf, während ich unablässig nach meiner Tochter rief. Mein Mann beruhigte mich. Ich erzählte ihm meinen Traum und sagte ihm gleich, daß ich an diesem Morgen den Zug nicht nehmen würde.«

Am nächsten Tag bat Frau Meacham einen Freund, der eine Molkerei in Wichita mit Milch beliefert, sie in seinem Wagen mitzunehmen. Als sie schließlich im Haus ihrer Eltern ankamen, war ihr Vater bereits tot. Ihre Schwester überraschte sie mit einer weiteren schrecklichen Nachricht, die sie kurz zuvor der Morgenzeitung entnommen hatte: Der Frühzug, mit dem Frau Meacham ursprünglich nach Wichita hatte fahren wollen, war entgleist. Die von der Unglücksstelle veröffentlichten Bilder glichen genau dem schlimmen Szenarium, das sie Stunden zuvor im Traum »gesehen« hatte. Bei dieser schweren Eisenbahnkatastrophe waren 135 Personen ums Leben gekommen. In diesem Fall hatte zwar Frau Meacham ihr Leben und das ihrer Tochter retten, nicht aber das Unglück an sich verhindern können. Man frage sich, was wohl geschehen wäre, wenn sie die Bahnbehörde von einer »im Traum gesehenen« Katastrophe in Kenntnis gesetzt hätte? Die Antwort möge sich jeder selbst geben.

Der Parapsychologe W. E. Cox befaßte sich im Laufe einer wissenschaftlichen Studie mit Vorahnungen bei Bahnkatastrophen und analysierte 28 derartige Fälle, in denen mindestens zehn Personen schwere Verletzungen erlitten hatten. Er konnte statistisch signifikant nachweisen, daß während einer Zeitspanne von bis zu vier Wochen vor dem jeweiligen Unglück die Zahl der Reisenden viel geringer als sonst war. Cox erklärt dieses Verhalten mit unterschwelligem Vorauswissen, auf das jeder Mensch verschieden reagiere. Manche Menschen würden – so der Wissenschaftler – aufgrund solch einer schwachen, nicht einmal ins Wachbewußtsein vordringenden präkognitiven Warnung ihre Reisepläne ändern und dadurch der Katastrophe entgehen.

Vorauswissen kurz vor einem einschneidenden Ereignis, die sogenannte Kurzzeit-Präkognition, ist besonders ausgeprägt und ihre Eintrittswahrscheinlichkeit erstaunlich hoch. Das Phänomen hat große Ähnlichkeit mit visuellen Wahrnehmungen: Je näher man an ein zu beobachtendes Objekt herankommt, um so mehr Details wird man erkennen. Anders ausgedrückt: Während es selbst noch Stunden vor einer Katastrophe genügend Möglichkeiten der Einflußnahme oder einer Selbstregulierung gibt, ist dies wenige Sekunden davor so gut wie ausgeschlossen. Das Ereignis liegt, gleichsam zeitlich erstarrt, vor dem medialen »Empfänger« ausgebreitet wie auf einem Präsentierteller.

Über einen besonders markanten Fall, bei dem der Zeitraum zwischen medialer Wahrnehmung (Präkognition) und Ereigniseintritt nur etwa eine Stunde betrug, berichtet der aus Kanada stammende E. C. Robertson. An einem klaren Sommernachmittag im Jahre 1938 waren er und sein Vetter Reg Hilten im englischen Lake District mit dem Auto unterwegs. Sie befuhren den sogenannten »Gateway«, der sie über den Kamm eines langgestreckten Hügels führte. An einer bestimmten Stelle hielt Reg plötzlich an, stieg aus und ging wortlos zu einem Steinwall auf der anderen Seite der Straße hinüber, von dem aus man auf das Tal hinabschauen konnte. Auf sein sonderbares Verhalten hin angesprochen, behauptete Reg ganz aufgeregt, gerade gesehen zu haben, wie ein großer Lastkraftwagen von der Straße abgekommen, den Wall durchbrochen und ins Tal gestürzt war. Der Fahrer sei, so Reg, aus dem Wagen herausgeschleudert worden und liege wahrscheinlich tot neben einem kleinen Teich. Nachdem sich beide die vermeintliche Absturzstelle angeschaut und sich davon überzeugt hatten, daß nichts dergleichen geschehen und Reg offenbar einer Sinnestäuschung erlegen war, setzten sie die Fahrt fort, um im nahen Grangeover-Sands ihren Besorgungen nachzugehen.
Etwa eine Stunde später traten die beiden Männer die Heimfahrt an, indem sie die gleiche Route wie zuvor benutzten. Gerade hatten sie die Hälfte der etwa fünf Kilometer langen Auffahrt zum »Gateway« zurückgelegt, als sie schon von weitem mehrere Fahrzeuge am Straßenrand parken sahen. Beim Näherkommen bemerkten sie, daß an der gleichen Stelle, an der Reg zuvor den Pseudo-Unfall »gesehen« hatte, der Begrenzungswall stark beschädigt war. Neugierig stiegen beide aus, um nachzuschauen. Ein Lastkraftwagen hatte den Steinwall durchbrochen und lag jetzt zertrümmert am Fuß des Hanges. Den Fahrer des Wagens, der beim Absturz herausgeschleudert worden war, sahen sie, wie in Regs Vision, regungslos neben einem kleinen Teich liegen.
Vieles spricht dafür, daß der Unfall irgendwie »vorprogram-

miert« war, ja, daß er bereits stattgefunden hatte … in einer anderen, gleichzeitig mit uns existierenden, parallelen Realität, die in diesem Fall für einen Moment exklusiv von Regs Bewußtsein wahrgenommen wurde. Während die im Verlauf von Progressionen erfahrenen Zukunftsmuster von der Gegenwart her noch beeinflußbar sind, gibt es bei der spontanen Zukunftsschau – zumindest soweit sie Dritte betrifft – offenbar keine Abwendungsmöglichkeiten.

# II
# Die Macht des Bewußtseins

Psychokinese – Schwebende Menschen – Poltergeistaktivitäten – Spuk – Apporte – Flüche mit Folgen – Geheime Manipulation des Bewußtseins

*Atemberaubende Fortschritte bei der Realisierung von künstlicher Intelligenz, von Hochleistungsrobotern, Supercomputern und einer virtuellen Realität, die mit Alltäglichem allmählich zu verschmelzen droht, verlangen nach einer Neudefinition und Neubewertung des menschlichen Bewußtseins. Mehr noch: Die von vielen Überraschungen geprägte Entwicklung hat gezeigt, daß unser aller Bewußtsein Initiator jeglichen Geschehens, also auch Auslöser scheinbar anormaler Prozesse ist.*

*Die bei oberflächlicher Betrachtung uns unverständlich erscheinenden Psi-Phänomene sind demnach auch nichts anderes als Bewußtseinsprozesse, die uns nur deshalb unerklärlich und mysteriös erscheinen, weil wir sie in unser physikalisches Weltbild nicht zu integrieren vermögen. Dies ist um so verwunderlicher, als unser aller Leben ein einziger bewußtseinsgesteuerter Akt ist, der auch mit dem biologischen Tod nicht endet.*

*Bewußtsein kann »Berge versetzen«, d. h., es vermag unter bestimmten Voraussetzungen nicht nur »wortlos« mit anderen Menschen zu kommunizieren, weit Entferntes oder Zukünftiges zu erkennen, sondern auch massiv in unsere scheinbar festgefügte physikalische Welt einzuwirken und deren Gesetze mitunter zu neutralisieren bzw. auf den Kopf zu stellen. Eingriffe in materielle Systeme – wir sprechen von Psychokinese – treten vielfältig in Erscheinung, angefangen von berührungslosen Objektbewegungen und ebensolchen Biegeoperationen, à la Uri Geller, über das unheimlich anmutende Schweben von Objekten und Personen (Levitation) und unerklärliche Objektversetzungen (Teleportation) bis hin zu verifizierten bizarren Spuk- oder Poltergeistphänomenen, ähnlich denen, die uns aus Steven Spielbergs Horrorthrillern geläufig sind.*

*Wie ernst es staatlichen und militärischen Stellen mit der Nutzung, aber auch mit der Manipulation des menschlichen Bewußtseins ist, erhellt nicht zuletzt aus der Vielzahl der vor allem in den USA betriebenen »Mind control«-Experimente, von denen niemand genau weiß, wie weit diese bereits gediehen sind. Der Einsatz des Bewußtseinspotentials als »waffenfähiges« Arbeitsinstrument dürfte in seiner Dringlichkeit noch vor der »Star wars«-Technologie rangieren. Dies zeigt einmal mehr, daß wir uns heute in einem Szenarium bewegen, das sich von Science-fiction gar nicht einmal so sehr unterscheidet.*

*Das Bewußtsein als höchstes Gut des Menschen, war noch nie so gefährdet wie heute, zumal sich eine kleine Clique krimineller Wissenschaftler es erstmals für destruktive Zwecke einzusetzen anschickt.*

## 1
## *Die »dritte Hand« – Manipulationsinstrument Bewußtsein*

Es war wie in einem jener spannenden Science-fiction Thriller, die uns den Alltag vergessen und die Zukunft vage erahnen lassen. Ein Pilot sitzt in einem High-Tech-Cockpit, den mit einem Bordcomputer verkabelten Datenhelm auf dem Kopf. Hirnströme der Gedankenbefehle des Piloten werden über den Computer in Steuerimpulse umgesetzt, die seinen Kampfjet sichere Ausweichmanöver fliegen lassen. Der Pilot braucht nicht einmal den Steuerknüppel zu betätigen. Er lenkt die Maschine kraft seiner Gedanken.

Diese futuristisch anmutende Szene wurde vor wenigen Monaten vom kommerziellen TV-Sender RTL in der Non-fiction-Serie »Future TV« ausgestrahlt. Die Realität scheint Science-fiction längst eingeholt zu haben: Bewußtseinsgesteuerte Flugzeuge gehören bereits zum Entwicklungsprogramm führender amerikanischer Luft- und Raumfahrtkonzerne, und die US Air Force trainiert schon seit geraumer Zeit auf der Wright-Patterson-Airbase in Dayton (Ohio) mental konditionierte Piloten auf entsprechenden Flugsimulatoren.

Diese Art der »Bewußtseins«-Kontrolle soll gedankenschnelles Reagieren der Piloten ohne neuronale »Umwege« ermöglichen. Natürlich erfordert das Training ein hohes Maß an Gedankendisziplin, und man kann annehmen, daß es unter anderem von Konzentrationsübungen, Biofeedback und Meditation flankiert wird.

Ich sehe in den hier vorgestellten Steuerungsprozessen eine Form apparativ gestützter *Psychokinese*, die direkte Beeinflussung materieller Systeme durch psychische Faktoren. Sie bedarf, anders als bei »natürlicher« Psychokinese, eines Datenhelms und Computers als Schnittstellen zwischen Bewußtsein und Maschine. Die eigentliche Psychokinese funktioniert hingegen ohne ein solches Interface, gewissermaßen »drahtlos«. Da diese nur wenige Menschen zeitweilig beherrschen – sie ist nicht zuverlässig reproduzierbar –, wird von den hiermit befaßten Wissenschaftlern so etwas wie technisierte Psychokinese angestrebt, für automatisierte, zahllose praktische Anwendungen. Geordnete »Gedanken-Produkte« ließen sich fortan, ohne eine Schreibkraft in Anspruch zu nehmen, über einen Drucker zu Papier bringen. Man könnte auf diese Weise ein Buch schreiben, ohne auch nur einen Finger krumm zu machen. Auch könnte man so Träume, die man leicht vergißt, aufzeichnen, um sie bei Bedarf tiefenpsychologisch analysieren zu lassen. Sprach- und Körperbehinderte würden sich mit Hilfe gedankenbetätigter Einrichtungen artikulieren bzw. fortbewegen können. Es wäre dann ebenso möglich, Blinden Bilder ihrer Umwelt unmittelbar in deren Bewußtsein einzuspielen. Auch ließen sich Vorstellungen, Entwürfe und komplette Konstruktionspläne gedanklich auf Bildschirme oder unmittelbar ins Bewußtsein eines anderen projizieren usw.

Die mentale Kommunikation zwischen Mensch und Instrument kann direkt, mittels im Gehirn implantierter Biochips und bioelektronischer Erinnerungsspeicher, oder indirekt, über Datenhelm und speziell programmierte Computer, erfolgen. Instrumentell gestützte Psychokinese wird schon bald zu unserem Alltag gehören und unser Weltbild von Grund auf verändern.

Der bekannte amerikanische Mediziner Larry Dossey, Mitarbeiter des »Office of Alternative Medicine« am »National Institute of Health« widmet bei seinen Untersuchungen über die Entstehung und Heilung von Krankheiten dem Einfluß des Bewußtseins auf biologische oder physische Prozesse, wie sie unter anderem von dem Physiker Professor Robert

Jahn an der Universität von Princeton umfassend erforscht werden, besondere Aufmerksamkeit. Dossey, der den menschlichen Körper für einen »biologischen Zufallsgenerator« und die in ihm stattfindenden Vorgänge für quantenphysikalische Bewußtsein-Körper-Wechselwirkungen hält, sieht die Entstehung vieler Erkrankungen in Störungen auf »mikroskopischer«, d. h. allerkleinster Ebene.

Melanome (Hautkrebs) könnten z. B. entstehen, wenn UV-Strahlen die Mutation auch nur eines einzigen Hautmoleküls auslösen. Anomale Kanäle in verschiedenen Geweben könnten, so Dossey, einen schlechten Durchfluß von Calzium und anderen Substanzen verursachen und somit Herzerkrankungen, hohen Blutdruck usw. auslösen. Während uns eine Krankheit als ein makroskopischer, d. h. augenfälliger Prozeß erscheint, der in Lunge, Herz oder Nieren seinen Ausgang nimmt, sei der eigentliche Ursprung des Leidens ein mikroskopischer, nicht direkt sichtbarer Vorgang. Eine große Anzahl von Körperprozessen verliefe nach diesem Modell von Natur aus ebenso zufällig wie Abläufe in einem Zufallsgenerator. Dosseys Arbeiten, die in der Quantenmechanik wurzeln, gipfeln in Bio-Experimenten, bei denen Personen mit ihrem Bewußtsein aus der Ferne verschiedene biologische »Ziele« zu beeinflussen versuchen. Hierzu zählen Bakterien, Hefe- und Pilzkolonien, Algen, alle Arten von Pflanzen, aber auch Urtierchen, Larven, Holzläuse, Ameisen, Hühner, Mäuse, Ratten, Katzen und Hunde. Bei menschlichen Zielpersonen wurden Augenbewegungen, allgemeine motorische Abläufe, die Atmung sowie Hirnstrom-Rhythmen beeinflußt.

Die wenigen hier aufgeführten Beispiele zeigen, daß wir erst am Anfang einer epochalen Entwicklung stehen. Welchen Verlauf sie nehmen wird, vermag derzeit niemand zu sagen.

## 2

## *Bremsmanöver des Bewußtseins*

Wenn Menschen in gefährlichen Situationen »wie durch ein Wunder« letztlich doch noch mit heiler Haut davonkommen, wenn scheinbar Unvermeidliches trotz schlechter Chancen gar nicht erst eintritt, sprechen wir – je nach persönlicher Einstellung zu den Dingen dieser Welt – von Schicksalsfügung, Vorsehung, Glück, Eingriffen höherer Mächte oder, ganz unprosaisch, vom statistischen Zufall, der es eben so und nicht anders gewollt habe.

Was aber geschieht in solchen Situationen denn nun wirklich? Wer oder was zieht hier die »Notbremse«? Läßt sich in solchen Fällen das Zufallsprinzip tatsächlich noch als Erklärungsgrundlage heranziehen oder wird die Zufallstheorie durch die »Einmaligkeit« einer Gefahrenabwendung – durch das unglaubliche Geschehen selbst – ad absurdum geführt? Was außerhalb der statistischen Erfahrungswerte liegt, ist – zumindest, wenn solche Ereignisse im Verlaufe eines gewissen Zeitraumes gehäuft in Erscheinung treten – mehr als zufällig und damit paraphysikalisch signifikant. Mit anderen Worten: Wir haben es in solchen Fällen mit Wirkmechanismen zu tun, die sich konventionell-physikalisch überhaupt nicht oder nur indirekt erklären lassen. Fern etwaiger Wundergläubigkeit müssen wir uns fragen, ob es einen *modus operandi* gibt, der allem erwartungskonträren Geschehen zugrunde liegt.

Mir kommt bei diesen Überlegungen eine Begebenheit in den Sinn, die sich vor vielen Jahren in meinem engen Verwandtenkreis zugetragen hat. Mein Lieblingsonkel, der ganz früher einmal in Oberschlesien zu Hause war, absolvierte in seiner Jugend – Ende des 19. Jahrhunderts – eine typische Lehre als Bauschlosser. Eines Tages erhielt seine Firma den Auftrag, die Wetterfahne auf dem Turm einer Dorfkirche im Nachbarort zu richten – nichts Ungewöhnliches für einen Handwerksbetrieb zur damaligen Zeit. Der mit der Durchführung dieser Arbeit betraute Schlossermeister war gerade zu Tisch gegangen, als mein Onkel durch ungeschicktes Hantieren plötzlich die Balance verlor und von dem etwa 30 Meter hohen Kirchturm in die Tiefe stürzte.

Normalerweise hätte ein Sturz aus dieser Höhe tödlich verlaufen müssen. Doch soweit kam es nicht. Der »Zufall« wollte es nämlich, daß er auf der dem Kirchhof abgewandten Seite in einem dampfenden Misthaufen landete, ohne auch nur einen Kratzer davonzutragen. Die Elastizität der dort aufgeschichteten Dungmasse reichte aus, um die beim Fall entwickelte kinetische Energie aufzuzehren und den Aufprall abzuschwächen. Physikalisch ist dies durchaus verständlich. Nur fragt man sich, was den Betroffenen damals in die richtige, rettende Richtung dirigierte.

Gelegentlich scheint bei solchen automatisch ablaufenden »Rettungsaktionen« die Zeit förmlich still zu stehen. Man gewinnt dabei den Eindruck, daß alle Abläufe in der Zeit irgendwie von irgend etwas gebremst, ja sogar rückgängig gemacht werden. Es ist, als ob auf unerklärliche Weise zeitabhängige Bewegungen von Personen oder Objekten ganz einfach abgestoppt würden.

Im Januar 1963 kam es in einem Außenbezirk von London zu einem beinahe tragisch verlaufenden Zwischenfall, der an der Kausalität bestimmter Ereignisabläufe Zweifel aufkommen läßt. Ein Junge namens Keith Field sah beim Überqueren der Straße plötzlich einen Wagen auf sich zukommen, den er im Spieleifer zunächst gar nicht bemerkt hatte. Die Straße war schnee- und eisbedeckt, die Sicht infolge von Nebel stark herabgesetzt. Keith, dessen Kleidung voller Schnee war, mußte damit rechnen, daß ihn der Fahrer auf der ver-

schneiten Straße kaum erkennen würde. Später erinnerte er sich an diesen kritischen Augenblick sehr lebhaft: »Der Wagen war noch etwa sieben Meter von mir entfernt, als ich den Eindruck hatte, als ob die Zeit mit einemmal langsamer verging. Was dann in dem darauffolgenden Bruchteil einer Sekunde geschah, muß in Wirklichkeit viel länger gedauert haben. Wie gelähmt starrte ich auf den herannahenden Wagen, der sich jetzt kaum noch von der Stelle zu bewegen schien. Blitzschnell schoß es mir durch den Kopf, daß ich ihn unbedingt aufhalten müsse.
Obwohl ich genau weiß, daß kein Laut über meine Lippen kam, hörte ich, wie meine innere Stimme ›Stopp‹ schrie. Plötzlich überkam mich eine seltsame Empfindung – ein Gefühl, das ich bis dahin nie gekannt hatte. Es war so, als ob Luft oder etwas Ähnliches um mich herum in meinen Körper eindringen würde. Dann spürte ich das gleiche in umgekehrter Reihenfolge. Diese Energie, Strahlung oder was auch immer es gewesen sein mochte, floß aus meinem Körper heraus. Ich spürte ganz deutlich, wie diese ›Energie‹ meine Haut durchdrang. Das, was meinen Körper verließ, war ein langgezogenes, bläulich-nebeliges Gebilde. Ich bin mir nicht sicher, ob ich es wirklich ›sah‹, konnte aber zumindest seine Form, seine Umrisse, ja selbst seine blaßblaue Farbe ›fühlen‹. Dieses bläuliche Gebilde näherte sich dem auf mich zukommenden Wagen, der in diesem Augenblick nur noch fünf Meter von mir entfernt gewesen sein dürfte. In dem Moment, als die unheimliche ›Wolke‹ den Wagen umhüllte, schien die Zeit wieder normal zu verlaufen. Für den Bruchteil einer Sekunde herrschte Totenstille. Mit einemmal vernahm ich wieder Straßengeräusche. Meine Freunde auf der anderen Straßenseite warnten mich: ›Paß auf und geh aus dem Weg!‹ Ihre Zurufe waren vom verzweifelten Hupen des Wagens begleitet, der nicht etwa anhielt, sondern ganz plötzlich, wie angegossen, stehenblieb.«
Welche Bedeutung man dieser phantastisch klingenden, subjektiven Beschreibung auch beimessen mag – ausschlagge-

bend ist allein die Aussage eines Zeugen, der den Vorfall genau beobachtet hat: Der Wagen, der noch Sekunden vorher direkt auf den Jungen zugerast kam, stand urplötzlich bewegungslos da. Der Fahrer hatte offenbar keinen Bremsversuch unternommen, was bei der vorherrschenden Straßenglätte ohnehin sinnlos gewesen wäre. Seltsamerweise deutete nichts, aber auch gar nichts darauf hin, warum der Wagen beim plötzlichen Anhalten auf der spiegelglatten Straße – was ganz offensichtlich ohne das Zutun des Fahrers erfolgte – nicht ins Schleudern geraten war. Er war von einer Sekunde zur anderen stehen geblieben. Einfach so! Keith war gerettet, der Fahrer des Unglückswagens aber hatte den unfreiwilligen, abrupten Stopp mit dem Leben bezahlen müssen. Sein Körper hatte sich dem allem Anschein nach psychokinetisch ausgelösten Bremsvorgang nicht schnell genug anpassen können. Der Kopf des Bedauernswerten war mit aller Wucht gegen das Lenkrad geprallt. Er muß auf der Stelle tot gewesen sein.

Für diesen physikalisch unerklärlichen Bremsvorgang gab es insgesamt sechs Augenzeugen, die alle darin übereinstimmten, daß der Wagen, ohne auch nur um einen Zentimeter zu rutschen, augenblicklich, d. h. auf der Stelle, zum Stehen gekommen war. Eine Zeugin verglich diesen »Arretierungsvorgang« mit dem momentanen Anhalten eines laufenden Filmes, mit einer Art Stillstandprojektion. Hier kommt es zu einer Unterbrechung des Filmtransports und somit zur Projektion eines unbeweglichen Einzelbildes.

Wie die Polizei später verlauten ließ, war der Tachometer des Unglückswagens bei etwa 65 Stundenkilometern stehen geblieben. War dies die Geschwindigkeit, mit der das Fahrzeug auf eine unsichtbare »Mauer« aus reinem Bewußtsein geprallt war, die Keith selbst als bläulich-nebliges Etwas wahrgenommen haben will? Und bewirkte das unwirkliche Ding den zeitlichen Stillstand des Wagen, das sofortige »Einfrieren« einer für den Jungen lebensgefährlichen Situation?

Ähnlich unerklärlich ist ein Fall, in dem ein 16jähriger beim

Fallschirmspringen etwa 800 Meter in die Tiefe gestürzt war. Fast 20 Sekunden lang raste der Schüler Jonathan Vowles mit einer Geschwindigkeit von 180 Stundenkilometern dem sicheren Tod entgegen. Fallschirm und Hilfsfallschirm hatten sich nicht geöffnet. Dann geschah das Unfaßbare: Er kam »wie durch ein Wunder« mit nur leichten Verletzungen davon. Der Junge war einer von sechs Flugschülern, die bei der britischen Armee ihren ersten Fallschirmabsprung absolvieren sollten. Zwei Tage waren sie hierauf vorbereitet worden, bevor sie von einer Cessna aus über dem Flugplatz von Shobdon abspringen sollten.
Jonathan Vowles wörtlich: »Ich betätigte die Reißleine, aber der Hauptfallschirm öffnete sich nicht. In etwa 600 Meter Höhe zog ich den Reservefallschirm, aber der öffnete sich auch nicht, sondern wickelte sich noch um mich.« Der Junge überlebte, weil er durch ein kleines Plexiglas-Dachfenster des Flughafengebäudes gestürzt war. Die Fallschirmleinen hatten sich im Fensterrahmen verfangen und den Fall des Körpers abgebremst. In nur 60 Zentimeter Höhe über dem harten Betonfußboden baumelte der Flugschüler, bevor er von seinen Kameraden aus seiner mißlichen Lage befreit werden konnte. Er hatte sich lediglich eine Sehnenzerrung im rechten Bein zugezogen.
Der durch das Verfangen der Fallschirmleinen im Dachfenster verursachte Bremsvorgang – die dadurch bewirkte Rettung – ist keineswegs eine »Selbstverständlichkeit«. Mit Sprungtüchern, wie sie gelegentlich von der Feuerwehr bei Rettungsaktionen benutzt werden, hat man öfter schon recht bittere Erfahrungen machen müssen, und dies aus einer viel geringeren Fallhöhe. Resignierend meinte Münchens früherer Oberbranddirektor Karl Seegerer nach der mißglückten Rettung eines Selbstmörders im Jahre 1978: »Die kritische Höhe beginnt schon ab dem dritten Stock – das sind zehn bis 15 Meter. Darüber bestehen kaum Möglichkeiten, jemanden lebend oder auch nur schwerverletzt mit dem Sprungtuch zu bergen.« Die etwa 3,50 mal 3,50 Meter großen Sprungtücher

der Feuerwehren bestehen zumeist aus Segeltuch, das, ähnlich den Sicherheitsgurten, bei starker Belastung elastisch nachgibt. Vergleicht man die Aussagen dieses Fachmanns mit dem Fall des wundersam geretteten Jonathan Vowles, so erscheint die Zufallstheorie, selbst bei großzügiger Auslegung statistischer Regeln, als geradezu an den Haaren herbeigezogen. Eine im Augenblick höchster Gefahr durch das Bewußtsein des Betroffenen instinktiv ausgelöste psychokinetische Gegenreaktion dürfte hier viel wahrscheinlicher sein. Vielleicht ist es in solchen Fällen ein letztes Aufbäumen gegen die unmittelbar bevorstehende physische Vernichtung, die sich antigravitativ-bremsend oder zeitannulierend auswirkt. Auf jeden Fall grenzen solche »Zufälle« häufig ans Wunderbare.

Während eines Urlaubs in Cornwall (England) stürzte der Londoner John Elmes in einen 55 Meter tiefen Schacht eines stillgelegten Zinnbergwerks. Er erlitt dabei nur geringfügige Verletzungen, konnte sich aber aus seinem dunklen »Gefängnis« nicht selbst befreien. Fünf volle Tage, in denen er sich nur von Regenwasser ernährte, rief er vergeblich um Hilfe. Dann wurde er »zufällig« von zwei Jungen gehört, die sofort Hilfe holten.

Am 20. Februar 1979 überlebte das Ehepaar Jürgen und Marietta Unter in der Nähe von Bad Gastein im Salzburger Land einen Sturz aus 200 Meter Höhe. Sie hatten sich nach einem Ausflug erst bei Anbruch der Dunkelheit auf den Heimweg gemacht. Dabei verirrten sie sich und stürzten von einem Steilhang aus in die Tiefe. Jürgen Unter brach sich zwei Brustwirbel, seine Frau erlitt eine schwere Gehirnerschütterung. Einheimische aus Dorfgastein hatten schwache Hilferufe vernommen und die Verunglückten geborgen.

Glück im Unglück hatten auch zwei Insassen eines Pkw, der am 14. Dezember 1978 bei Glatteis auf einer Gebirgsstraße bei Flaine im französischen Hochsavoyen aus einer Kurve getragen wurde und 100 Meter in die Tiefe stürzte. Der Wagen landete auf der Serpentinenstraße etliche Kurven tiefer und war nur noch ein formloser Schrotthaufen. Die beiden Insassen, Christian Teich und Didier Parchemin, konnten sich anschließend aus eigener Kraft aus den Trümmern des Autowracks befreien. Keiner der beiden hatten auch nur einen Kratzer davongetragen. Hunderte andere hätten diesen schlimmen Sturz mit Sicherheit nicht überlebt.

Alle diese Fälle bestätigen – losgelöst von blinder Zufallsgläubigkeit – indirekt die Ergebnisse der seit mehr als 15 Jahren an der *Princeton University* unter Leitung von Professor Robert Jahn durchgeführten Untersuchungen, die sich mit der Einwirkung des menschlichen Bewußtseins auf Materielles – Maschinen, Elektronik, Computer usw. – befassen. Der Einfluß unseres Bewußtseins auf die materielle Welt »da draußen« läßt sich nicht länger bestreiten.

## 3

## *Schwerelos – Das Geheimnis der schwebenden Menschen*

Levitationen – im »Lexikon der Parapsychologie« von W. F. Bonin als »das physikalisch unerklärbare freie Schweben einer Person oder eines Objekts« definiert – gehören zu den seltensten Psi-Phänomenen überhaupt. Von den bislang ermittelten Fällen sind nur wenige eidesstattlich verbürgt oder gar durch Fotos bzw. Filme belegt.
Der in Vero Beach, Florida, praktizierende Psychiater Dr. Berthold Schwarz befaßt sich schon seit Jahren mit den angeblichen Levitationsfähigkeiten des Peter Sugleris, eines Amerikaners griechischer Abstammung, der in New Brunswick, New Jersey, zu Hause ist. Über seine Levitationen, denen monatelanges, wegen eines Magenleidens unfreiwilliges Fasten vorausging, gibt es nicht nur etliche Fotos, sondern auch zwei von seiner Frau aufgenommene Videofilme.
Einer dieser Filme aus dem Jahr 1981 zeigt Sugleris, wie er in Trance und mit seltsam verkrampften Extremitäten im Hinterhof des elterlichen Wohnhauses vor einem mit Weinreben umrankten Drahtzaun zweimal etwa acht Sekunden bis zu 35 Zentimeter vom Boden abhebt. Der andere, vom Februar 1986, wurde in Sugleris' hell erleuchteter Küche gedreht und läßt, laut Schwarz, deutlich erkennen, wie er 47 Sekunden lang etwa 40 Zentimeter hoch schwebt.
Berthold Schwarz hat im Verlaufe seiner Untersuchungen Sugleris' Familienangehörige, Freunde und Nachbarn über dessen Levitationen und andere psychokinetische Manifestationen ausgiebig befragt. Dabei ergaben sich keinerlei Widersprüche. Aufgrund der Glaubwürdigkeit ihrer Aussagen

und nicht zuletzt wegen Suglerís' sonstigen psychokinetischen Leistungen, die Schwarz mehrfach selbst beobachten konnte, ist er fest davon überzeugt, daß dessen durch Videoclips bekräftigte Behauptung, schweben zu können, auf Wahrheit beruht, obwohl zwei Levitationsversuche in seiner und anderer Personen Anwesenheit fehlgeschlagen waren.
Erst kürzlich äußerte Schwarz mir gegenüber, daß ihm an einer wissenschaftlichen Untersuchung von Suglerís' Psychokinesefähigkeiten durch unvoreingenommene Mediziner und Physiker sehr gelegen sei, zumal er offenbar erst einen Bruchteil seiner paraphysikalischen Kapazität entfaltet habe.
Sogenannte *Autolevitationen* wie im Falle des Peter Suglerís, bei denen sich, im Gegensatz zu Objektlevitationen, Personen selbst zu levitieren vermögen, spielten schon in der Geschichte frühchristlicher Heiliger eine nicht unerhebliche Rolle. So nennt der deutsche Publizist, Historiker und Philosoph Joseph von Görres (1770–1848) in seinem Werk »Die christliche Mystik« allein 72 Levitationsfälle aus dem christlichen Bereich. Hierzu gehören unter anderem die Heilige Katharina von Siena, Franz von Assisi, Peter von Alcantara, Agnes, Theresia von Avila, Anna Katharina von Emmerick, der heilige Bernhardino Realina sowie Joseph von Copertino. Ihre Levitationen sind zum Teil von Augenzeugen, zum Teil auch von ihnen selbst eingehend, mit genauen Angaben über ihre Empfindungen, besondere Umstände und Schwebehöhe beschrieben worden. Die erreichte Höhe lag gewöhnlich zwischen einigen Zentimetern und etlichen Metern (Baumwipfelhöhe).
Vom heiligen Peter von Alcantara (1499–1562) will man wissen, daß er »in höchster Verzückung« 15 Ellen (mindestens 7,50 Meter) hoch bis zu den Kirchengewölben geschwebt sei. In einer kleinen Einsiedelei im Garten des Grafen von Oropese, der ihn auch versorgen ließ, fanden ihn Bedienstete oft mit ausgebreiteten Armen schwebend vor. Er verharrte angeblich den ganzen Tag und gelegentlich sogar noch die

Nacht über in diesem Zustand, in dem ihn niemand zu stören wagte.
Der seliggesprochene Ludwig von Mantua (um 1500 n. Chr.) soll in Ekstase bis zu drei Tage in der Luft schwebend verharrt haben. Und von der heiligen Agnes wird erzählt, daß sie im Klostergarten wandelnd vor den Augen der sie begleitenden Mitschwestern emporgetragen worden und dann deren Blicken entschwunden sei. Erst nach einer Stunde sei sie zur Freude ihrer Begleiterinnen sanft zur Erde zurückgeschwebt. Ähnliches wird über Franz von Assisi berichtet, der bisweilen im ekstatischen Zustand auf den Berg Alverna levitiert haben soll, bis er kaum noch sichtbar war. Seine Levitationen gingen, wie Zeugen berichteten, häufig mit merkwürdigen Lichterscheinungen einher – ein Phänomen, das auch von anderen Heiligen berichtet wird.
Irgendwie scheint bei Levitierenden die Gravitation bis zu einem gewissen Grad aufgehoben oder doch zumindest »dosiert« zu sein. Dies erhellt aus einer angeblich von mehreren Personen bezeugten Levitation des heiligen Joseph von Copertino (1603–1663). Als er auf einem kleinen Hügel zwischen Copertino und dem Kloster von Grotella einen »Kalvarienberg« (Nachbildung der Kreuzigungsstätte Christi) errichten ließ und die beiden äußeren Kreuze bereits standen, bemerkte er, wie das mittlere, weil es so groß und schwer war, selbst von zehn Männern nicht transportiert werden konnte. Daraufhin soll er von der Pforte des Klosters aus etwa 80 Schritte weit dem Kreuz entgegengeflogen sein, es allein ergriffen und mit erstaunlicher Leichtigkeit in die hierfür vorbereitete Grube gesenkt haben.
Nicht immer wertete die katholische Kirche Levitationen als Wunder. Vielen Menschen wurden sie, vor allem zu Zeiten der Inquisition, zum Verhängnis. Die hiervon Betroffenen kamen vielfach wegen »dämonischer Besessenheit« vor ein Inquisitionsgericht, das sie nicht selten mit dem Tode bestrafte.
In neuerer Zeit wird aus Indien, Nepal und Tibet über Auto-

levitationen und levitationsähnliche Flugmanöver buddhistischer Mönchen und Schamanen berichtet, die – ähnlich wie bei den christlichen Heiligen – als Nebenerscheinung ihrer meist asketischen Lebensweise angesehen werden.

Nordöstlich von Nepals Hauptstadt Katmandu, nahe der tibetischen Grenze, liegt ein buddhistisches Kloster, in dem psychokinetische Techniken praktiziert werden, die westliche Besucher immer wieder in Erstaunen versetzen. Ein amerikanischer Professor namens Gardner hatte vor Jahren an einem künstlich herbeigeführten Levitationsexperiment teilgenommen, dessen Zustandekommen er sich nicht erklären konnte. In der Mitte eines Kreises aus Mönchen, die mit verhaltener Stimme Gebete sprachen, wobei sie von einer seltsamen Musik begleitet wurden, stand unbeweglich ein nacktes Mädchen. Es verging eine halbe Stunde, bevor das Unfaßbare geschah: Plötzlich schien das Mädchen zu schwanken. Es erhob sich langsam in die Luft, »wie eine Statue, die an einem Seil hochgezogen wird«, um Gardner wörtlich zu zitieren. Der Professor bat um Erlaubnis, das Experiment überprüfen zu dürfen. Man gestattete es ihm unter der Bedingung, daß er keine Geräusche verursache. So konnte er feststellen, daß sich die Mönche keiner Tricks bedient hatten. Auf seine Frage, wie sie solche Levitationen bewerkstelligen, antworteten sie ihm schlicht: »Wir glauben an das Gelingen und sie [das Mädchen] auch.«

Tibets Lamas werden von frühester Jugend an nicht nur an das Ertragen von Kälte und Hitze gewöhnt. Einige von ihnen sollen sogar die Fähigkeit besitzen, durch flugartige »Luftsprünge« riesige Entfernungen in kürzester Zeit zu bewältigen. Noch vor einigen Jahrzehnten konnten europäische Reisende, die das Vertrauen der Lamas genossen, dem »Lauf der Lumpa« zuschauen, wobei Mönche in riesigen Sprüngen eine Ritualstrecke rund um den Manosaravar-See zurücklegten. Die Tibet-Forscherin Alexandra David-Neel berichtet, daß sich die Teilnehmer an dieser Zeremonie mit Ketten und Gewichten beschwerten, um nicht zu hoch in die Luft getragen

zu werden. Für die Zuschauer muß dies ein merkwürdiger Anblick gewesen sein. David-Neel will erfahren haben, daß tibetische Tranceläufer ihre Leichtigkeit gewissen Atemübungen verdanken. Es wird sogar spekuliert, daß extreme Springleistungen europäischer Tänzer ebenfalls auf solchen Atemtechniken beruhen. So soll der berühmte russische Tänzer Vaclav Nijinski (1888–1950) bei seinen Darbietungen gelegentlich sogar levitiert haben.
Adrian V. Clark erwähnt in seinem Buch über Psychokinese einen indischen Mönch, der die psychokinetische Fähigkeit entwickelt hatte, »auf Luft zu sitzen«. Man kennt zwar einen Zaubertrick, bei dem etwas Ähnliches zu geschehen scheint, in jenem Fall aber wurde der Mönch von Anwesenden sorgfältig überprüft, indem man Gegenstände unter ihm hindurchschob und auch das Umfeld genauestens kontrollierte. Als er einmal im Hof »auf Luft saß«, liefen sogar die Hühner unter ihm durch. Zuschauer fragten den Mann, wie er dieses Kunststück fertigbringe. Seine Antwort war verblüffend: Er stelle sich einen Kubikmeter Luft vor, die zu einer festen Masse erstarrt sei. Nach dieser geistigen Vorbereitung sei es ganz leicht für ihn, den »erstarrten« Luftwürfel zu besteigen und darauf zu sitzen. Das hört sich an, als könnten imaginierte Objekte unter Bewußtseinseinwirkung tatsächlich feste Formen annehmen.
In neuerer Zeit, als man erkannt hatte, daß Levitationen weniger religiöse, sondern mehr profane Ursachen haben, legte man es darauf an, Levitationsexperimente unter kontrollierten Bedingungen, d. h. in Anwesenheit mehrerer glaubhafter Zeugen, durchzuführen.
Eines der bekanntesten Psychokinese- und Levitationsmedien des vorigen Jahrhunderts war der Schotte Daniel Dunglas Home (1833–1886), angeblich ein unehelicher Sohn des zehnten Earl of Home. Er wurde durch seine zahllosen in der Öffentlichkeit vorgeführten Objekt- und Autolevitationen weltweit bekannt. Am eindrucksvollsten waren Homes Autolevitationen bei Tageslicht in Anwesenheit zahlreicher Per-

sonen. Die mitunter geäußerte Vermutung, bei diesen Manifestationen könne vielleicht Suggestion der Zuschauer im Spiel gewesen sein, erwies sich nachweislich als unzutreffend. Home, der sein Levitationsvermögen mangels anderer Erklärungen auf »elektrische Wirkfaktoren« zurückführte, beschrieb seine Empfindungen während der Schwebephase recht anschaulich: »Ich fühle nichts Besonderes, außer einer gewöhnlichen Empfindlichkeit in den Füßen, deren Ursache ich auf ein ›Übermaß an Elektrizität‹ zurückführe. Ich spüre keine Hand, die mich trägt, und seit meiner ersten Erhebung habe ich keine Furcht empfunden, obwohl ich beim Herabstürzen von manchen Höhen argen Folgen sicher nicht entgangen wäre. Ich werde im allgemeinen aufrecht erhoben, mit steifen, über den Kopf erhobenen Armen, als wollte ein unsichtbares Wesen diese erfassen und mich sanft von der Erde heben. Wenn ich die Zimmerdecke berühre, sind meine Füße mit dem Kopf in gleicher Lage [waagerecht], und ich befinde mich dann in der Haltung eines Ruhenden. Ich habe so oft schon vier bis fünf Minuten geschwebt. In der Londoner Sloan Street wurde ich in Gegenwart von vier Herren, deren Beglaubigung vorliegt, in einem Zimmer erhoben, in dem vier Gasflammen brannten [er wollte damit ausdrücken, daß es in besagtem Raum sehr hell war]. Manchmal läßt die Starrheit der Arme nach, und ich male dann mit einem Bleistift Buchstaben und Zeichen an die Decke, die in London noch vorhanden sind.«
Dieser Beschreibung kann man entnehmen, daß sich Home bei seinen Levitationen offenbar in einer Art kataleptischer Starre befunden hat. Das Aufsteigen kam für ihn selbst so überraschend, daß es andere oft noch vor ihm wahrgenommen hatten. Sobald man ihn anrührte oder konzentriert betrachtete, fiel er herab, so als ob dadurch eine unsichtbare Energiebrücke zwischen ihm und dem Boden zerstört würde – ein Phänomen, das auf quantenphysikalische Prozesse beim Levitieren hindeuten könnte.
Der berühmte englische Naturwissenschaftler Sir William

Crookes – er entdeckte im Jahr 1861 das chemische Element Thallium – befaßte sich längere Zeit experimentell mit Homes Levitationen. Er war von deren Echtheit fest überzeugt und schrieb: »Das wundervollste Ereignis von allen, die Erhebung Homes in die Luft, hat nicht einmal oder zweimal bei trübem Licht, sondern hundertmal unter allen denkbaren Umständen stattgefunden: unter freiem Himmel, bei hellem Sonnenschein, in einem Zimmer, am Abend, zuweilen bei Tag und bei jeder Gelegenheit. Und diese Erhebungen sind von einer ganzen Anzahl verschiedener Personen bezeugt.«
Zu Lebzeiten Homes gab es am Hofe Kaiser Franz I., Gemahl der Maria Theresia, einen Mystiker namens Schindler, der, wie Dr. Carl Freiherr du Prel (1839–1899) zu berichten wußte, sich »aus freien Stücken« vier bis sechs Meter in die Luft zu erheben und dort wie auf festem Boden eine Viertelstunde lang gemütlich herumzuspazieren vermochte, bis er sich wieder langsam und sicher zur Erde gleiten ließ. Schindlers außergewöhnliche Fähigkeiten wurden einmal vom Kaiser auf eine harte Probe gestellt. In du Prels Schilderung heißt es: »Der Kaiser ließ in einem der hohen Säle der kaiserlichen Burg den Kronleuchter abnehmen und an dem dadurch freigewordenen Haken eine Geldbörse mit 100 Dukaten aufhängen. Dieses Vermögen sollte Schindler gehören, wenn er es ohne jegliche Hilfsmittel herunterholen könne. Etwa eine Minute lang brachte sich Schindler durch lebhafte Körperbewegungen in Schweiß, bis er endlich, an allen Gliedern zitternd, langsam immer höher stieg und schließlich die Börse fassen konnte. Dann brachte er seinen Körper dicht unter der Decke in Horizontallage und blieb ganz an die Decke gedrückt einige Minuten ›liegen‹, wie um sich von seinen Anstrengungen ein wenig auszuruhen. Anschließend schwebte er mit dem Beutel in zierlichen Bewegungen langsam herab.«
Einer der meistzitierten und bestdokumentierten Levitationsfälle, die in neuerer Zeit in aller Öffentlichkeit vorgeführt wurden, ist der des englischen Trance-Mediums Collin Evans. Bei einer Massen-Séance im Londoner Rochester

Square Garden im Jahre 1938 schwebte er vor den Augen von etwa 300 Zuschauern längere Zeit etwa einen Meter über dem Boden. Die vorderen der kreisförmig um das Medium angeordneten Sitzreihen waren nur knapp einen Meter von dem levitierenden Evans entfernt.

Wären alle bisherigen Levitationsfälle immer bekannt geworden, ließe sich die Liste dieses verhältnismäßig seltenen Phänomens sicher erweitern. So aber bleiben viele spontane Manifestationen dieser Art aus Angst, sich lächerlich zu machen oder als Außenseiter zu gelten, unerwähnt.

Zwei Fälle, die sich beide in den USA zugetragen haben und dem Autor erst vor kurzem bekannt geworden sind, könnten möglicherweise darauf hindeuten, daß bei der Levitation sogenannte biogravitative Felder zur Entfaltung kommen. Der russische Physiker W. Bunin vermutet, daß diese aus Biogravitonen bestehenden hypothetischen Felder durch die Fähigkeit lebender Organismen, Gravitationswellen zu erzeugen, zustande kommen.

Phyllis Anne Hudry aus Racine, Wisconsin, informierte mich über eine Levitation, in die im Juni 1961 ihr damals sechsjähriger Sohn John einbezogen war, ohne daß ihm dies bewußt wurde. Da die Temperatur in Wisconsin nachts stark abkühlt, hatte Frau Hudry es sich angewöhnt, immer dann, wenn sie aufwachte, nachzuschauen, ob die Kinder noch zugedeckt waren. Eines Nachts bemerkte sie beim Betreten von Johns Zimmer, daß sein Bett vom Boden abgehoben hatte und etwa in Hüfthöhe frei im Raum schwebte. Ihre Schilderung ähnelt einer jener schaurig-schönen Szenen aus dem Thriller »Poltergeist« von Steven Spielberg: »Die Fenster standen offen, der Mond schien in den Raum, und das Bett stieg und fiel sachte, hielt sich aber stets in einer Höhe von etwa einem Meter. Indem ich erst zu halluzinieren glaubte, bückte ich mich, bis ich auf meinen Fersen saß. Ohne Zweifel, das Bett schwebte über dem Boden. Ich konnte nur den Stecker sehen, dessen Schnur mit Johns Nachttischlampe verbunden ist. Ich konnte das Muster des Linoleumbelags unter dem Bett erkennen. Es hob sich deutlich im Schein des Mondlichts ab. Ich fragte mich, was das Bett über dem Boden hielt. Behutsam, ohne meine Augen vom Bett abzuwenden, erhob ich mich, während mein Sohn friedlich vor sich hinschlummerte. Wenige Sekunden später sank das Bett sanft zu Boden. Es war, als ob eine herabfallende Feder die Erde berühren würde.«

Hatte Frau Hudry dies alles nur geträumt, oder war sie vielleicht einer Halluzination erlegen? Die Details ihrer Schilderung klingen so real, daß man Halluzination von vornherein ausschließen möchte.

Realistischer noch erscheint die Levitation einer hochschwangeren Amerikanerin, Wanda Sue Parrot (Pseudonym), die von deren Ehemann beobachtet wurde. Am 13. September 1963 betrat Frau Parrot den Gartenpfad hinter ihrem Haus. Sie erfreute sich der Blumenpracht in ihrem Garten: »Ich vergaß vorübergehend alle körperlichen Unbequemlichkeiten, die mein stark angeschwollener Unterleib mit sich brachte … Dann … plötzlich setzten bei mir jegliche physischen Empfindungen aus. Ich begann zu schweben, ganz langsam, bis ich eine Höhe von etwa sechs Fuß (1,80 Meter) über dem Boden erreicht hatte. Alle meine Körperfunktionen waren noch intakt. Unter mir lag der Garten. Gleich neben mir verlief die Regenrinne. Ich hätte sie ergreifen können, wäre sie ein wenig näher gewesen. Als ich merkte, daß ich frei schwebend in der Luft hing, zwickte ich mich in den Arm. Es tat weh – für mich ein Zeichen, daß ich dies allein nicht nur träumte.

Um diese Zeit kam mein Mann nach Hause. Ich sah, wie er durch den Hintereingang das Haus betrat. Er muß mich gesucht haben. Als er mich dort nicht vorfand, schaute er durch das Küchenfenster in den Garten. Sekunden später ging sein Blick nach oben. Seine Augen weiteten sich, so als ob er plötzlich einen elektrischen Schlag erhalten hätte. Daraufhin schwebte ich rasch nach unten und setzte mit beiden Füßen auf dem Boden auf.«

Mit dem Wiedereinsetzen ihrer normalen körperlichen Empfindungen wurde Frau Parrot schlagartig bewußt, daß die Geburt unmittelbar bevorstand. 24 Stunden später kam ihr Sohn Ted zur Welt. Seitdem hatte sie nie wieder ein derart ungewöhnliches Erlebnis.

Über einen ganz aktuellen, geradezu sensationell anmutenden Levitationsfall berichtet das bekannte grenzwissenschaftliche Magazin »esotera« (April-Ausgabe 1998). In dem in der westlichen Provinz Kanchanaburi (Thailand) gelegenen Tempel Wat Tham Mongkon Thong levitiert die buddhistische Nonne Anong Lanong in Anwesenheit zahlreicher Besucher mehrmals am Tag über einem dort in einen Fels gemeißelten Schwimmbecken. Sie schwebt waagerecht in Lotus-haltung meditierend bis zu einer dreiviertel Stunde über eiskaltem Wasser, und dies offenbar ohne jegliche Anstrengung. Da sie sich hinterher an die Vorgänge während ihres Schwebens nicht erinnern kann, geht man davon aus, daß die Levitation in Trance erfolgt – im realitätsverschobenen Zustand.

## 4

## *Kräfte aus dem Nichts*

Den beiden Österreichern Willy und Rudi Schneider schienen paranormale Fähigkeiten bereits mit in die Wiege gelegt worden zu sein. In der Familie Schneider waren »spiritistische Gesellschaftsspiele« sehr beliebt. Abends setzte man sich gern zum Tischrücken zusammen oder versuchte es mit dem sogenannten *automatischen Schreiben*. Als Schreibinstrument benutzte man ein niedriges, dreibeiniges Tischchen, an dessen einem Fuß ein Bleistift befestigt war. Die Familie stellte allerlei Fragen und wartete gespannt auf Antworten aus dem »Jenseits«, die auf das unter dem Stift liegende Papier gekritzelt wurden.

Bei dem damals 16jährigen Willy stellt sich eines Tages unverhofft eine starke mediale Begabung ein. Ungläubig beobachtet die Familie, was sich da plötzlich vor ihren Augen abspielt. Noch hat der Junge das Tischchen nicht einmal berührt, als sich dies zu bewegen beginnt und den Namen »Olga« buchstabiert. Nach einer kurzen Pause teilt »Olga« mit, daß sie Lola Montez, die berüchtigte Mätresse von König Ludwig I. von Bayern, sei. In der Folge zeigt es sich, daß sie über das Leben besagter Dame nicht allzuviel zu berichten weiß. Dennoch bleibt sie Willys Trance-Persönlichkeit, die für ihn und später auch seinen Bruder Rudi jahrelang Kontakte nach »drüben« vermitteln sollte.

Im Jahre 1921 holt der Münchner Arzt Dr. A. Freiherr von Schrenck-Notzing Willy Schneider aus seinem Heimatort Braunau am Inn in die bayerische Hauptstadt. Hier hält er bis zum Juli 1922 zahlreiche Sitzungen ab, in deren Verlauf sich

nahezu hundert Wissenschaftler – Ärzte, Physiker und Philosophen – von Willys unglaublichen psychokinetischen Fähigkeiten selbst überzeugen können. Die Séancen fanden unter strengen Sicherungsvorkehrungen statt, um Manipulationen auszuschließen. Willy mußte sich unter Aufsicht ausziehen und wurde in ein vom Hals bis zu den Füßen reichendes Trikot gesteckt, das man hinten zuzog. Das Medium wurde zudem *vor* das Kabinett gesetzt. Während späterer Experimente wurde Willy Schneider zusätzlich noch durch einen Gazekäfig von der Außenwelt abgeschirmt. Zwei Personen – vor und neben ihm postiert – hielten die beiden Hände und umklammerten zugleich seine Beine mit den ihren. Um bei gedämpftem Rotlicht besser sehen zu können, ließ Schrenck-Notzing am Trikot des Mediums und an den für die Experimente vorgesehenen Objekten selbstleuchtende Nadeln und Streifen anbringen. So konnte man jede Bewegung des Mediums sofort erkennen.
War Willy erst einmal in Trance, machten sich unterschiedliche psychokinetische Effekte bemerkbar. Der Münchner Physikprofessor Leo Graetz berichtete über die Sitzung am Abend des 5. Mai 1922: »In einem durch rotes Licht sehr schwach beleuchteten Zimmer befanden sich mit mir drei Damen und fünf Herren, die in einem ungefähren Halbkreis sitzend durch Fassen der Hände einen Zirkel bildeten. In einem verschlossenen, mit Musselin bespannten Käfig, der nur an der Vorderwand in Sitzhöhe einen Ausschnitt für Hände und Kopf hatte, saß das Medium, dessen Unterarme von dem neben mir sitzenden Herrn gehalten wurden, während ich die beiden Hände des Mediums hielt. Im Halbkreis – anfangs etwa ein Meter vom Käfig entfernt – befand sich ein ziemlich schwerer Tisch, etwa 15 Kilogramm schwer, auf dem eine Glocke, eine Spieldose und eine Harmonika lagen. Auf dem Tisch waren Leuchtbänder mit Reißbrettstiften befestigt. Alle einzelnen Teilnehmer hatten Leuchtbänder an den Armen oder Nadeln mit leuchtenden Knöpfen an den Kleidern ... Das Medium trug selbst solche Armbänder.

Ich sah, wie der Tisch mehrere Male gekippt wurde, was man durch Beobachten der Leuchtbänder erkennen konnte. Er fiel dann zurück, wobei seine Füße laut auf dem Boden schlugen ... Der Tisch wurde dann kräftig von seinem Platz verschoben und hin und her gerüttelt, so daß die auf ihm liegenden Instrumente deutlich schepperten ... Die Glocke, die Spieldose und die Harmonika wurden danach vom Séancenleiter auf den Boden gestellt ... Die Glocke wurde mehrmals – durch die Leuchtfarbe deutlich sichtbar – in die Höhe gehoben und hin und her geschoben, wobei sie läutete ...
Die Spieldose war vorher aufgezogen worden und fing plötzlich zu spielen an. Auf mein Kommando ›aufhören‹ verstummte sie, auf ›anfangen‹ spielte sie wieder, und dieses auf Befehl fünf- bis siebenmal. Während dieser Zeit spürte ich immer die Hände des Mediums in meiner rechten Hand ... Ein Taschentuch, das der Sitzungsleiter in der Nähe des Tischchens auf den Boden gelegt hatte, schwebte plötzlich nahe der Lampe auf und nieder sowie seitlich hin und her. Das Taschentuch hatte dabei die Form, als ob innen ein Körper – z. B. eine Hand oder ein Finger – stecke.«
Über dieses Phänomen hat auch Thomas Mann berichtet, der im Hause von v. Schrenck-Notzing an drei Sitzungen teilnahm: »Das Taschentuch hatte sich vom Boden erhoben. Vor aller Augen, mit rascher, sicherer, energischer und fast schöner Bewegung stieg es aus Schattengründen in den Lichtschein der Lampe empor, der es rötlich färbte – stieg auf, sage ich, aber das war nicht richtig. Nicht so war der Vorgang, daß es leer und flatternd emporgeweht worden wäre. Es wurde genommen und erhoben. Eine tätige Stütze steckte darin, die sich oben in knöchelartigen Erhebungen darunter abzeichnete, und von der es faltig herniederhing; von innen her wurde lebendig damit manipuliert. Drückende und schüttelnde Umgestaltungen wurden in den zwei oder drei Sekunden, während es frei im Lampenlicht schwebte, vorgenommen, und dann kehrte es mit ebenso ruhiger und sicherer Bewegung zum Boden zurück.«

Das Zustandekommen dieser Manifestation bleibt rätselhaft. Als man nach der Demonstration auch den Gazekäfig genau untersuchte, fand man in Hüfthöhe einige Fäden beiseite geschoben. Dadurch war ein winziges Loch mit einem Durchmesser von etwa drei bis fünf Millimetern entstanden. Da sich Willy mit keinem Glied hatte bewegen können, vermutete man damals, ein bioplasmatisches Gebilde – eine Art feinstofflicher Finger – habe sich diese Öffnung geschaffen, um die zu bewegenden Objekte erreichen zu können.

Für Thomas Mann schienen diese paraphysikalischen Manifestationen durchaus nicht unnatürlich oder aufregend zu sein. Er sinniert: »Jedenfalls hieße es über das Materialisationsphänomen, wie über das Rätsel des Lebens überhaupt, aufs unzulänglichste zu denken und reden, wenn man nur seine physisch-materielle Seite ins Auge faßt, und nicht die psychische. Es war Hegel, der gesagt hat, daß die Idee, der Geist, als letzte Quelle anzusehen sei, aus der alle Erscheinungen fließen ...«

Nach den außerordentlich erfolgreichen Demonstrationen bei v. Schrenk-Notzing, fand auf Wunsch von Professor Erich Becher – ein renommierter Psychologe und Naturwissenschaftler – im Psychologischen Institut der Münchner Universität eine Reihe von Sitzungen statt. Willy Schneider hatte das gleiche Pensum zu bewältigen, jedoch unter weiter verschärften Versuchsbedingungen: Man stellte einen zusätzlichen Gazeschirm auf. Dem Medium gelang es, auf Kommando eine 1,10 Meter entfernte Spieldose ein- und abzuschalten, einen Papierkorb über dem Boden schweben und eine Schreibmaschine tippen zu lassen. Darüber hinaus stellten sich auch Materialisationen ein. Vor den Leuchtbändern tauchten gliederartige Gebilde auf. Nicht ein einziges Mal vermochte man dem Medium Manipulationen nachzuweisen.

Durch Willys Erfolge aufmerksam geworden, entsandte die 1876 in England gegründete »Society for Psychical Research« (S. P. R.: Gesellschaft für Psychische [Paranormale]

Forschung) ihren damaligen Forschungsleiter Dr. E. J. Dingwall und den bekannten Parapsychologen Harry Price. Diese nahmen an mehreren Séancen teil und unterzeichneten schließlich eine Erklärung, daß es sich bei Willy Schneider um echte Psi-Phänomene handele.
Als sich Willy jedoch allmählich mehr auf seinen eigentlichen Beruf als Zahntechniker zu konzentrieren begann, schwächten sich seine paraphysikalischen Fähigkeiten immer mehr ab. Willy verließ München und siedelte nach Wien über, wo er in seiner Freizeit die Experimente mit Dr. E. Holub, Oberarzt der Heilanstalt Steinhof, und dem Physikprofessor Hans Thirring fortsetzte. Thirring war anfänglich fest davon überzeugt, daß Willys Darbietungen allesamt Schwindel seien. Nachdem er jedoch dessen psychokinetischen Bewegungen auf Distanz selbst beobachtet hatte, änderte er seine Meinung.
Im November und Dezember 1924 absolvierte Willy in London insgesamt zwölf Séancen, bei denen er mehrmals ein Tamburin in Bewegung setzte und schweben ließ. Dr. Dingwall konstatierte damals: »Die Erscheinungen können weder auf Illusion noch auf betrügerische Maßnahmen zurückgeführt werden.« Es heißt, man habe Phänomene beobachtet, »die auf normalem Wege unerklärlich erschienen«. Die an den Experimenten beteiligten Wissenschaftler kamen zu dem Schluß: »Angesichts der Tatsachen ist man gezwungen, als einzig vernünftige Hypothese anzunehmen, daß irgendeine ›übernormale‹ Kraft diese Phänomene bewirkt.«
Da infolge einer Erkrankung Willys Leistungen immer schwächer wurden, zog dieser sich zurück und überließ seinem Bruder Rudi das Feld. Auch er verfügte über außergewöhnliche paraphysikalische Kräfte, die sich bei ihm bereits im zarten Alter von elf Jahren bemerkbar machten. Es sollte sich schon bald zeigen, daß Rudis Fähigkeiten, wie von dessen »Geistführerin« Olga prognostiziert, noch viel ausgeprägter als bei Willy waren.
Von Schrenck-Notzing begann 1924 mit ihm zu experimen-

tieren, wobei unter erheblich verschärften Sicherungsvorkehrungen gearbeitet wurde: Elektrische Handfesseln und Doppelböden mit elektrischem Kontakt im Kabinett sollten ein eventuelles heimliches Mitwirken von Helfern verhindern. Rudi konnte seine psychokinetische Begabung bald unter Beweis stellen. In seiner Gegenwart bewegten sich Tische und Stühle, schwebten kleine Gegenstände frei im Zimmer umher. Im Jahre 1929 lud Harry Price Rudi nach London ein. Das »National Laboratory of Psychical Research« veranstaltete mit ihm zwei Sitzungsreihen, die sehr erfolgreich verliefen. Hierüber heißt es in dem von Harry Price 1930 veröffentlichten Buch »Rudi Schneider«: »Tatsache ist, daß Rudi der gnadenlosesten dreifachen Kontrolle unterworfen wurde, die man je einem Medium, sei es in unserem oder irgendeinem anderen Land, zumutete, und daß er diese harte Probe glänzend bestanden hat. Die Echtheit der Erscheinungen, die er bei seinen Londoner Séancen zeigte, hat an die hundert Personen beeindruckt, darunter Wissenschaftler, Mediziner, Geschäftsleute, Berufsmagier, Journalisten usw.« Und über das, was während der Sitzungen alles beobachtet werden konnte, berichtet Price: »Kühle Brisen, die alle verspürten, plötzlicher Temperaturabfall, heftige Bewegungen der Vorhänge, das Bewegen und Schweben eines leuchtenden Papierkorbs und eines Kaffeetisches, Glockengeläute, das Schwirren einer Spielzeugzither, das Erscheinen und Verschwinden eines Taschentuchs am Kabinett, das später verknotet in einer Ecke gefunden werden konnte, das Berühren und Streicheln von Beisitzern (während der dreizehnten, fünfzehnten und einundzwanzigsten Sitzung), das ›intelligente‹ Klopfen des Tisches ... und schließlich das Entstehen und Wiederverschwinden von Armen, Händen und Tuben, von denen einige perfekt geformt waren.«
Das »National Laboratory of Psychical Research« bescheinigte Rudi Schneider nach eingehender Prüfung ausdrücklich die Echtheit der von ihm hervorgebrachten Phänomene. Der französische Arzt und Parapsychologe Eugène Osty

(1874–1938) ließ Rudi Schneider kommen, um ihn am »Institute Métapsychique« (I. M. I. O.) ebenfalls zu untersuchen. Dabei wurde erstmals eine völlig neuartige Kontrolleinrichtung angewandt: eine Infrarot-Strahlensperre. Rudi wurde zunächst an Händen und Füßen gefesselt sowie am Körper mit den bereits erwähnten Leuchtbändern versehen. Die an ihn gestellte Aufgabe bestand darin, ein Taschentuch, das auf einem eineinhalb Meter entfernten Tisch lag, psychokinetisch zu bewegen.
Osty hatte sich, um zu vermeiden, daß sich das Medium mit der Hand oder einem künstlichen Manipulationsinstrument dem Tuch nähert, eine raffinierte Alarmvorrichtung ausgedacht. Er hatte das Tuch durch ein von Spiegeln mehrfach reflektiertes, etwa zehn Zentimeter dickes Strahlenbündel infraroten Lichts von allen Seiten »umgittern« lassen. Sobald die Infrarot-Strahlen des Melders eine Unterbrechung von außen erfuhren, würde dies eine Alarmglocke in Gang setzen. Gleichzeitig würden dadurch die auf das Taschentuch ausgerichtete, aufnahmebereiten Kameras Blitzlichtaufnahmen machen. Der Laborraum selbst war mattrot ausgeleuchtet.
Dann begann Rudi, den man zuvor über die Sicherungsmaßnahmen unterrichtet hatte, mit dem entscheidenden Experiment. Während der 14. Sitzung sah man plötzlich, wie sich das Tuch bewegte. Im gleichen Augenblick wurde der Kontakt ausgelöst: Es klingelte, und das Blitzlicht leuchtete auf. Osty und dessen Mitarbeiter konnten auf dem Experimentiertisch nichts entdecken, was auf Manipulation hindeutete. Nach dem Entwickeln der Fotoaufnahmen sah man nur das Tuch, das da auf der Tischplatte lag, sonst nichts.
Das Sonderbare: Unmittelbar vor dem Alarm hatte Rudis »Kontrollgeist« Olga verlauten lassen, daß sie nun »in den Strahl hineingehen würde«. Bei den nachfolgenden Experimenten zeigte es sich immer wieder, daß den psychokinetischen Fernbewegungen eine Unterbrechung der Infrarot-Strahlen voranging. Und dieses Etwas war für das menschli-

che Auge absolut unsichtbar. Diese Feststellung deckte sich mit der Theorie des deutschen Biologen Professor Hans Driesch (1867–1941), der postulierte, »daß eine gewisse unsichtbare und nicht fotografierbare ›Substanz‹ vom Medium ausgehe und, seinem unbewußten Willen unterstehend, Telekinese [er meint: Psychokinese] hervorbringt.«

Heute gilt die Existenz dieser »Substanz« als erwiesen. Man nennt sie *Bioplasma* (biologisches Plasma) und versteht hierunter ein der Physis korrespondierendes Energiefeld, das von dem russischen Ehepaar Kirlian später sogar indirekt fotografisch nachgewiesen werden konnte. Es dürfte sich hierbei um eine Energieform handeln, die zwischen den aus der Physik bekannten konventionellen Energien und hypothetischen, höherdimensionalen Bewußtseinsenergien bzw. -feldern angesiedelt ist.

Diese bioplasmatischen Felder könnten unter dem Einfluß des Mediums durchaus einen für das menschliche Auge nicht sichtbaren quasimateriellen Zustand erreichen, also wie ein Fernmanipulationsinstrument wirken. Dies würde auch erklären, warum zwar der Alarm ausgelöst, andererseits aber auf dem Experimentiertisch nichts Verdächtiges entdeckt wurde. Interessant ist, wie sich Rudi Schneider konditionierte, d. h. sich in Trance versetzte, um Psychokinese auszulösen. Er begann, seine Atemvorgänge immer mehr zu beschleunigen, bis er schließlich zwei- bis dreihundertmal in der Minute atmete. Und diesen Atemrhythmus – Mediziner bezeichnen ihn als Hypernoë – behielt er während der gesamten Sitzung bei. Der Alarm wurde immer dann ausgelöst, wenn das Atemtempo sein Maximum erreicht hatte. Medizinisch gesehen mußte also die von Schneider praktizierte Atemtechnik irgendwie mit dem Entstehen eines bioplasmatischen Feldes und der dadurch ausgelösten Fernbewegung des Tuches zusammenhängen.

Anfang der dreißiger Jahre experimentierten Harry Price, der Physikprofessor Lord Charles Hope und Lord Rayleigh erneut mit Rudi Schneider, indem sie ebenfalls Infrarot-Sicherungen benutzten. Alle beteiligten Wissenschaftler erklärten, experimentelle Irrtümer seien ausgeschlossen. Die positiven Ergebnisse gipfelten in der Erklärung: Die Fernbewegungen des Rudi Schneider werden durch eine Substanz (oder durch etwas damit in engem Zusammenhang Stehendes) ausgelöst, die nicht sichtbar ist, jedoch auf infrarote Strahlen einzuwirken vermag.

Nach diesen geradezu sensationellen Experimenten begannen Rudis Fähigkeiten rapide abzufallen. Ob seine Kräfte aufgezehrt oder die psychischen Belastungen zu groß waren, läßt sich im nachhinein nicht mehr genau feststellen.

Bereits während der ersten Sitzungen in Wien war Rudi von zwei bösartigen Skeptikern – den Professoren Dr. Stefan Meyer und Dr. Karl Przibram vom Institut für Radiumforschung der Wiener Akademie der Wissenschaften – öffentlich diffamiert worden. Beide hatten, angesichts der von anderen Wissenschaftlern nachgewiesenen Echtheit seiner psychokinetischen Leistungen, ihre Beschuldigungen zurücknehmen müssen. Für das Medium sollte sich eine Attacke von Harry Price als besonders belastend erweisen, nachdem dieser zuvor in aller Öffentlichkeit seine ungewöhnlichen psychokinetischen Fähigkeiten ausdrücklich bestätigt hatte. Er wollte im Besitz eines Fotos sein, auf dem, deutlich sichtbar, einer der beiden angeblich festgehaltenen Arme von Rudi nach hinten greift. Die Beschuldigung sollte sich jedoch schon bald als unhaltbar erweisen. Der Abzug wurde genauestens überprüft und erwies sich als eine zusätzlich retuschierte Doppelbelichtung. Mit anderen Worten: Die zweite Aufnahme war erst nach dem Experiment gemacht worden. Warum Price dem Medium das Bild »unterschieben« und dessen Ruf schädigen wollte, ließ sich später nicht mehr rekonstruieren.

## 5
## *Poltergeist-Attacken*

Eine deutsche Sprachlehrerin, H. Kohn, die sich längere Zeit bei ihrer Schwester in Poona (Indien) aufgehalten hatte, berichtete über sogenannte *Apporte*, die im Zusammenhang mit einem von ihrer Familie adoptierten neunjährigen Jungen auftraten. Unter *Apporten* versteht man (nach W. F. Bonin) ganz allgemein das paraphysikalische Herbeischaffen lebender oder toter Objekte, d. h. ohne erkennbaren Kontakt zu diesen – ein Phänomen, das häufig im Zusammenhang mit Spuk- oder Poltergeistmanifestationen beobachtet wird. Als Auslöser (Spukagenten) gelten vor allem pubertierende Jugendliche und Personen, die starkem Streß ausgesetzt sind. Im Fall des jungen Inders sollen Arzneien, Desinfektionsmittel, Saccharin und Tinte Zielscheibe spontaner spukhafter Apporte gewesen sein.
Durch verschiedene mysteriöse Vorkommnisse neugierig geworden, versuchte Frau Kohn mit Hilfe eines von ihr erdachten Experiments dem Poltergeist-Unwesen auf die Schliche zu kommen. Beim Verlassen ihrer Wohnung hinterließ sie an einer auffälligen Stelle einen festverschraubten Aluminiumbehälter, in dem sich ein gefülltes Tintenfaß befand. Sie wollte nämlich herausfinden, ob der unsichtbare »Hausgast« auch in der Lage wäre, sich dieses Behälterinhalts zu bemächtigen. Als Frau Kohn zwei Stunden später ihre Wohnung wieder betrat, mußte sie entsetzt feststellen, daß dort offenbar kurz zuvor überall Tinte verspritzt worden war. Mehr im Scherz rief sie aus: »Ich hoffe, der Geist gibt mir den Behälter [mit dem Tintenfaß] sofort zurück.« Wie auf Kommando

materialisierte sich der verschwundene Behälter direkt vor ihren Augen – nur wenige Zentimeter unterhalb der Zimmerdecke, um von da aus auf ein in der Ecke aufgestelltes Bett zu fallen. Das Erstaunliche: Er war noch genauso fest verschraubt wie beim Verlassen der Wohnung. Ein Teil der im Faß enthaltenen Tinte muß auf unerklärliche Weise die Behälterwandung durchdrungen und sich außerhalb des Gefäßes wieder verstofflicht haben. Der Adoptivsohn, den man für die Poltergeistmanifestationen verantwortlich machte, war zu dem Zeitpunkt der paranormalen Heimsuchung gar nicht anwesend.

Von rätselhaften »Steinwürfen« – Stein-Apporten – berichtet der durch zahlreiche wissenschaftliche Publikationen bekanntgewordene amerikanische Naturforscher Professor Ivan T. Sanderson. Er wurde vor vielen Jahren während eines Besuchs bei Freunden auf Sumatra mit diesem sonderbaren Phänomen konfrontiert. Als er sich eines Abends auf der Veranda des geräumigen Landhauses mit seinen Gastgebern angeregt unterhielt, wurde die kleine Gesellschaft plötzlich mit Steinen unterschiedlicher Größe bombardiert. Zunächst glaubte man an einen üblen Scherz jugendlicher Missetäter und suchte die Umgebung sorgfältig nach Spuren ab. Da die Suchaktion erfolglos verlief, setzte man die begonnene Unterhaltung fort. Kurz darauf begann erneut eine Serie rücksichtsloser Steinwürfe. Sanderson – neugierig geworden – markierte einige dieser Steine mit Kreidestrichen, bevor er sie mit aller Wucht über den ausgeleuchteten Teil des Anwesens ins Dunkel der Nacht zurückschleuderte. Zur größten Verblüffung der Anwesenden wurden die markierten Steine bereits nach wenigen Augenblicken »zurückgeworfen« – »reapportiert« wäre hier wohl die angemessenere Bezeichnung, denn wer vermag schon bei Dunkelheit im Umkreis von bis zu 50 Metern dürftig markierte Steine zu erkennen und zu ergreifen, um sie mit unwahrscheinlicher Geschicklichkeit unverzüglich zurückzuschleudern?

Im Mai 1955 wurde in der Nähe von Perth (Australien) die

dort ansässige Landarbeiterfamilie Smith tagelang von heftigen Steinattacken heimgesucht. Die rätselhaften Angriffe begannen genau am 17. Mai, als die Smiths in der Nähe ihrer Behausung Brennholz sammelten und hierbei, ohne Vorwarnung, mit gezielten Steinwürfen belegt wurden.

Nachdem sie sich verängstigt in ihre Behausung zurückgezogen hatten, kam es auch hier zu mysteriösen Vorfällen, die sich noch am ehesten als Spukphänomene bezeichnen lassen. Ein alter Golfball, Hausrat und Kinderspielzeug machten sich selbständig, schwebten durch den Wohnraum und prallten gegen die Wände. Eilig herbeigerufene Nachbarn konnten sich von den unheimlichen Vorgängen mit eigenen Augen überzeugen. Bedrohlich wurde die Situation dann, als es im Wohnzimmer der Smiths Steine regnete. Sie materialisierten sich mitten im Raum, schienen förmlich aus dem Nichts zu kommen.

Nach dem ständigen »Bombardement« des Smithschen Anwesens trat dieses Phänomen in leicht abgewandelter Version auch bei ihrem Nachbarn Alf Krakour in Erscheinung. In diesem Fall waren es kleine Steine, die in rotglühendem Zustand die Hauswände zu durchdringen schienen, ohne sie auch nur im geringsten zu beschädigen. Einige Personen wollen sogar beobachtet haben, wie ein 20 Kilogramm schwerer Gesteinsbrocken, scheinbar leicht wie eine Feder, auf das Dach des Hauses »schwebte« und dort behutsam aufsetzte. Schaulustigen und Reportern, die aus allen Himmelsrichtungen herbeigeeilt kamen, bot sich hier ein praktischer Anschauungsunterricht in Sachen Paraphysik. Wie in so vielen Spukfällen hörten die Steinattacken eines Tages plötzlich auf. Der Auslöser dieses sonderbaren Phänomens konnte nie ermittelt werden.

Während spiritistischer Sitzungen, aber auch bei sogenannten geistchirurgischen (logurgischen) Operationen kommt es häufig zu paraphysikalischen Manifestationen, so unter anderem zu Materialisationen, Teleportationen und Apporten. Der bekannte italienische Parapsychologe Ernesto Bozzano

(1862–1943) stellte im Jahre 1904 während einer Séance einem befreundeten Medium namens Peretti die Aufgabe, einen Pyritblock, der in seiner zwei Kilometer entfernten Wohnung auf dem Schreibtisch stand, in den Sitzungsraum zu teleportieren. Perettis Geistführer, sein »Kontrollgeist«, ließ ihn nach mehreren vergeblichen Versuchen wissen, daß seine Energie zur Rematerialisation des Objekts erschöpft sei. Als man schließlich Licht machte, zeigte es sich, daß der Fußboden und die Möbel von einer Staubschicht bedeckt waren, bei der es sich um Pyrit (Eisen- bzw. Schwefelkies) handelte. Zu Hause kontrollierte Bozzano den zu teleportierenden Pyritblock auf seine Unversehrtheit. Beim Wiegen stellte er fest, daß der Block etwa zwei Drittel seines Gewichts verloren hatte. Dieser Teil des Minerals schien sich in Luft aufgelöst zu haben – um sich im Sitzungszimmer als Staub zu rematerialisieren.
Hatte es beim »Übertragen« des entstofflichten Pyrits über eine andersdimensionale Realität – den Hyperaum –, d. h. bei seinem Wiedereintritt in unser Universum, vielleicht einen »Umdruckfehler« gegeben? Solche Pannen bieten den mit einschlägigen Untersuchungen befaßten Wissenschaftlern die Möglichkeit, den Ursachen paraphysikalischer Phänomene auf den Grund zu gehen. Mehr noch: Teilmaterialisationen, wie im vorliegenden Fall, dürften nachgerade der beste Beweis für die Echtheit von Teleportationen und Apporten sein.

# 6
## *Der Carlson-Spuk*

Der amerikanische Parapsychologe und Spukforscher William G. Roll unterscheidet grundsätzlich zwischen personen- und ortsgebundenem Spuk: »Bei personengebundenem Spuk kann man oft täglich erleben, wie sich Dinge von allein bewegen, Teller, Möbel, Nippsachen zerbrechen und noch andere Phänomene auftreten. In einem typischen Fall von ortsgebundenem Spuk sind Vorkommnisse dieser Art seltener. Dafür werden häufiger halluzinatorische Erlebnisse [Erscheinungen wie in meinem Buch »Hyperwelt« dokumentiert; der Verf.] berichtet, die in der Regel bei personengebundenem Spuk nicht auftreten.«

Roll will auch herausgefunden haben, daß personengebundener Spuk im allgemeinen nur von kurzer Dauer ist. Selten würden die Phänomene über einen Zeitraum von wenigen Monaten hinausreichen. Ortsgebundener Spuk könnte sich hingegen, so Roll, über Jahre hinziehen.

Über einen interessanten Spukfall berichtete mir einer meiner Leser, ein bekannter deutscher Industrieller schwedischer Abstammung, dessen Großvater, ein gewisser G. D. Carlson, Ende des vorigen Jahrhunderts als Missionar in Twappi (Nicaragua) tätig war. Die Vorkommnisse hielt Carlson in einem Brief fest, von dem ich eine Kopie sowie eine Übersetzung besitze.

Der Verfasser des Briefes – ein in Nicaragua hochgeachteter Mann – hatte dort Dinge erlebt, für die er einfach keine Erklärung fand. Es waren dies vor allem Poltergeist-Aktivitäten wie im Fall des australischen Farmers Smith, die ihn ge-

legentlich zur Verzweiflung trieben. Carlson erinnert sich: »Ein sehr eigentümliches Phänomen erlebten wir in Twappi während des ersten Herbstes, als Br.s (?) Arbeiter noch da war (1897). Ein Indio erzählte mir eines Tages, daß in einem Häuschen, in dem eine sehr anständige, mit einem Kanadier verheiratete, christliche Frau – Tochter eines deutschen Vaters und einer indianischen Mutter – mit ihren kleinen Kindern wohnte, kurz vor Sonnenuntergang Äste und Steine aus der Luft fielen.« Weiter heißt es hier: »Da sich das Geschehen fortsetzte, gingen Br.s Arbeiter und ich dorthin. Tatsächlich fielen dort Steine herunter, etwa vier Zentimeter lang und zwei bis drei Zentimeter dick. Standen wir außerhalb des Häuschens, schienen sie vom Himmel zu fallen, betraten wir es, schlossen wir Türen und Fenster, fielen sie auch dort. An diesem Abend las ich fünf Steine innen vom Boden auf und nahm sie mit nach Hause. Ich hegte jedoch den Verdacht, daß irgendeine menschliche Hand mit im Spiele sei, was ich aber noch herausfinden würde. Tags darauf ging ich ein paar Stunden vor Sonnenuntergang hin und untersuchte das ganze Gelände aufs Allersorgfältigste. Als dann Br.s Arbeiter eintraf, informierte ich ihn über meine genaue Untersuchung. Kaum hatte ich meinen Bericht beendet, als ein Stein unmittelbar neben uns auf die Erde fiel. Wären die Steine nur draußen auf den Boden gefallen, so hätte man sich irgendeine elektrische oder magnetische Entladung in Verbindung mit dem Menschen (sic!) vorstellen können. Dann aber hätte das Phänomen konstant auftreten müssen. Da jedoch die Steine auch im Inneren der Behausung herabfielen, stellte sich die Sache anders dar.
Das Häuschen stand auf drei bis fünf Fuß hohen Pfählen auf geneigtem Boden. Die Wände setzten sich aus einzölligen Brettern zusammen, die Kante auf Kante genagelt waren. Das Dach bestand aus einer etwa 30 Zentimeter dicken Palmblätterlage, hart an längslaufende Stangen gebunden, die ihrerseits an den Dachstelen befestigt waren. Der Boden bestand aus fußbreiten, ebenfalls einzölligen Brettern, die so dicht an-

einanderlagen, daß der Zwischenraum höchstens ein bis zwei Millimeter betrug. Für einen Stein der angegebenen Größe war es so gut wie ausgeschlossen, hier durchzukommen. Eines Abends fiel ein Regenschauer, der alle Steine auf dem Boden naß machte. Gleichwohl waren die, die in der Behausung ›niedergingen‹, trocken.

Im Giebel des Häuschens befand sich eine Tür, zu der eine Treppe führte. Wir schlossen die Giebeltür und die Fensterläden, und ich postierte mich draußen vor der offenen Seitentür. Der Boden des Häuschens reichte mir bis zur Hüfte. Zwischen meinen sehr scharfen Augen und dem Dachvorsprung war ein Abstand von etwas über einem Meter. Der Dachvorsprung reichte weit über das eigentliche Dach des Häuschens hinaus. Am Dachvorsprung sah ich Moskitos herumschwirren, und hinter meinem Rücken hörte ich, wie einzelne Steine auf die Bodenbretter niederfielen. Über eine Woche beobachteten Br.s Arbeiter und ich täglich dieses eigentümliche Geschehen.

An einem Montag kam Missionar Leo Reichel aus Ynly zu Besuch. Als wir ihm die Spukgeschichte erzählten, musterte er uns mit einem Blick, der sehr deutlich seine Gedanken verriet: ›Haben diese beiden sonst so nüchternen Menschen den Verstand verloren?‹

Am Abend gingen einer der Arbeiter und Reichel zum besagten Häuschen, während ich molk. Sie waren bald wieder zurück, und auf meine Frage, ob nichts vorgefallen sei, zog unser Besuch einen etwa fünf Zentimeter langen Stein aus der Tasche – den größten, den ich dort je gesehen hatte. Dieser war unmittelbar an seinem Kopf vorbei heruntergefallen, so daß er ihn sowohl gesehen als auch den durch ihn verursachten Luftzug gespürt hatte. Reichel schien genug gesehen zu haben. Dieses unerklärliche Schauspiel sollte noch ein paar Abende dauern, aber wir hatten keine Zeit mehr, es uns länger anzuschauen, so interessant es auch war.

Zweimal geschah es, daß eine alte, gottesfürchtige Indianerfrau von kleineren Steinen am Kopf getroffen wurde. Eines

Abends stand die Alte mit ihren erwachsenen Töchtern dort, um den Steinfall zu beobachten. Mit einemmal nahmen sie zwei weißgekleidete Gestalten wahr, die sich ihnen aus der Richtung näherten, wo die Kirche stand. Unweit des Standortes der Frauen befand sich eine kleine Baumgruppe. Diese sahen, wie die beiden Gestalten die Bäume umrunden wollten. Plötzlich waren sie verschwunden. Nach diesem Zwischenfall wurde, solange wir uns noch in Twappi aufhielten, nichts dergleichen mehr wahrgenommen.

Die Steine, die ich gesammelt und auf meinem Schreibtisch abgelegt hatte, waren von meiner lieben Gattin zu meinem großen Bedauern weggeworfen worden. Den größten Stein aber hatte Missionar Reichel in eine Pappschachtel auf weiße Baumwolle gelegt. Er hatte einen Papierstreifen über die Öffnung geklebt, um zu verhindern, daß Ameisen eindringen und den Stein beschädigen.

Nach etwa acht Jahren wurde Leo Reichel zurückberufen und in der Missionsdirektion Herrnhut eingesetzt. Als er seiner Frau beim Auspacken half, fiel ihm die kleine Schachtel wieder in die Hände. Als er sie öffnete, lag auf der Baumwollunterlage ein kleines Häufchen grauer Substanz – es war nicht mehr, als hätte man einen Stecknadelkopf zerstoßen.

Noch zehn bis 15 Jahre, nachdem wir diese übernatürliche Erscheinung erlebt haben, fühle ich jedesmal, wenn ich diese Geschichte erzähle, einen kalten Schauer über meinen Rücken laufen. Was es war, habe ich niemals herausfinden können ...«

Soweit der Originalbericht des Missionars Carlson. Die von ihm und anderen beobachteten Phänomene würde man heute als Apporte bezeichnen – Manifestationen, die sich im Rahmen einer neuen *Bewußtseins-Physik* sicher schon bald quanten-physikalisch erklären lassen.

# 7
## *Der gespaltene Schrank*

Als ich genau hinschaute, sagte ich mir: ›Das kann doch nicht wahr sein, das kann es einfach nicht geben!‹ Aber, ich habe es tatsächlich miterlebt, war vollkommen wach und nüchtern. Und ich könnte darauf schwören, daß es sich exakt so zugetragen hat.« Das genau war der letzte Absatz eines langen Briefes, den ich im April 1965 von einem Herrn mittleren Alters namens Andrew Oliver erhielt, einem Schullehrer, der über jenes ungewöhnliche Phänomen Tagebuch geführt hatte, das in England unter dem Schlagwort »Poltergeist von Hornsey« bekannt wurde. Den Kontakt zu Mr. Oliver verdanke ich meinem alten Freund Alan Wesencraft, dem früheren Direktor der berühmten »Harry Price Library« an der Universität von London.

Das eher nüchtern wirkende Hornsey im Norden Londons wäre der letzte Ort, an dem man spukhafte Phänomene vermutet hätte. Tatsache aber ist, daß sich in einem kleinen Reihenhaus nahe dem Hornsey Rise vom Februar 1964 an etwas etabliert hatte, was an Widerwärtigkeit kaum zu übertreffen war. Die Bewohner dieses Reihenhauses waren mehr als sechs Monate lang einer Reihe von Poltergeist-Attacken ausgesetzt, für die es lange Zeit keine rationelle Erklärung gab. Das Haus gehörte einer älteren Dame, die an Englands Südküste wohnte und das Anwesen möbliert vermietet hatte. Im ersten Stock besaß Mr. Oliver ein kombiniertes Wohn-/Schlafzimmer und eine Küche. Er teilte letztere mit einem französischen Studenten und einer Verwaltungsbeamtin, die beide im Parterre wohnten.

Mr. Oliver war dort im September 1963 eingezogen. Bis Weihnachten hatte sich in dem kleinen Haus am Hornsey Rise nichts Ungewöhnliches zugetragen. Dann aber kam es zu einer Reihe merkwürdiger Geschehnisse, die sich allmählich ins Unerträgliche steigerten. Der Lehrer erinnert sich: »Ich bin nicht das, was man gewöhnlich als sensiblen Menschen bezeichnen würde, und habe auch kein Interesse an übernatürlichen Dingen. Aber in den Wochen nach Weihnachten schien sich die ›Atmosphäre‹ im Haus, vor allem auf dem von mir bewohnten Stockwerk, jäh zu verschlechtern. Lassen Sie mich den von mir empfundenen Zustand als eine Art ›innerliches Frösteln‹ bezeichnen.

Eines Abends, irgendwann im Januar 1964, besuchte mich ein Kollege aus der Schule, um mit mir zusammen Prüfungsarbeiten zu korrigieren. Als er das Haus betrat, bemerkte er: ›Ich glaube nicht, daß ich hier leben könnte. Es ist ein gespenstischer Ort, nicht wahr?‹ Ich war verblüfft, denn seine Bemerkung war absolut zutreffend, obwohl bis dahin nichts vorgefallen war, was ein solch abfälliges Urteil gerechtfertigt hätte.

Nur wenige Tage später sollte mein Kollege recht behalten. Ich hielt mich in meinem Zimmer auf und schaute mir im Fernsehen etwas an, als ich aus der Küche laute Schreie vernahm. Es war die Dame, die mit mir die Küche teilte. Sofort eilte ich ihr zu Hilfe. Sie hockte direkt neben dem Küchenschrank und zitterte am ganzen Leib.

Ein großes, äußerst scharfes Messer steckte von innen in der Küchentür. Es vibrierte noch, so als ob es gerade von jemanden geworfen worden wäre. Zutiefst geschockt ließ mich die Frau wissen, daß sich das Messer plötzlich von selbst von der Anrichte erhoben habe und wie von unsichtbarer Hand in Richtung Küchentür geschleudert worden sei. Dabei habe es ihren Kopf um gerade einmal 30 Zentimeter verfehlt.

Ich wußte nicht, was ich hiervon halten sollte, und dachte zunächst, daß jemand das Messer von draußen in die Küche geschleudert hatte. Aber das Fenster war geschlossen, und im

gesamten Haus hatte sich zum Zeitpunkt des Geschehens niemand außer mir aufgehalten.
Zwei Tage später hielt ich mich allein in der Küche auf und bereitete mir eine Mahlzeit zu. Plötzlich begannen die Teller im Wandregal zu vibrieren. Zuerst dachte ich, daß die Vibrationen von den durch die nahe U-Bahn ausgelösten Erschütterungen herrührten. Dann aber bemerkte ich mit einemmal, wie sich die Teller aus dem Regal erhoben und im Zeitlupentempo horizontal zur gegenüberliegenden Wand schwebten, wo sie zerschellten. Zwischen jedem Aufprall lag ein zeitliches Intervall von etwa zwei Sekunden. Vor Angst zitternd rannte ich aus der Küche ins Wohnzimmer. Das war aber noch nicht alles.«

Eine Woche später, an einem Sonntagmorgen, kam es zu einem weiteren Zwischenfall, bei dem ein schweres Möbelstück zerstört wurde. Mr. Oliver und der junge Franzose unterhielten sich auf der Treppe, die vom ersten Stock zur Diele führt, als sie plötzlich einen lauten, explosionsartigen Knall vernahmen. Sie schauten sofort nach und bemerkten, daß sich die Kommode neben dem Treppenabsatz von selbst in der Mitte gespalten hatte. »Es war so«, nach Andrew Oliver, »als ob jemand eine Streichholzschachtel mit einer rasiermesserscharfen Axt genau in zwei Teile zerlegt hätte.« Die Bruchfläche war erstaunlich sauber und wies keine Splitter auf. Nach dem Zwischenfall lag ein beißender Geruch in der Luft – es roch verdächtig nach Schießpulver.

Die über die Zwischenfälle benachrichtigte Hausbesitzerin ließ das Anwesen von der Polizei auf mögliche Defekte im Stromnetz und an den Gasleitungen untersuchen. Die Überprüfung sollte allerdings ergebnislos verlaufen.

Eine Woche nach Erhalt von Olivers Brief besuchte mein Gewährsmann jenes besagte Haus zum ersten Mal. Der an der Kommode angerichtete Schaden war beträchtlich. Ein »sauberer« Bruch verlief genau durch deren Mitte, vergleichbar mit einer Schnittstelle, die entsteht, wenn ein Lebensmittelhändler mit einem Drahtmesser ein Stück Käse abtrennt. Die

glatte Schnittfläche deutete darauf hin, daß sie keinesfalls auf mechanischem Wege, z. B. mit einer Säge, erzeugt worden war. Acht Tage nach seinem Besuch in dem Spukhaus erhielt mein Informant einen nächtlichen Anruf von Andrew Oliver. Er forderte ihn auf, genau hinzuhören und hielt den Telefonhörer in Richtung Küche. Mein Gewährsmann vernahm schwere Schläge und Geräusche, die von fallendem und zerbrechendem Geschirr herzurühren schienen. Mr. Oliver stammelte: »Es geschieht in der Küche, überall fliegt Geschirr herum.« Am Morgen danach setzten sich die Bewohner des Hauses mit Reverend Kennedy Palmer von der »Church of England« in Verbindung, der einen ausgezeichneten Ruf als erfolgreicher Exorzist besaß. Dieser suchte alsbald das bewußte Haus auf und führte die üblichen Zeremonien durch. Er bat die »ruhelose Seele, Trost beim Allmächtigen zu suchen und das Anwesen künftig zu meiden«.
Von da an stellte der »Poltergeist von Hornsey« seine Aktivitäten ein. Die Ursachen des unheimlichen Geschehens aber blieben zunächst im dunkeln.
Mein Gewährsmann gab jedoch nicht auf. Zwei Jahre später – bei Nachforschungen in einer ganz anderen Angelegenheit – stieß er auf einen Bericht über einen brutalen Mord, der sich im Jahre 1874 im Norden Londons zugetragen hatte. Ein Ehemann hatte seine Frau enthauptet und sie anschließend im Garten des Hauses vergraben. Alsdann setzte er durch Einnahme von Gift seinem Leben ein Ende. Der Ort des gräßlichen Geschehens war eben jenes kleine Reihenhaus am Hornsey Rise.

## 8

## *Das Spukmädchen*

Angélique Cottin, eine 14jährige Strumpfwirkerin aus dem französischen La Perrière staunte nicht schlecht, als sich der zur Herstellung von Strümpfen benötigte Spannrahmen plötzlich selbständig machte und vor den Augen ihrer verblüfften Arbeitskolleginnen in der Werkstatt herumzutanzen begann. Der schwere Eichentisch, auf dem der Rahmen abgestellt war, begann sich ebenfalls auf recht merkwürdige Weise zu bewegen, so als ob er von einem magnetischen Gegenpol abgestoßen würde. Sich hinzusetzen fiel Angélique schwer, da sich beim Hinsetzen der Stuhl von ihr wegzubewegen begann. Selbst als die anderen Mädchen den Stuhl festzuhalten versuchten, machte dieser Anstalten, sich von Angélique zu entfernen. Andere Gegenstände reagierten ebenfalls auf ihre Anwesenheit, manchmal, indem sie sich auf sie zubewegten, ein anderes Mal in umgekehrter Richtung.

Obwohl man das Jahr 1846 schrieb und die Zeiten, in denen man noch an Hexerei glaubte, längst vorbei waren, dachten die meisten ihrer Verwandten und Freunde, daß sie besessen sei und daher exorziert werden müsse. Doch rationelle Überlegungen überwogen, und so überließ man Angélique zunächst dem Gutsbesitzer de Faremont, der die von ihr hervorgebrachten unerklärlichen Phänomene sorgfältig registrierte und dokumentierte. Er gelangte zu der Überzeugung, daß die Vorgänge, die sich in ihrer Gegenwart abspielten, nicht mit betrügerischen Manipulationen zu erklären waren. So beobachtete er, wie in ihrer Anwesenheit ein schwerer Behälter vom Boden abhob, als sie sich diesem näherte. Der einzige Kontakt mit dem Behälter bestand darin, daß er mit dem sich aufblähenden Unterrock von Angélique in Berührung kam. Der Behälter wurde nach Angaben von Herrn Faremont auf der Stelle acht bis zehn Zentimeter in die Höhe gehoben. Im Verlaufe von nur einer Minute stieg und fiel er gleich mehrmals.

Faremont war der Überzeugung, Angélique sei auf irgendeine Weise elektrisch aufgeladen. Er nahm weiter an, daß sich diese Energie auf unvorhersehbare Weise entladen würde. In dieser Annahme sah er sich deshalb bestärkt, weil das Mädchen zudem die Fähigkeit besaß, anderen Leuten starke elektrische Schläge zu verpassen.

Obwohl Angélique Cottin einen Backtrog von 75 Kilogramm Gewicht und eine schwere Badewanne mit einer in ihr sitzenden Person anzuheben in der Lage war, konnte sie keine rein metallischen Objekte beeinflussen. Immer wenn sie müde war, erlahmten ihre Kräfte. Der »Strom« zeigte seine stärkste Wirkung, wenn sie auf blankem Boden stand. Er war am schwächsten, wenn unter ihren Füßen ein Teppich lag. Während mehrerer Monate, als das Phänomen am intensivsten in Erscheinung trat, schlief sie zur eigenen Sicherheit auf einer Korkmatte. Wissenschaftler glaubten, es im Fall der kleinen Angélique nicht mit »gewöhnlicher« Elektrizität, sondern mit einer der Erde entströmenden Kraft zu tun zu haben. Die ratlosen Eltern brachten ihre Tochter schließlich in die nächstgelegene Stadt, damit sie dort ihre ungewöhnlichen Fähigkeiten zur Schau stellen und sich ihren Lebensunterhalt verdienen konnte. Skeptiker vermuteten hinter den Bewegungen ihrer Kleider irgendwelche Tricks. Um diese Vorwürfe zu entkräften, wurde das Mädchen von einem Arzt untersucht. Der aber konnte unter ihrem Rock nichts entdecken, was zum Anheben von Objekten hätte benutzt werden können. Es erscheint auch höchst zweifelhaft, daß das als ausgesprochen naiv geschilderte Mädchen kleiner Statur im zarten Alter von 14 Jahren die Raffinesse und Geschicklichkeit eines professionellen Bühnenzauberers beses-

sen haben soll. Zahlreiche respektable Leute waren damals fest davon überzeugt, daß sich Angélique keinerlei Hilfsvorrichtungen bediente und sie auch keine Helfer hatte, was bedeutet, daß ihre Fähigkeiten echt waren.
Später schickte man das Mädchen nach Paris, um ihr die Möglichkeit zu geben, sich von qualifizierten Wissenschaftlern untersuchen zu lassen. Einer von ihnen war der berühmte Astronom und Physiker Dominique François Arago (1786–1853), der sich unter anderem mit der Polarisation des Lichtes befaßt hatte – ein Skeptiker, den man nicht so leicht beeindrucken konnte. Angélique brillierte vor Arago und dessen Kollegen mit den gleichen Darbietungen, die zuvor schon von so vielen Menschen bestaunt worden waren. Wieder wurden von ihr vor den Augen der Wissenschaftler Tische und Stühle bewegt. Ein Stuhl wurde sogar mit aller Gewalt gegen die Wand geschleudert, obwohl ihn die Beobachter zuvor festgebunden hatten. Man registrierte, daß Papierstücke von ihr angezogen und Holundermark-Bällchen, die an einer Schnur aufgehängt waren, durch sie in Bewegung gesetzt wurden. Die Untersuchungen verliefen jedoch ergebnislos. Daraufhin ernannte die »Akademie der Wissenschaften« ein Komitee, das die Experimente fortführen sollte. Verschiedene Meßinstrumente wurden benutzt, um festzustellen, welche »Stromart« für dieses sonderbare Phänomen verantwortlich wäre. Da man aufgrund der offenbar falschen Annahme, daß das Phänomen elektrischer Natur sei, zu keinem schlüssigen Ergebnis kam, wurden die Tests bereits nach einigen Tagen eingestellt. Enttäuscht kehrte Angélique Cottin nach Hause zurück. Danach unterließ sie es, ihre Fähigkeiten nochmals untersuchen zu lassen.
Der verstorbene holländische Parapsychologe Professor Wilhelm Heinrich Carl Tenhaeff verweist im Zusammenhang mit dem Fall Cottin auf Versuche des Frankfurter Physiologen G. Oppenheim, der aufgrund elektrostatischer Hautaufladung experimentell ähnliche Erscheinungen (Haften bzw. Abstoßen von Gegenständen) hervorrufen konnte.

Die Autorin Catherine Crowe, die den Fall Cottin in ihrem Buch »The Nightside of Nature« (Die Nachtseite der Natur) ausführlich schildert, deutete an, daß Poltergeistphänomene durchaus elektrischer Natur sein könnten. Sie beschreibt unter anderem den Fall einer Frau Emmerich, die Menschen selbst aus der Ferne, d. h. berührungslos, elektrische Schläge versetzen konnte. Diese Fähigkeit trat bei ihr erst nach einem Unfall, der sie sehr verunsichert hatte, in Erscheinung. Crowe weiß auch über Fälle zu berichten, in denen Personen in Hypnose ebenfalls elektrische Schläge auszuteilen vermochten.

Man sollte sich allerdings davor hüten, spukhafte psychokinetische Manifestationen nur unter dem Gesichtspunkt der elektrostatischen Aufladung zu betrachten. Sicher können beim Auftreten psychokinetischer Effekte auch elektrostatische Kräfte auftreten. Es will aber nicht einleuchten, daß diese in extremen Fällen kiloschwere Objekte – möglichst noch berührungslos – anzuheben bzw. fortzubewegen vermögen. Hier dürften andere Wirkfaktoren oder -felder Auslöser sein – Faktoren, die sich bislang noch dem Zugriff unserer meßtechnischen Möglichkeiten entziehen.

## 9
## *Der unsichtbare Trommler*

Obwohl der Fall des »Trommelnden Poltergeistes von Tedworth« schon mehr als 300 Jahre zurückliegt, ist das Interesse an diesem gut bezeugten, einmaligen Geschehen doch nie erlahmt. Ein englischer Geistlicher, der sich lange Zeit intensiv mit den seltsamen Vorgängen im Haus des früheren Sheriffs von Ludgershall befaßt hat, erzählte mir die Geschichte während eines meiner Englandaufenthalte.

Alles hatte ganz harmlos begonnen. Sheriff Mompesson mußte einen Haftbefehl unterschreiben, mit dem im Distrikt Tedworth ein Schuldner festgenommen werden sollte. Es war ein Zigeuner, der sich als Trommler einer Rummelplatzkapelle arg verschuldet hatte und dessen Gläubiger jetzt die Begleichung seiner Schulden forderten. Da man dem Mann keine Vorstrafen nachweisen konnte, entließ man ihn aufgrund einer Bürgschaft gleich wieder aus der Haft. Um sicherzustellen, daß er bis zu seiner Verhandlung den Distrikt nicht verläßt, wurde seine Trommel als Pfand einbehalten. Als im März 1661 der Tag der Gerichtsverhandlung nahte, mußte Mompesson feststellen, daß der Zigeuner verschwunden war und seine Trommel zurückgelassen hatte. Da der Sheriff einige Tage geschäftlich in London zu tun hatte, übergaben Polizisten die gepfändete Trommel seiner Frau Ruth zur Aufbewahrung.

Schon in den frühen Morgenstunden des darauffolgenden Tages sollte der Ärger beginnen. Ruth wurde von pochenden Geräuschen aufgeweckt, die aus weiter Ferne zu kommen schienen und die sie zunächst für Donner hielt. Dann fiel ihr die Trommel ein. Sie ärgerte sich über die frühe Störung, zumal sie ein Baby erwartete und daher der Schonung bedurfte. Sie fragte ihre Dienerschaft, wer zu so früher Morgenstunde getrommelt habe. Doch niemand wollte die Trommel angerührt haben. Sie lag nämlich im gut verschlossenen Keller, für den nur sie selbst einen Schlüssel besaß.

Am Abend des nächsten Tages, als ihr Mann von seiner Reise zurück war, sollte der Spuk erst richtig losgehen. Was zunächst als schwaches Klopfen oder Pochen begonnen hatte, wurde plötzlich zu einem donnernden Hämmern an Türen und Wänden, gefolgt von dröhnenden Trommelwirbeln im Dachgeschoß. Das Trommeln hielt manchmal stundenlang an, bevor es langsam abebbte.

Als nach einer Woche Mompessons Kind zur Welt kam, verstummte der Spuk plötzlich. In der Folge trommelte es seltsamerweise fünf Nächte hintereinander, um dann drei Nächte lang auszusetzen.

Einen vollen Monat sollte im Hause der Mompessons Ruhe herrschen, und man glaubte bereits, daß der Trommelspuk endgültig vorbei sei. Dann aber setzte das Trommeln mit einer bislang nicht erlebten Heftigkeit wieder ein. Der Lärm beschränkte sich diesmal nicht nur auf das Dachgeschoß und die Kellerräume. Brennpunkt der Störung war jetzt das Schlafzimmer der Mompessons. Der Lärm setzte stets zu nächtlicher Stunde ein, zumeist dann, wenn sich das Ehepaar zur Ruhe begeben hatte. Zunächst vernahmen die Mompessons über ihrem Haus ein seltsames Rauschen, dem dann lautes Trommeln folgte, das meist zwei Stunden oder länger anhielt.

Nach der Geburt des Kindes wurde die Geräuschplage auch immer bösartiger, und während der Trommelwirbel kam es wiederholt zu spukhaften psychokinetischen Manifestationen. Stühle und verschiedene kleinere Gegenstände wurden im Haus umhergeschleudert, Bettücher verschwanden, Schüsseln füllten sich mit Asche und Ruths Mutter, die bei den Mompessons wohnte, entdeckte unter dem Feuerrost des

Küchenherdes einmal eine Bibel, von der niemand wußte, woher sie gekommen war.

Die Situation wurde zunehmend bedrohlicher. Eines Nachts fanden die Mompessons ein scharfes Messer, das senkrecht in ihrem Ehebett steckte. Am schlimmsten aber schienen ihre Kinder von dem Poltergeist-Geschehen betroffen zu sein. Eine unheimliche Kraft ergriff die Betten der Kleinen, hob sie einige Zentimeter in die Höhe, um sie dann gleich darauf wieder zu Boden fallen zu lassen. Schuhe, die neben den Betten standen, erhoben sich plötzlich von selbst und wurden den zu Tode erschrockenen Kindern an die Köpfe geschleudert. Bettzeug machte sich selbständig, flog im Zimmer herum. Und die Beine der Kleinen wurden von unsichtbarer Hand solange geschlagen, bis sie blau waren und zu bluten begannen.

Einer der männlichen Bediensteten, der in dem Spukhaus geblieben war, betrat eines Nachts das Kinderzimmer, um zu beobachten, wie zwei Fußbodenbretter aus einem Querbalken gerissen und durch den Raum gewirbelt wurden. Sie trafen ihn am Kopf und an der Schulter.

Als die Belästigungen ihren Höhepunkt erreicht hatten, beorderte Mompesson den Ortspfarrer in sein Haus, damit dieser sich vom nächtlichen Spuk selbst überzeugen könne. Man hatte ihn im Kinderzimmer untergebracht. Mitten in der Nacht spürte der Mann eine leichte Berührung am Bein, »wie von einem Spielzeugschwert«. Hätte er ein solches nicht mit eigenen Augen durch das Zimmer fliegen sehen, wäre ihm die Berührung gar nicht einmal aufgefallen.

Der Spuk sollte sich aber noch weiter verschlimmern. Er nahm ein derartiges Ausmaß an, daß Ruth Mompesson die zwei jüngsten ihrer drei Kinder im Nachbarhaus schlafen ließ. Irgendwie schien dies den Auslöser des nächtlichen Spuks zu beruhigen. Die Poltergeist-Attacken hörten plötzlich auf. Als nächstes quartierte Frau Mompesson ihre älteste, elfjährige Tochter ins elterliche Schlafzimmer ein. Das aber schien dem »Poltergeist« nicht zu gefallen, denn bereits in der ersten Nacht setzte das Trommeln erneut ein. Es hielt drei Wochen an, bis Ruth das Mädchen wieder in deren eigenes Zimmer zurückverlegt hatte.

Als daraufhin Ruhe eingekehrt war, holten die Mompessons die beiden Jüngsten sofort ins Haus zurück und ließen sie im Wohnzimmer schlafen. Nachdem beide eingeschlafen waren, begann der Spuk aufs neue: Kleidungsstücke wurden aus den Betten geworfen, irgend etwas zog die Mädchen gewaltsam an den Haaren, prügelte brutal ihre Beine.

In ihrer Verzweiflung ließen die Mompessons den Dorfschullehrer Joseph Glanville kommen. Genau wie der Ortsgeistliche, verbrachte auch er eine Nacht im Schlafzimmer der Kinder. Zuvor hatte er jedoch die Kinder gründlich untersucht, um irgendwelche Tricks von vornherein auszuschließen. Er bestand darauf, daß die Kinder ihre Hände so hielten, daß er sie ständig beobachten konnte. Bei allen Vorsichtsmaßnahmen sollte Glanville schon bald Zeuge der schlimmsten Manifestationen werden, die sich bis dahin dort abgespielt hatten.

Als erstes vernahm er Kratzgeräusche hinter dem Kopfkissen. Diese hielten nur kurze Zeit an. Ein weiteres Geräusch schien unter dem Bett zu entstehen. Es hörte sich wie das Hecheln eines Hundes an. Dann, mit einemmal wurden die Kleider aus dem Bett gezogen. Unsichtbare Hände ergriffen Hände und Beine der Kinder, um sie mit aller Wucht gegen die Bettpfosten zu schleudern. Selbst Glanvilles Kräfte reichten nicht aus, um den Kindern zu helfen. Zu guter Letzt sollte sich der Spuk noch im Schlafzimmer eines Bediensteten der Familie Mompesson als Phantom bemerkbar machen. Der Mann lag bereits im Bett, als er etwas aus dem Nichts kommend vor sich materialisieren sah. Er beschrieb die Erscheinung als einen »riesigen formlosen Körper«, an dessen Oberteil zwei glühende Augen zu erkennen waren. Die Gestalt bewegte sich nicht, schien auf der Stelle zu verharren. Sie starrte den zu Tode Erschrockenen eine Zeitlang unentwegt an, bevor sie sich in Luft auflöste.

Die Vorkommnisse im Hause der Mompessons nahmen an Bösartigkeit noch zu, so daß eine königliche Kommission mit der Untersuchung des Falles beauftragt wurde. Man verdächtigte Mompesson, die Phänomene selbst zu inszenieren, was aber später widerlegt werden konnte. Wie hätte es auch möglich sein können, daß jemand auf Distanz seine Kinder unbemerkt levitiert oder gar schlägt?
Es sollte zwei Jahre dauern, bis man die Lösung für die unerklärlichen Vorgänge im Haus des Sheriffs fand. Der ursprüngliche Eigentümer der Trommel hatte sich wegen eines Eigentumdeliktes in Wiltshire erneut vor Gericht zu verantworten. Im Gefängnis vertraute er einem Mitgefangenen an, daß er es wäre, der den Spuk im Hause der Mompessons auslösen würde. Angeblich hatte er das Haus verwünscht und dadurch die dort aufgetretenen Phänomene verursacht. Er wolle den Racheakt solange fortsetzen, bis Mompesson für die Enteignung seiner Trommel gebüßt habe.
Der Gefangene vertraute diese Information den Behörden an, woraufhin der Zigeuner der Zauberei bezichtigt, verurteilt und anschließend in die Kolonien deportiert wurde. Und endlich nahm das spukhafte Geschehen ein jähes Ende. Ein paar Jahre später gelang es dem Zigeuner, nach England zurückzukehren. Erneut machten sich im Hause der Mompessons die Poltergeistphänomene bemerkbar. Sie wiederholten sich noch mehrere Jahre in regelmäßigen Abständen, bis sie dann schließlich ganz aufhörten. Nachforschungen ergaben, daß der Spuk in der gleichen Nacht endete, als der Zigeuner in Ludgershall bei einer Wirtshausschlägerei getötet worden war.

# 10

## *Mordende Steine*

Robert Sandford und seine junge Frau Mary suchten mehrere Monate lang, bevor sie das Häuschen ihrer Träume fanden. Es war ein malerisches kleines Cottage in Flußnähe am Rande eines dichtbestandenen Eibenwaldes. Im Frühjahr 1901 zogen die Sandfords von London in ihr neues Heim nahe Ashbourne im einsam gelegenen Peak District. Das einzige Bauwerk in nächster Nähe war eine alte, von Bäumen halb verdeckte normannische Kirche.

Das Häuschen der Sandfords stand auf dem Gelände eines früheren Landgutes, das vor langer Zeit einmal im Besitz zweier Brüder war. Beide hatten sich zeit ihres Lebens so oft mit dem Gesetz angelegt, daß ihre Verwandten nach ihrem Dahinscheiden nur mit Mühe ein christliches Begräbnis erwirken konnten. Man hatte sie auf dem Friedhof der normannischen Kirche begraben und über ihren Gebeinen ein Grabmal errichtet, das mit zwei Marmorplatten abschloß, auf denen Plastiken ihrer nebeneinander ruhenden Körper zu sehen waren.

Nach einer dort kursierenden Legende, über die sich die Sandfords als aufgeklärte Stadtmenschen amüsierten, verließen die Steinfiguren jedes Jahr zu Allerseelen ihre Platten, um den Ort ihrer früheren Missetaten aufzusuchen – die Stelle, wo jetzt ihr Häuschen stand.

An einem Nachmittag im Herbst des Jahres 1901 entschloß sich Robert Sandford, kurz vor Einbruch der Dämmerung noch einen Spaziergang zu unternehmen. Seine Frau blieb zu Hause, da sie sich abgespannt fühlte. Sandford nahm den

Pfad, der durch den nahen Kirchhof führte. Plötzlich blieb er wie angewurzelt stehen und blickte ungläubig auf das Grabmal der Brüder. Es hob sich deutlich gegen den dunklen Himmel ab. Alle Einzelheiten waren einwandfrei zu erkennen. Kein Zweifel: Die Marmorplatten auf dem Graboberteil waren leer. Die Steinfiguren schienen die Platte verlassen zu haben. Natürlich dachte Sandford sofort an einen Streich einheimischer Spaßvögel. Aber er hielt es für undenkbar, daß jemand die schweren Steinfiguren ohne technische Hilfsmittel anheben und forttragen konnte. Völlig verwirrt, aber auch ein wenig verängstigt beschloß er umzukehren. Auf halbem Wege hielt er inne und versuchte, das soeben Erlebte rational zu verarbeiten. Beherzt kehrte er zur Grabstätte zurück. Im Schein einer Streichholzflamme erkannte er nur, daß sich die beiden Steinfiguren immer noch auf der Marmorplatte befanden und daß er sich zuvor offenbar geirrt hatte. Sandford zündete noch viele Streichhölzer an, um jedes Detail der Grabplatten in Augenschein zu nehmen. Er konnte jedoch nichts entdecken, was auf eine Lageveränderung der Figuren hindeutete. Nur fehlten an einer Figur zwei Finger der rechten Hand, was er jedoch zuvor übersehen haben mochte. Nachdem er seine Untersuchung beendet hatte, trat er beruhigt den Heimweg an. Sicher hatten ihm in der Dämmerung die Lichtverhältnisse einen Streich gespielt. Oder sollte er das Opfer einer Halluzination geworden sein? Er überlegte, ob er das soeben Erlebte seiner Frau erzählen sollte, beschloß aber zu schweigen, um sie nicht unnötig zu ängstigen.

Es war fast dunkel, als er sein Häuschen erreichte. Beim Näherkommen stieß er, wie immer, einen Pfiff aus, um seine Rückkehr anzukündigen. Doch diesmal antwortete ihm seine Frau nicht. Auch war keines der Fenster beleuchtet. Instinktiv spürte Sandford, daß irgend etwas nicht stimmte. Er rannte drauf los, rief den Namen seiner Frau. Als er die Haustür aufriß, überfiel ihn eine ungewöhnliche, bedrückende Stille. Seine Streichhölzer hatte er am Grab alle verbraucht, und so mußte er rasch neue suchen. Indem Sandford fortgesetzt nach seiner Frau rief und diese sich nicht meldete, geriet er immer mehr in Panik. Schließlich fand er eine Packung Streichhölzer und zündete eine der Petroleumleuchten an. Der Anblick, der sich ihm bot, verschlug ihm fast den Atem. Das kleine Wohnzimmer sah aus, als ob dort eine Bombe eingeschlagen hatte. Der Steinfußboden war demoliert, so als ob ihn jemand mit einem Hammer bearbeitet hätte, die Wände wiesen Risse auf und ein schwerer Tisch lag mit zersplitterter Platte umgekehrt auf dem Boden. Schließlich entdeckte Sandford den leblosen Körper seiner Frau. Sie lag erdrosselt am Boden.

Erschüttert und einem Nervenzusammenbruch nahe, rannte er in den nächsten, drei Meilen entfernten Ort, um Hilfe zu holen. Schon bald darauf schwärmten Polizisten und Bewohner des Ortes Ashbourne aus, um den Mörder zu suchen. Doch der schien sich in Luft aufgelöst zu haben. Er wurde niemals gefunden.

Am Tag vor dem Begräbnis saß Robert Sandford in seinem Häuschen neben dem Leichnam seiner Frau. Zum tausendsten Mal ging ihm das merkwürdige Erlebnis auf dem Friedhof und die unheimliche Legende von den »wandernden« Steinfiguren durch den Kopf. Welche Kräfte mochten das Häuschen auf solch brutale Weise attackiert haben? War es das Werk eines Verrückten oder der Einfluß von etwas, das jenseits unseres Vorstellungsvermögens liegt? Sandford schaute auf die Löcher im Steinboden, auf die tiefen Risse in den Wänden.

Zum letzten Mal hielt er die zarten Hände seiner Frau. Ihre rechte Hand war immer noch fest zusammengepreßt. Als er ihre verkrampften Finger behutsam öffnete, fiel ein Stück weißen Steins zu Boden. Robert Sandford hob ihn auf. Es waren zwei in Stein gemeißelte Finger.

## 11

## *Die Galgenfrist*

Als Paul Lecourt die Nachricht erhielt, daß seine Tante Marie Giscard im Sterben lag, fuhr er anderntags erwartungsvoll von Paris nach der im Westen Frankreichs gelegenen Hafenstadt La Rochelle, wo sie in einem kleinen Schlößchen ihre letzten Stunden verbrachte. Er wußte, daß er als wohlhabender Mann heimkehren würde, denn Madame Giscard hatte ihrem Neffen ein ansehnliches Vermögen vermacht. Dies kam nicht von ungefähr, denn sie waren sich sehr ähnlich – und empfanden im negativen Sinne – Sympathie für einander: denn beide waren selbstsüchtig, habgierig und daher überall unbeliebt.

Am 4. August 1911 traf Lecourt bei seiner Tante ein. In ihrem extravaganten rosa Himmelbett liegend begrüßte sie ihn mit gekünstelter Herzlichkeit und ließ ihn sogleich bei seiner Ankunft wissen, daß er ihr gesamtes Vermögen erben würde. Maliziös fügte sie hinzu, er solle es aber rasch ausgeben, denn er würde bereits ein Jahr nach ihr sterben. Auf seine Frage, woher sie das so genau wisse, meinte sie ironisch, daß sie das selbst erledigen werde.

Fünf Tage später kehrte Lecourt nach Paris zurück, um den Millionenbetrag, den der Verkauf des Besitztums seiner Tante ihm eingebracht hatte, auf seine Bank überweisen zu lassen. Er verkaufte auch sein Wohnhaus in der Rue de Somme und erwarb ein Appartement unweit der Avenue des Champs Elysées. Von da an war er nur noch in Begleitung der hübschesten Frauen von Paris bei jeder Galaveranstaltung und jeder eleganten Party zu sehen. Die Warnung seiner Tante,

daß er sich des ererbten Geldes nur kurze Zeit erfreuen würde, schien er in den Wind geschlagen zu haben.
Im Frühjahr 1912 verlobte sich der nun 35jährige mit Edith Rochereau, der 25jährigen Tochter des damaligen Finanzministers. Über seine Empfindungen für die Auserwählte gab er sich keinerlei Illusionen hin. Die Verlobung sollte ihm jedoch Zugang zu den höchsten Regierungskreisen verschaffen. Eine diplomatische Karriere erschien ihm greifbar nahe. Man munkelte sogar von einem Posten im Außenministerium.
Das einzige, was Lecourt aus dem Hause seiner Tante behalten hatte, war ein großes Portrait von ihr, das er in einer stets dunklen Ecke des Wohnzimmers seines neuen Hauses aufgehängt hatte. Es schien, als ob dieses Gemälde etwas von der Boshaftigkeit ausstrahlte, die ihr schon zu Lebzeiten zueigen war.
Eines Abends im Mai 1912 wartete Edith Rochereau im Wohnzimmer, während sich ihr Verlobter im oberen Stockwerk für einen Opernbesuch ankleidete. Gelangweilt betrachtete sie die dort aufgehängten Bilder. Als sie schließlich vor dem Portrait von Marie Giscard stand, erschien ihr die Leinwand mit einemmal unscharf. Auf der milchig-trüben Oberfläche sah sie plötzlich einen altmodisch gekleideten Mann, der das Portrait malte.
Als die Vision verblaßte, erschien wieder das Gesicht der Verstorbenen, nur daß es jetzt nicht länger ein Portrait, sondern das lebendige Antlitz einer bösartigen alten Frau mit stechendem Blick war.
Mit einem Schrei des Entsetzens machte Edith Rochereau kehrt und stürzte schluchzend aus dem Zimmer. Nachdem sie sich wieder beruhigt hatte, ging sie in Begleitung von Lecourt und einem Bediensteten ins Wohnzimmer zurück, wo sie sich davon überzeugen konnte, daß das Bild unverändert an der Wand hing. Lecourt sagte ihr, das Portrait stelle seine Tante dar, die ihn bis zum August töten wolle. Er schien die Drohung seiner Tante eher scherzhaft zu interpretieren.
Der Sommer kam, und die feinen Leute von Paris trafen Vor-

kehrungen, einen langen Aufenthalt auf dem Lande zu verbringen. Lecourt mietete ein Haus in der im Südwesten Frankreichs gelegenen Dordogne und nahm seine Verlobte mit. Die Ortsveränderung hatte auf das Zusammenleben der beiden einen positiven Einfluß. Edith Rochereau empfand, daß Lecourt in der neuen Umgebung ihr gegenüber viel freundlicher und rücksichtsvoller war als in Paris. Sie schwammen und fuhren Boot miteinander, gingen im Park spazieren oder faulenzten auf der Terrasse.
In den Pferdeställen des Anwesens waren drei Pferde untergebracht, von denen sich zwei zum Ausreiten eigneten. Das dritte – ein altes und zahmes Pferd – ließ sich vor einen kleinen zweirädrigen Wagen spannen, mit dem man Picknicktouren in die nähere Umgebung unternehmen konnte. Doch daran schien niemand so recht interessiert zu sein. Brütende Hitze lastete auf dem Land und verbreitete bleierne Müdigkeit, die jegliche Aktivitäten zu ersticken drohte.
Donnerstag nacht wurde Lecourt durch das Geräusch donnernder Pferdehufe aufgeweckt. Er stieg aus dem Bett und ging zum Fenster. Was er da unten sah, verschlug ihm fast den Atem. Ein Pferd galoppierte mit hoher Geschwindigkeit über das baumbestandene Weideland direkt auf das Haus zu. Es war sein Pferd. Die dunkle Gestalt, die auf seinem Rücken kauerte, war nicht zu erkennen.
Sofort eilte er zu den Ställen, um den Pferdeknecht zu wekken. Im Stallhof stand schnaubend und schwitzend sein Pferd – gesattelt und gezäumt –, vom Reiter keine Spur.
In der darauffolgenden Nacht wurde Edith Rochereau durch lautes Rufen aus dem Schlaf gerissen. Im hellen Schein des Mondes sah sie ihren Verlobten in voller Reitermontur über die Terrasse in Richtung Weide rennen. 30 Meter hinter ihm lief Favreau, der Stallknecht, dem Lecourt etwas zurief, das sie jedoch nicht verstehen konnte. Da – im Schatten einer Baumgruppe nahm Edith Rochereau plötzlich eine Bewegung wahr. Unter den Zweigen eines Ulmenbaumes stand ein Pferd, auf dessen Rücken eine dunkle Gestalt kauerte. Als

Lecourt auf das Pferd zuging, setzte es sich sofort in Bewegung und holte zu einem großen Bogen aus. Doch plötzlich änderte es seine Richtung, um im vollen Galopp auf den ihm nacheilenden Lecourt zuzurasen.
Edith Rochereau stand wie erstarrt am Fenster. Vor ihren Augen entfaltete sich bei hellem Mondlicht, wie auf einer gut ausgeleuchteten Bühne, ein schreckliches Drama. Im grellen Licht des Mondes hoben sich die Umrisse beider Gestalten rasiermesserscharf vom Hintergrund ab. Sie sah, daß das Pferd von einer alten Frau geritten wurde. Mit ausgestreckten Armen eilte Favreau auf seinen Herrn zu, um ihn vor dem anstürmenden Pferd zu schützen, aber es war bereits zu spät. Lecourt wurde umgeritten und geriet unter die todbringenden Hufe des kräftigen Tieres. Dann galoppierte das Pferd zurück zur Baumgruppe, von wo aus die Attacke ihren Ausgang genommen hatte. Als sich der Pferdeknecht über seinen Herrn beugte, bemerkte er, daß dieser in einer Blutlache lag. Lecourt wurde ins Haus zurückgetragen. Ein eilends herbeigerufener Arzt konnte nur noch seinen Tod feststellen. Später fand man das Pferd reiterlos in einem Kornfeld. Am 8. August 1912, genau einen Tag bevor sich der Tod seiner Tante jährte, wurde Lecourt auf dem Friedhof des kleinen Ortes Clere beigesetzt. Marie Giscard hatte Wort gehalten.

## 12

## *Die Rache der Indianerin*

An einem Sommerabend vor mehr als 60 Jahren entdeckten Jäger im Wald die Überreste von Pierre Williams. Sie wußten zunächst nicht, um wen es sich bei dem Toten handelte, denn außer ein paar bleichen Knochen und einigen Kleiderfetzen, war da nichts, was auf seine Identität hätte schließen lassen. Der Mann war eines langsamen, grausamen Todes gestorben. Er war mit einem Bein in die Stahlklauen einer Bärenfalle geraten, die von ihm selbst aufgestellt worden war. Polizeiliche Ermittlungen ergaben, daß es sich bei den Gebeinen um die sterblichen Überreste des Halbbluts Pierre Williams handelte.

Hinter seinem Tod sollte sich jedoch mehr als ein simpler Jagdunfall verbergen. Bei der Polizei von Britisch-Kolumbien stand Williams schon seit langem im Ruf, ein »schlechter« Indianer zu sein – ein Mann mit nur wenigen Freunden und vielen Feinden. Sein übles Wesen war Ursache einer der unheimlichsten und verwirrendsten Mordserien, die Kanada bis dahin erlebt hatte. Und die Vergeltung für dieses Mordgeschehen gibt Rätsel auf, erscheinen doch die näheren Umstände, die zu den hier geschilderten Ereignissen führten, auch heute noch mysteriös.

Williams, ein großer, muskulöser junger Mann im Alter von 25 Jahren, machte auf den ersten Blick einen durchaus passablen Eindruck, wären da nicht seine kalten, durchdringenden schwarzen Augen gewesen, diese harten, versteinert wirkenden Gesichtszüge, die auch durch kein aufgesetztes Lächeln verschwanden. Die anderen Indianer des Spalumcheen-

Stammes von Britisch-Kolumbien begegneten ihm mit Mißtrauen. Viele fürchteten ihn sogar und sagten voraus, daß er früher oder später einmal in Schwierigkeiten geraten würde. Das Unheil begann, als Williams, nach langjähriger Tätigkeit für die Hudson Bay Company, in sein Heimatreservat zurückkehrte. In seiner Abwesenheit war das Mädchen Marie zu einer Schönheit, einer begehrenswerten Frau herangewachsen. Als 17jährige war sie der »Star« des Stammes, und Williams wollte sie besitzen.
Doch Marie dachte nicht daran, Williams' Begehren nachzugeben wie manche ihrer Freundinnen, die dafür zu büßen hatten. Sie wollte einen besseren Mann, einen, der sie gut behandelte. Als Williams seine Bemühungen verstärkte, gab sie ihm unzweideutig zu verstehen, daß sie einen anderen liebe – einen weißen Trapper namens Bill Gillis. Diese Abweisung versetzte Williams in maßlose Wut. Er packte Marie am Arm und drohte, jeden zu töten, der sie zur Frau nehmen würde. In diesem Augenblick betrat Maries Großmutter Mitsue den Wigwam. Sie war eine der ältesten Squaws und besaß, nach Meinung der Stammesangehörigen, übernatürliche Kräfte. Mit haßerfüllten Augen forderte sie Williams auf, Marie fortan in Ruhe zu lassen. Die alte Frau schrie, daß sie ihm einen langsamen, qualvollen Tod wünsche, wenn er dem Mädchen Schaden zufügen würde. Der Bedrohte quittierte diese Warnung nur mit einem spöttischen Lachen. Dennoch konnte man seinen Blicken entnehmen, daß er Furcht empfand.
Zwei Wochen später, während sich Williams wie ein finsterer Schatten im Reservat herumtrieb, organisierte das »Department of Indian Affairs« (Ministerium für Indianerangelegenheiten) eine Stammesveranstaltung. Indianer aus ganz Britisch-Kolumbien kamen herbeigeeilt, um an Pferderennen und Sportveranstaltungen teilzunehmen und auf Kosten der Regierung zu feiern. Am Abend wurde getanzt, und Williams mußte hilflos zuschauen, wie Marie in den Armen von Bill Gillis um das Lagerfeuer wirbelte. Als die Feierlichkeiten in der zweiten Nacht zu Ende gingen und Williams das

Paar eng umschlungen in der Dunkelheit verschwinden sah, stieg grenzenloser Haß in ihm auf.
Früh am Morgen wurde Constable Walter Smith von der Provinzpolizei durch heftiges Pochen an seiner Haustür aufgeweckt. Als er öffnete, brach Marie, halbtot vor Angst, auf der Schwelle zusammen. Ihre Kleidung war blutdurchtränkt. Das Mädchen wußte über eine schreckliche Tat zu berichten. Es hatte eingewilligt, mit Gillis in dessen Camp am Ufer des South Thompson River eine Nacht zu verbringen. In der Nacht war sie durch lautes Stöhnen erwacht. Es kam von Gillis. Jemand war ins Lager geschlichen und hatte ihm, während sie fest schlief, den Schädel eingeschlagen. Marie sagte, sie habe seinen zertrümmerten Schädel in ihrem Schoß gehalten, bis er gestorben sei. Sie behauptete steif und fest, daß Pierre Williams der Mörder sei. Constable Smith wußte, daß dies nicht stimmte, denn Williams war in besagter Nacht von ihm wegen Trunkenheit und ungebührlichen Verhaltens verhaftet worden. Er hatte die ganze Nacht im Gefängnis zugebracht.
Alles deutete darauf hin, daß Marie selbst Gillis getötet hatte. Der Verdacht wurde dadurch erhärtet, daß man in der Nähe des Tatorts die Mordwaffe fand, Gillis eigener großkalibriger Revolver, auf dem die Fingerabdrücke des Mädchens nachgewiesen werden konnten. Marie wurde in der Folge des Mordes angeklagt. Die Verdachtsmomente reichten jedoch zur Verurteilung nicht aus, und so wurde sie freigesprochen. Zurück im Reservat, erzählte Marie ihrer Großmutter eine merkwürdige Geschichte. Sie behauptete, daß sie zwar Gillis getötet, dabei aber unter dem hypnotischen Einfluß von Williams gestanden habe. Das Halbblut sei ihr in der Dunkelheit erschienen, habe seine »glühenden« Augen auf sie gerichtet und ihr befohlen, Gillis Pistole zu nehmen, um dem Schlafenden hiermit mehrmals auf den Schädel zu schlagen. Sie habe wie unter Zwang dem Befehl gehorchen müssen und mit dem Zuschlagen erst dann aufgehört, als Williams Erscheinung verschwunden war.

1 a

1 b

*1 a,b Hellsehmedium* George *»reist« mit seinem Bewußtsein in die Vergangenheit und ermittelt so Details über versunkene Kulturen. Hier mit dem Archäologen Dr. Norman Emerson an einer Ausgrabungsstätte.*

*2 Der verhaftete Una-Briefbomben-Attentäter Theodore John Kaczynski wird abgeführt.*

2

10

10 *Die Französin Angélique Cottin entwickelte im Alter von 14 Jahren psychokinetische Kräfte. Sie konnte Gegenstände anziehen oder abstoßen.*

11

11 *Am 4. Oktober 1992 stürzte, wie vorausgesagt, eine Frachtmaschine der israelischen Fluggesellschaft »El Al« über einem Wohngebiet nahe Amsterdam ab.*

12

*12 In den zwanziger Jahren vermochte das österreichische Medium Rudi Schneider wie zuvor sein Bruder Willy außergewöhnliche psychokinetische Kräfte zu entwickeln. Hier demonstriert er zusammen mit dem englischen Parapsychologen Harry Price die Funktion elektrischer Überwachungsgeräte.*

13

*13 G. D. Carlson, der Ende des vorigen Jahrhunderts als Missionar in Twappi (Nicaragua) tätig war, erlebte dort selbst einige Poltergeist-Manifestationen. In einem Brief an seine Familie berichtet er über einen Fall von »Steinwürfen aus dem Nichts«.*

*7 Der Luxusliner »Titanic« kollidierte am 14. April 1912 mit einem Eisberg und sank innerhalb von 2 1/2 Stunden. Weder in James Camerons reißerisch aufgemachtem Leinwandspektakel noch in den hierzu erschienenen Zeitschriftenartikeln wurden die zahlreichen Prophezeiungen zum Untergang des als unsinkbar geltenden Schiffes erwähnt.*

*8 Das amerikanische Psychokinese-Medium Joe Nuzum, das seit Jahren von dem Psychiater und Autor Berthold Schwarz getestet wird, vermag aus dem Lotussitz heraus für einige Sekunden frei in der Luft zu schweben. Die Aufnahme erfolgte mit einer Kamera »Kodak Star 935«.*

*8*

9 *Vollständige Levitation des berühmten schottischen Psychokinese-Mediums D.D. Home (1833–1886). Der englische Physiker Prof. David Bohm (†) macht für den antigravitativen Effekt bei Levitationen sogenannte Biogravitationsfelder verantwortlich.*

*3 Die amerikanische Psychotherapeutin Petrene Soames führt nach der Progressionsmethode ihre Klienten im völlig entspannten Zustand in deren eigene Zukunft voran. Sie erleben die Zukunftsschau äußerst realistisch.*

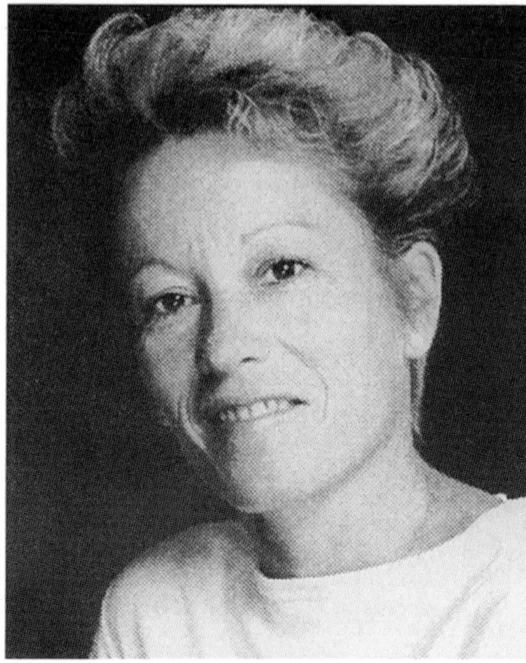

*4 Das holländische Spitzenmedium Gerard Croiset (Bildmitte) bei einem »Platzexperiment« während eines parapsychologischen Kongresses in Utrecht, bei dem die Parapsychologen Prof. Dr. H. Bender (D; ganz links) und Prof. W. H. C. Tenhaeff (NL; daneben) anwesend waren. Croiset hatte die Teilnahme einer Dame in weißer Bluse auf einem bestimmten Sitzplatz vorausgesagt.*

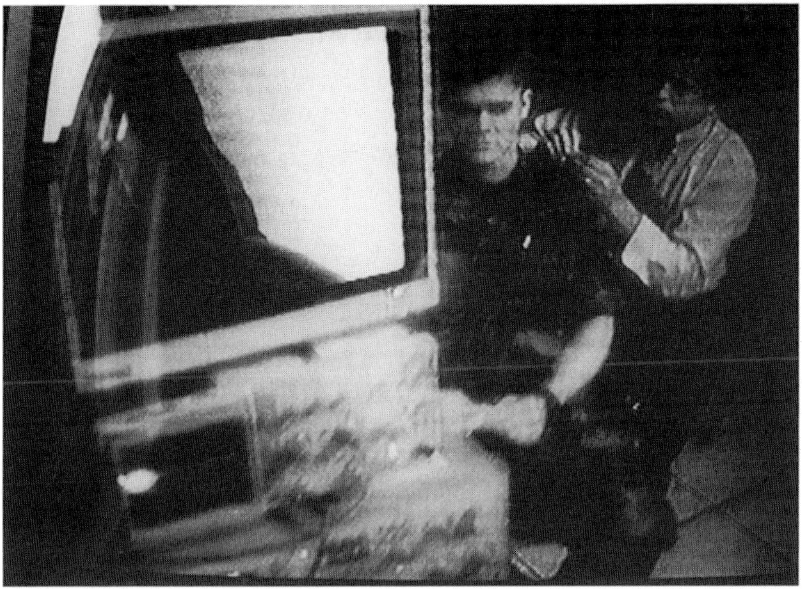

5

*5 Im Flugsimulator der Wright Patterson Air Base in Dayton (Ohio) lernen Piloten einen Jet mit ihren Gedanken zu steuern. Elektroden am Hinterkopf messen die Gehirnströme, die in den Computer übertragen werden.*

*6 a, b Der Pilot beeinflußt im Simulator mit durch Gedanken ausgelösten elektrischen Impulsen die Kippbewegungen der Anlage.*

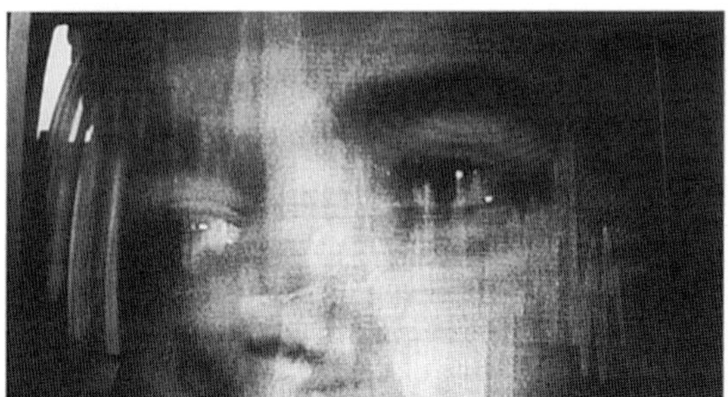

*6 a*

*6 b*

14

*14 Das aus Irland stammende amerikanische Medium Eileen Garrett besaß die Gabe, seinen Astralkörper willentlich austreten zu lassen. Dabei erlebte Garrett die andere Umgebung so real, als ob sie sich dort aufhalten würde.*

15

*15 Das am häufigsten untersuchte amerikanische Psi-Medium Leonore Evelina Piper (1859–1950) will ihr Wissen über Verstorbene und Lebende von jenseitigen Kommunikatoren bezogen haben. Ihr wurden nie betrügerische Machenschaften nachgewiesen.*

16

*16 Dr. Maurice Rawlings, Professor für klinische Medizin an der Universität von Tennessee berichtet über einige Patienten mit »höllischen« Nahtoderfahrungen. Seiner Theorie der sogenannten »black trips« wurde von anderen Forschern vehement widersprochen.*

17

*17 »Die Qualen der Hölle« – ein Holzschnitt aus dem 16. Jahrhundert – aus »Le Grand Calendrier de Bergiers« spiegelt die mittelalterlich-christliche Vorstellung von der Hölle wider.*

*18 Die* Ho-Tei-*Figur, die den Lamberts während ihrer Weltreise große Schwierigkeiten bereitet haben soll. Lastete auf ihr tatsächlich ein Fluch?*

18

*24 Künstlerische Wiedergabe eines Kugelblitzes, der durch den Kamin in die Wohnstube eines Bauernhauses eingedrungen war. Bei Bodenberührung verhalten sich die Feuerkugeln meist unberechenbar und zerplatzen dann mit einem lauten Knall.*

24

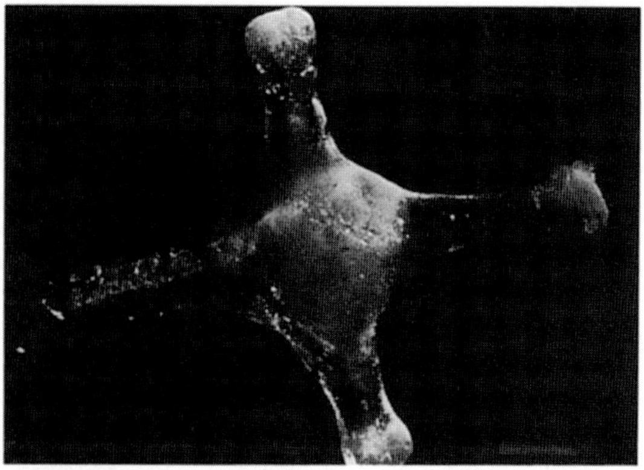

25

*25 Kreuzförmiges Hagelkorn, das vor einigen Jahren in den USA niedergegangen ist.*

*26 Zu den ungewöhnlichen Niederschlägen gehörten nicht nur farbige Regenfälle, sondern auch solche, die kleinere Tiere wie Frösche, Schnecken, Muscheln, Krebse und Fische mit sich führten. Fisch-Schauer gingen 1859 in Wales und 1861 in Singapur nieder.*

26

22 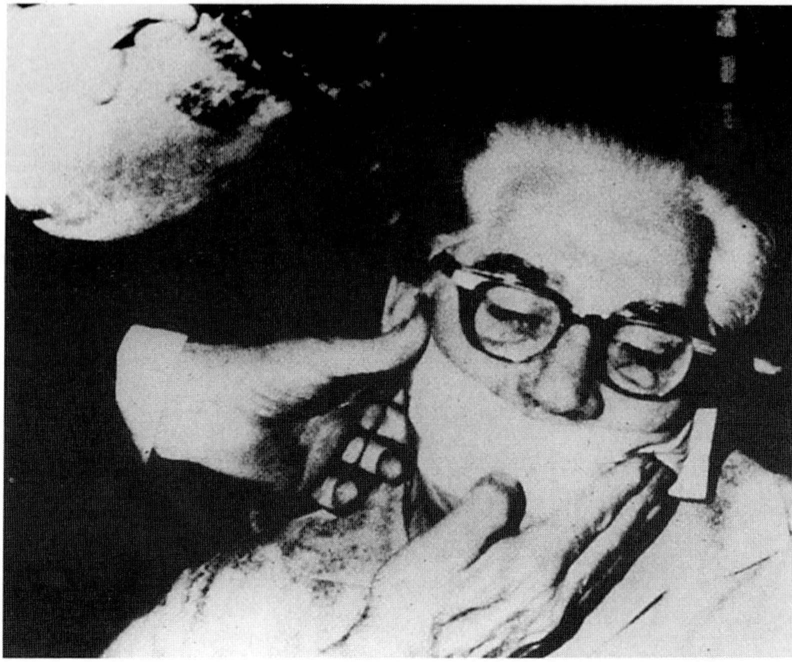

22 *Direktstimmen-Medium Leslie Flint ließ durch einen unsichtbaren »bioplasmatischen Kehlkopf« Verstorbene sprechen. Er bildete sich unmittelbar vor dem Kopf des Mediums aus dem »Nichts«. Zu den strengen Sicherheitsvorkehrungen, die Flint über sich ergehen lassen mußte, gehörten das Zukleben des Mundes mit Heftpflaster, Füllen des Mundes mit Wasser und Fesselungen. Er wurde nie des Betruges überführt.*

*23 Der Weg eines rötlich-gelben Kugelblitzes, der im August 1961 in England aufgenommen wurde. Beim Kontakt mit dem Gebäude explodierte er.*

23

19 a

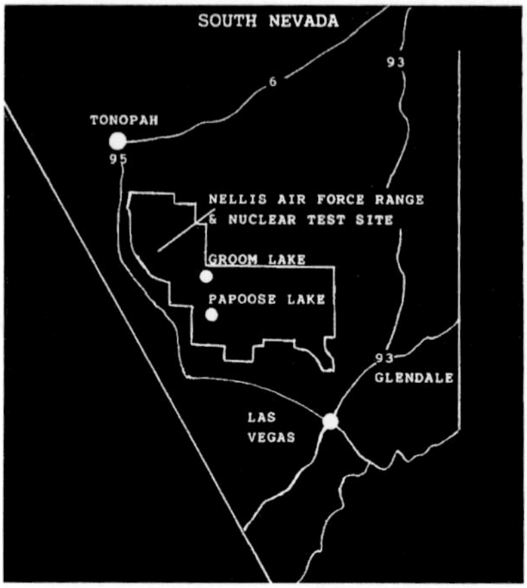


*19 a, b Das legendäre geheime Testgelände* »Area 51« *oder*» Dreamland«, *130 Kilometer nördlich von Las Vegas, auf dem angeblich abgestürzte Ufos untersucht werden. Nach neuesten Erkenntnissen werden dort insgeheim Experimente zur Manipulation des menschlichen Bewußtseins durchgeführt.*

19 b

*20 Zahlreicher früherer irdischer Existenzen erinnerte sich die bekannte englische Autorin Joan Grant. Sie hielt diese in einigen vielbeachteten Büchern fest. Bei ihrer Abfassung brauchte sie nie zu recherchieren.*

*20*

*21 Am 4. Januar 1933 erlebte sich Joan Grant als Matrose auf der brennenden* »Atlantique«. *Erst viel später berichteten die Tageszeitungen über das Unglück, bei dem mehrere Personen ums Leben gekommen waren.*

*21*

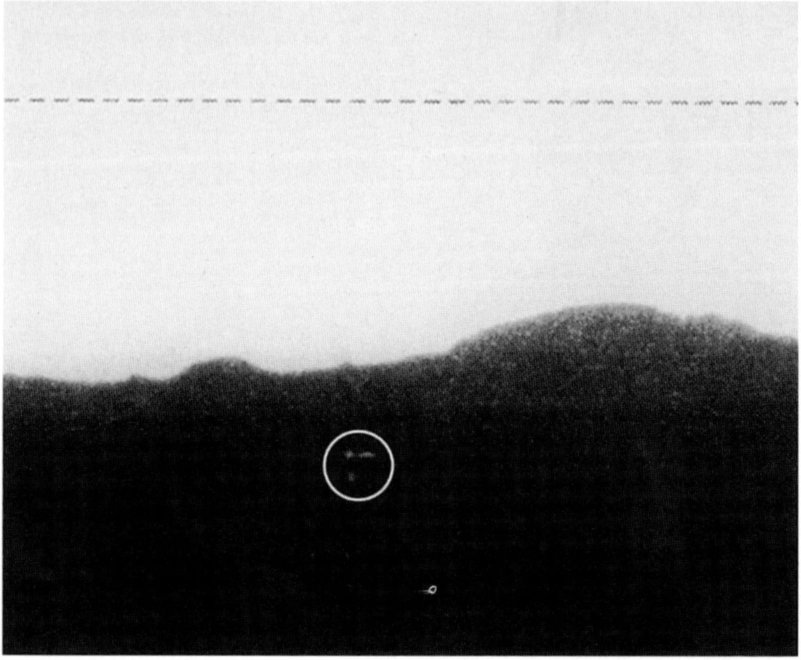

27 a

*27 a, b  Bei Sonnenuntergang tauchen am Fuße des Chinati Mountain nahe der texanisch-mexikanischen Grenze bei Marfa sogenannte »Spuklichter« auf – eigenwillige Lichterscheinungen, denen eine gewisse »Intelligenz« innezuwohnen scheint.*

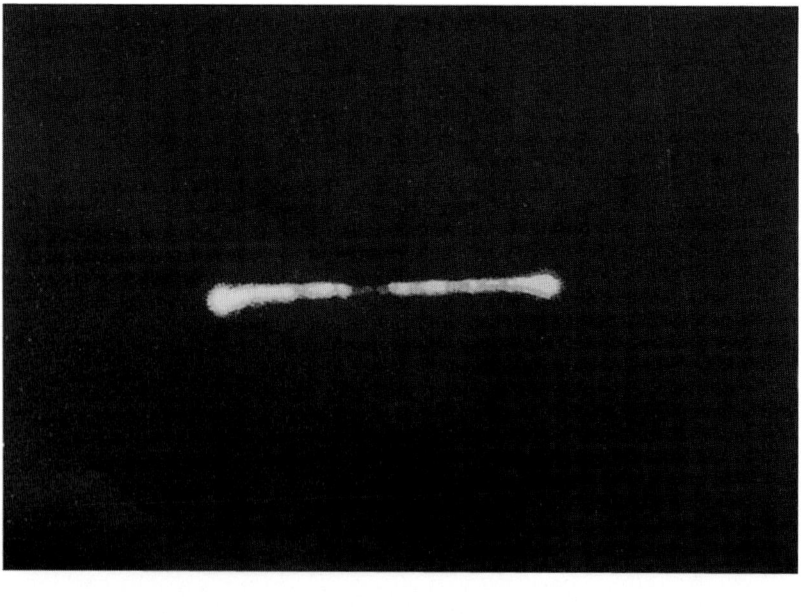

27 b

Mitsue zeigte für Maries Behauptung Verständnis. Sie wußte zwar, daß Williams zur Mordzeit im Gefängnis war, kannte aber auch die unglaublichen mentalen Kräfte ihrer Stammesgenossen. Für sie war die Möglichkeit, daß Williams seinen verderblichen Geist aus dem Gefängnis heraus in das Bewußtsein von Marie hatte eindringen lassen, weder phantastisch noch unglaublich.
Von da an lebte Marie in ständiger Furcht vor den Übergriffen ihres Verfolgers. Ihre Schönheit verblaßte, ihr Gesicht wurde schmal und abgehärmt. Ursache hierfür war Pierre Williams, der überall im Hintergrund lauerte. Eines Nachts verließ Marie unbemerkt ihren Wigwam. Am nächsten Tag wurde ihr Körper am Fuße einer Klippe zerschmettert aufgefunden. Mitsue wußte, daß Williams sie in den Tod getrieben hatte. Aufgrund ihres Wissens um seine verborgenen Fähigkeiten hatte er sie töten müssen. Und jetzt sann die alte Frau auf Rache. Eines Nachmittags, als er wieder einmal heimlich um die Zelte schlich, stellte sie Williams. Sie sprach kein Wort, sondern deutete nur mit einem ihrer langen, knochigen Finger auf ihn. Williams Gesichtszüge verzerrten sich. Panische Angst schien ihn ergriffen zu haben. Er drehte sich um, verließ das Lager und rannte wie von Furien gehetzt in den nahen Wald.
Monate danach fanden Jäger die kläglichen Überreste seiner Leiche: ein paar ausgebleichte Knochen und Kleiderfetzen. Unfähig, sich aus der eigenen Bärenfalle, in die er geraten war, zu befreien, muß Williams viele Tage dort gelegen haben, bevor ihn ein grauenvolles Ende ereilte. Genau wie von Mitsue vorhergesagt, hatte er einen langsamen, qualvollen Tod erlitten.

## 13
## *Der Fluch des Ho-Tei*

Warum scheinen viele Gegenstände allen, die mit ihnen in Berührung kommen, Unglück zu bringen? Sind sie verwünscht, d. h. von ihren Vorbesitzern mit einem Fluch belegt worden, der, einmal auf das Objekt übertragen, bis zu seiner Zerstörung fortdauert? Und wie wirken solche Flüche und Verwünschungen? Etwa nach dem gleichen Prinzip wie die bereits erwähnte Psychometrie? Nichts, was jemals gedacht, ausgesprochen oder getan wurde, geht für immer verloren, alles scheint auf geheimnisvolle Weise irgendwo in den Annalen einer »Überwelt« registriert zu sein.
Es war im Jahre 1928 in der japanischen Stadt Kobe. Ein englisches Ehepaar stand vor dem Schaufenster eines Trödlerladens. Marie Lambert starrte gebannt auf eine kleine Statuette eines halbnackten fetten Männleins, das lachend auf einem Kissen saß. Sie erkannte in ihm Ho-Tei, einen japanischen Glücksgott – ursprünglich ein buddhistischer Mönch des 9. Jahrhunderts, der sein Leben damit verbracht hat, den Armen zu helfen.
»Den hätte ich gern«, sagte Frau Lambert zu ihrem Mann. Beide gingen in den Laden, um sich nach dem Preis des Figürchens zu erkundigen. Der Ladenbesitzer nannte ihnen einen außerordentlich niedrigen Betrag, den sie sofort akzeptierten, zumal sie in der Statuette eine echte Elfenbeinschnitzarbeit erkannten.
Bevor die Lamberts ihre Kreuzfahrt fortsetzten, schauten sie sich ihren Kauf genauer an. Das Figürchen hatte die cremefarbene Tönung alten Elfenbeins und war wunderschön ge-

schnitzt. Soweit sie dies beurteilen konnten, war der einzige »Fehler« ein kleines Loch im Boden, das mit einem Elfenbeinpfropfen verschlossen war. Womöglich hatte der Schnitzer das dicke Ende eines Elefantenzahnes verwendet, und das Löchlein war der Transitkanal für den Nerv. Die Statuette erschien den Lamberts als ein ideales Mitbringsel. Sie hofften, daß ihnen der »lachende Buddha« für den Rest der Reise Glück bringen würde. Sorgfältig packte Marie Lambert die Statuette in einen ihrer Koffer.
Am zweiten Tag auf See, während der Fahrt zum nächsten Reiseziel Manila, bekam sie schlimme Zahnschmerzen. Der Schiffsarzt verschrieb ihr zwar schmerzstillende Tabletten, aber diese halfen ihr nicht. Nach ihrer Ankunft in Manila wurden die Lamberts von einem schmerzhaften Fieber befallen, dessen Hauptsymptom Schmerzen in allen Gelenken war. So mußte Frau Lambert ihren Besuch beim Zahnarzt aufschieben. Als sie einige Tage später dazu in der Lage war, rutschte dessen Bohrer aus und verletzte den Zahnnerv derart, daß sich die Schmerzen nur noch verschlimmerten.
Die nächste Etappe ihrer Reise führte die Lamberts nach Australien. Diesmal wurde Herr Lambert von lähmenden Zahnschmerzen befallen. Bei seiner Ankunft in Cairns suchte er sofort einen Zahnarzt auf. Doch der konnte nur feststellen, daß mit seinen Zähnen alles in Ordnung sei. Nach dem Besuch beim Zahnarzt hatten die Schmerzen tatsächlich aufgehört. Doch nicht lange, und die Zähne begannen erneut zu schmerzen. Wieder suchte er einen Zahnarzt auf, um sich helfen zu lassen. In Brisbane angekommen, war Lambert so verzweifelt, daß er einen dort konsultierten Zahnarzt bat, ihm so viele Zähne zu ziehen, bis die Schmerzen aufhörten. Als der Arzt den ersten Zahn gezogen hatte, hörten die Schmerzen mit einemmal auf. Sie setzten aber erneut ein, sobald er sich wieder auf dem Schiff befand. Zu diesem Zeitpunkt brachten die Lamberts ihre Zahnprobleme mit dem Ho-Tei-Figürchen noch nicht in Verbindung.
Als sie in Sydney ihr Gepäck zur Aufbewahrung gegeben

hatten, waren ihre Zahnschmerzen plötzlich verschwunden. Auf der Reise nach Neuseeland befand sich ihr Gepäck nur einmal in ihrer Kabine – beim Umpacken. Und sofort setzten bei den Lamberts die Zahnschmerzen wieder ein. Nachdem sie es in der Gepäckaufbewahrung erneut abgegeben hatten, hörten die Schmerzen auf. Auch während ihres Aufenthalts in Neuseeland hatten sie keine Schmerzen mehr. Erst auf der Fahrt nach Chile, als sich ihr Gepäck in ihrer Kabine befand, stellten sie sich wieder ein.

Zurück in den USA, besuchte das Paar Lamberts Mutter. Die alte Dame war von dem Ho-Tei so begeistert, daß die beiden ihr das Figürchen kurzerhand schenkten. Als dann die bis dahin kerngesunden Zähne von Lamberts Mutter zu schmerzen begannen, gab sie das Geschenk zurück. Sie konnte den Verdacht nicht loswerden, daß der Ho-Tei verzaubert sei. Diesen Hinweis ließen die Lamberts jedoch nicht gelten. Sie wollten immer noch nicht einsehen, daß zwischen dem Besitz des »Glücksgottes« und ihren Zahnschmerzen irgendein Zusammenhang bestand.

Erst auf einer Schiffsreise über den Atlantik nach England sollte es sich herausstellen, daß Lamberts Mutter recht hatte. Eine Passagierin, die an Elfenbeinschnitzereien sehr interessiert war, borgte sich das Figürchen über Nacht aus, um es ihrem Mann zu zeigen. Am anderen Morgen erzählte sie, daß sie und ihr Mann die ganze Nacht über Zahnschmerzen gehabt hätten. Jetzt erst erinnerten sich die Lamberts, daß auch sie immer dann unter Zahnschmerzen litten, wenn sich der Ho-Tei in ihrer Kabine befand. Frau Lambert wollte dem abhelfen und das Figürchen gleich über Bord werfen. Ihr Mann fürchtete jedoch Ho-Teis Rache und nahm es daher mit nach London.

In einem Asiatica-Laden zeigten die Lamberts das verhängnisvolle Objekt dem japanischen Geschäftsführer. Dieser wollte den Ho-Tei sofort erwerben. Doch Lambert lehnte es ab, hierfür Geld zu nehmen, und berichtete ehrlich über all das Mißgeschick, das sie mit dem Figürchen gehabt hatten.

Daraufhin ließ der Geschäftsführer einen alten, mit einem Kimono bekleideten Japaner kommen. Beide untersuchten die Statuette sorgfältig. Sie teilten den Lamberts mit, daß ihr Ho-Tei ein Tempelgott sei. Und einem solchen wird bisweilen eine »Seele« mitgegeben – ein kleines Medaillon, das man in der Kultfigur versteckt. Auch Lamberts Ho-Tei muß eine solche »Seele« besessen haben, was den Elfenbeinstöpsel am Boden der Statuette erklären könnte.
Der alte Japaner setzte den Ho-Tei in einen kleinen Schrein und zündete Räucherstäbchen an, wahrscheinlich, um den Glücksgott wieder zu versöhnen.
Die Lamberts sollten trotz der unfreiwilligen Rückgabe des Souvenirs und der zahlreichen gesundheitlichen Probleme dennoch von ihrem Abenteuer profitieren. Ein von ihnen verfaßter Reisebericht, »Enigmas and Mysteries« (Rätsel und Geheimnisse), wurde zu einem Bestseller. So hatte ihnen der Ho-Tei letzten Endes doch noch Glück gebracht.
War es wirklich die »Seele« des Figürchen, die das Pech der Lamberts heraufbeschworen hatte, oder nur eine Verkettung unglücklicher Ereignisse? Skeptiker sprechen auch von einer verhängnisvollen Erwartungshaltung, die bei manchen Menschen – hat sie sich erst einmal eingestellt – einen schlimmen Automatismus in Gang setzt. Vielleicht ist es von allem etwas, das uns Pech- oder Glückssträhnen beschert.

# 14
## *Salomons Schatz*

Anfang 1959 brach eine Expedition in Kapstadt auf. Ihr Weg führte sie Richtung Norden, in die sengend heiße Wüste von Südwestafrika, wo über Hochebenen trockene Winde fegen – eines der unwirtlichsten Gebiete der Welt. Hier empfängt die Expeditionsteilnehmer eine brütende, unheimliche Atmosphäre, so als ob das ganze Land auf ein schreckliches Ereignis warte – unverändert seit Jahrtausenden. Entlang der Westgrenze des Kontinents brandet der Atlantik an eine mehr als 1000 Kilometer lange Küste – die gefürchtete »Skelettküste«, die übersät ist von Trümmern einst stolzer Schiffe und den Gebeinen von dort gestrandeten Seeleuten.
Für die Expeditionsteilnehmer, die sich in diese von primitiven Buschmännern bewohnte Wildnis wagen, kann es nur ein Ziel geben: die Hebung eines unermeßlichen Schatzes. Irgendwo in dieser unübersichtlichen Wüstengegend soll es der Sage nach ein gewaltiges Depot an Gold und Edelsteinen geben: den »Schatz des Salomon«.
Fünfmal seit 1949 waren Expeditionen aufgebrochen, um nach den dort versteckten Reichtümern zu suchen. Die letzte Gruppe – sie bestand aus sechs Amerikanern – war mit modernstem Gerät für einen längeren Wüstenaufenthalt ausgerüstet. Man wollte kein Wagnis eingehen, nicht die gleichen Fehler wie die vier vorangegangenen Expeditionen begehen, denen der Schatz zum Verhängnis geworden war. Dortige Stämme wollten wissen, daß der Schatz mit einem Fluch belegt war. Und dieser würde jeden treffen, der ihn zu heben wagte. Nach Ansicht der amerikanischen Expedi-

tionsteilnehmer war dies natürlich Unsinn. Ein jahrhundertealter Fluch – falls es einen solchen überhaupt gab – würde niemandem mehr schaden. Das Mißlingen der früheren Expeditionen führten sie ausschließlich auf menschliches Versagen zurück. Aber, war es das wirklich?

Die Geschichte der unermüdlichen Suche nach »Salomons Schatz« begann im Jahre 1909. Der Mann, mit dem alles seinen Anfang nahm, der Engländer Fred Cornell, war nach Südafrika gekommen, um auf den dortigen Diamantenfeldern sein Glück zu machen. Auf seinem Weg durch das westliche Afrika durchquerte er auch Koa Valley, ein Gebiet, in dem zur Mittagszeit Temperaturen von bis zu 60 °C keine Seltenheit sind. Es gab dort praktisch kein Trinkwasser, dafür aber um so mehr Giftschlangen, wilde Tiere und Buschmänner mit vergifteten Pfeilen.

Von einem dort ansässigen Missionar will Cornell gehört haben, es gäbe in jener Gegend Eingeborene, die sich mit Edelsteinketten schmückten und große Goldklumpen aus der Wüste mitbringen würden. Nicht nur, daß der Missionar ihm die Legende von dem Schatz erzählte, er zeigte Cornell auch eine sehr alte Landkarte, die jahrelang in einer vergessenen Ecke der Missionsstation verstaut gewesen war. Auf der Karte, die von einem längst verstorbenen Missionar stammte, der sie anhand von Informationen von Buschmännern zusammengestellt hatte, war ein Schacht eingezeichnet und mit einem Kreuz markiert.

13 Jahre lang durchkämmte Cornell das dürre Koa Valley, immer auf der Suche nach dem fraglichen Schacht, fest davon überzeugt, daß irgendwo da draußen in der Wüste seit Tausenden von Jahren ein sagenhafter Schatz vergraben lag. Schonungslos zwang er sich zum Weitermachen. Er nahm alle Entbehrungen – Durst, Hunger, Fieber und Krankheiten – auf sich, um die auf der Karte vermerkte Stelle zu finden. Schon hatte er die Hoffnung fast aufgegeben, als er eines Tages im März 1923 rein zufällig auf den Eingang eines Schachtes stieß. Beim Hinunterschauen konnte er nichts erkennen,

in der Tiefe war es stockdunkel. Cornell wagte es nicht, allein hinabzusteigen. Wäre etwas Unvorhergesehenes dazwischengekommen, hätte dies in der Einsamkeit seinen Tod bedeuten können. Er brauchte unbedingt Hilfe. Nachdem er die Lage des Schachtes markiert hatte, machte er sich auf den Weg zurück nach dem 700 Kilometer entfernten Kapstadt, eine Strecke, die er zu Fuß zurücklegte. Dort mußte er feststellen, daß es von der Gegend, wo er den Schacht entdeckt hatte, keine zuverlässige Karte gab. Sie wich von der ab, die er von dem Missionar erhalten hatte, und jene Gegend war dem »weißen Mann« völlig unbekannt. Nach langer Suche fand Cornell einen Partner – Gerd Toit –, der aufgrund des zu erwartenden enormen Reichtums die Gefahren der Wüste riskieren wollte. Beide machten sich auf den Weg, nachdem sie zuvor übereingekommen waren, den Schatz – sofern es einen solchen gab – gerecht zu teilen. Doch dazu sollte es nie kommen. Knapp 400 Kilometer von Kapstadt entfernt, etwa auf halbem Wege zum Bestimmungsort wurde Toit von einer Giftschlange gebissen. Er starb innerhalb weniger Stunden einen qualvollen Tod. Betroffen kehrte Cornell um. Er mußte sich einen neuen Partner suchen.

Erst im Jahre 1928 gelang es Cornell, einen neuen Partner zu finden, einen Holländer namens Van Bleek. Am Schacht angekommen, befestigte Cornell ein Seil an einem massiven Baumstumpf und stieg vorsichtig hinab in die ihn umfangende Dunkelheit. Die Schachttiefe betrug etwa 50 Meter, und es schien eine Ewigkeit zu dauern, bis Cornells Füße den Boden berührten. Ungeduldig leuchtete er mit seiner Lampe die Wände ab.

Vom Schachtboden aus führte eine Anzahl Höhlen in alle Richtungen. Cornell empfand tiefe Ehrfurcht vor den längst Verblichenen, die sie mühsam aus dem harten Gestein herausgeschlagen hatten. Als das Licht der mitgeführten Lampe in eine der Höhlen fiel, wurde ihm schwindelig. Unglaublich, was ihm da im Widerschein seiner Lampe an kostbaren Steinen entgegenglitzerte. Sie schienen seit dem Tage, als man sie

in der Tiefe der unwirtlichen Landschaft versteckte, nichts an Brillanz eingebüßt zu haben.
Cornell stieß einen Freudenschrei aus. Er tanzte ausgelassen, lachte und weinte zugleich. Nachdem er sich seine Taschen mit Diamanten und Goldklumpen vollgestopft hatte, kletterte er am Seil hoch, um sich am Rande des Schachtes erschöpft zu Boden fallenzulassen. Es dauerte Minuten, bis Cornell seine Erregung überwunden und er Van Bleek über seinen sensationellen Fund informiert hatte. Dieser – überwältigt von dem, was er von seinem Partner gehört hatte – vergaß alle Vorsichtsmaßnahmen und begann in aller Eile mit dem Abstieg, um den Schatz selbst in Augenschein zu nehmen. Das Unglück nahm ein zweites Mal seinen Lauf. Cornell vernahm nur noch einen markerschütternden Schrei, gefolgt von einem dumpfen Aufprall. Sofort rannte er zum Schachtrand, um das Seil einzuholen. Doch dieses schien sich irgendwo verfangen zu haben. Und es gab kein zweites Seil, mit dem er hinabsteigen und Van Bleek hätte helfen können, falls dieser überhaupt noch am Leben war. Cornell hielt sich noch zwei volle Tage unmittelbar neben dem Schacht auf. Doch von unten kam kein weiterer Laut, sein Partner schien tot zu sein. Schweren Herzens machte sich Cornell auf den langen, mühsamen Rückweg nach Kapstadt.
Einige Wochen später fuhr Cornell mit dem Schiff nach England zurück. In London bemühte er sich um Geldgeber, die bereit waren, für die Bergung des Schatzes eine größere Expedition zu finanzieren. Seine Goldklumpen und Diamanten wurden von zahlreichen Experten einer genauen Prüfung unterzogen. Nichts Ähnliches war je zuvor auf den südafrikanischen Diamantenfeldern gefunden worden. Alles deutete darauf hin, daß Cornell auf einen Schatz von unermeßlichem Wert gestoßen war. Er hatte überhaupt keine Schwierigkeiten, für die geplante Expedition genügend Kapital aufzutreiben. Leichten Herzens verließ er die Bank, winkte ein Taxi herbei und bat den Fahrer, ihn zum nächstgelegenen Postamt zu bringen, da er einige Telegramme aufzugeben beabsich-

tigte. Doch das Schicksal wollte es anders. Das Taxi wurde in einen schweren Verkehrsunfall verwickelt, und Cornell, der vielleicht einer der reichsten Männer der Welt hätte werden können, kam dabei ums Leben. Sein Geheimnis aber nahm er mit ins Grab. Nur ein paar Goldklumpen und Diamanten zeugten noch davon, daß er vor kurzem unermeßliche Reichtümer gesehen hatte.

In den Jahren nach dem Zweiten Weltkrieg brachen insgesamt fünf Expeditionen auf, um den Schatz zu suchen. Sie alle scheiterten und wurden Opfer einer feindseligen Natur, die Strapazen abverlangte, denen kaum ein Mensch gewachsen war. Das Geheimnis aber dauert fort. Niemand wird mit Sicherheit sagen können, ob es mitten in der Wüste diesen Schacht mit den größten Reichtümern der Welt tatsächlich gibt oder ob sie nur ein Phantasieprodukt von Cornell waren. Wenn dies jedoch so wäre, woher hatte jener dann aber die Goldklumpen und Diamanten?

Über die westafrikanische Wüste verstreut, tief unter der Erde, begraben von Treibsand, liegen die Ruinen von dem, was einst stolze Städte gewesen sein müssen. Wer sie erbaut, wer in ihnen gelebt hat, wird für immer ein Rätsel bleiben, denn ihre Bewohner scheinen vom Antlitz der Erde verschwunden zu sein, so als ob es sie nie gegeben hätte. Vielleicht hüten sie auch heute noch ihre Schätze, auf eine Weise, die uns schaudern macht. Vielleicht lastet ein Fluch auf diesen, der dafür sorgt, daß sie unangetastet bleiben ... bis in alle Ewigkeit.

# 15
## *»Dreamland« – Geheime Experimente mit dem Bewußtsein*

In jüngster Zeit mehren sich in den USA Gerüchte, nach denen die Amerikaner auf dem legendären geheimen Testgelände »Area 51«, etwa 130 Kilometer nördlich von Las Vegas, weniger mit der Auswertung und dem Nachbau angeblich abgestürzter UFOs, sondern vor allem mit der Entwicklung moderner Technologien zur gezielten Kontrolle und Beeinflussung des menschlichen Bewußtseins befaßt sind.
Den Betreibern des von UFO-Freaks fast zärtlich als »Dreamland« titulierten riesigen Sperrgebiets – ein Acronym für »*D*ata *R*epository *E*stablishment *a*nd *M*anagement Land« (etwa: Datenspeicher-Einrichtungs- und -Management-Land) – dürfte es nur recht sein, mit dem UFO-Szenarium in Verbindung gebracht zu werden, gilt es doch, die wahren Hintergründe der hier durchgeführten supergeheimen Projekte zu verschleiern und allzu neugierige Journalisten und Regierungsvertreter fernzuhalten. Und der Trick mit den »außerirdischen Antriebstechniken«, die hier angeblich erprobt werden, scheint wirklich zu funktionieren, sind doch im Laufe der letzten Jahre Tausende kolportierter Berichte und Buchpublikationen hierzu erschienen.
Die Mehrzahl der Amerikaner dürfte der Verschwörungstheorie von einer »Alien-Connection« – einer supergeheimen wissenschaftlichen Zusammenarbeit zwischen Außerirdischen und US-Wissenschaftlern – ohnehin skeptisch gegenüberstehen. Doch UFO-»Insider« scheinen mit den eher vagen Äußerungen jener dort außerhalb der Absperrungen anzutreffenden »Zaungäste« bestens bedient zu sein.

Realistisch denkende Beobachter sehen in den »Dreamland«-Experimenten hingegen eine Entwicklung, die sämtliche Spekulationen über sogenannte *Abduktionen* (Entführungen durch UFO-Wesenheiten), die Kooperation mit Außerirdischen auf US-Territorium und die vermeintliche »Obduktion« von ET-Leichen als widersinnig erscheinen läßt und die so sensibel ist, daß man ihre Überwachung und Betreuung dem geheimsten und effizientesten aller US-Nachrichtendienste überläßt: dem »National Reconnaissance Office« (NRO: Nationales Aufklärungsbüro). Wir haben es hier mit einem Geheimdienst zu tun, der mit 800 in Erdumlaufbahn befindlichen Satelliten selbst das Potential der gefürchteten CIA und NSA in den Schatten stellt. Experten wollen wissen, daß sich mit den vom NRO betriebenen Satelliten unter anderem Personen mit Mikrochip-Implantaten oder entsprechend präparierten »Gesundheitscheck-Karten« – wo immer diese sich auch aufhalten mögen – orten und möglicherweise sogar manipulieren lassen.
Die dieser Ortungstechnik zugrunde liegenden Erkenntnisse verdankt das NRO angeblich den ebenfalls im »Dreamland« stationierten Wissenschaftlern der Forschungsgruppe »Biological Laboratories« (Biologische Laboratorien), die entsprechende Experimente mit Erfolg an Weidevieh vorgenommen haben sollen. Die Grundlagen der Untersuchungen reichen einige Jahre zurück, und sie übertreffen bei weitem das, was an elektronischer Ortung bislang entwickelt wurde. Anfang der neunziger Jahre haben Wissenschaftler festgestellt, daß das menschliche Gehirn und manche Tiergehirne natürliche Magnetpartikel (Magnetit) enthalten, die auf Radiowellen ansprechen. Jeder von uns hat seine eigene Hirnfrequenz (engl. Human Brain Frequency, HBF), die dem aus der Kriminalistik bekannten Fingerabdruck gleichkommt. Keine zwei Personen besitzen die gleiche Hirnfrequenz, obwohl diese nur einen verhältnismäßig kleinen Frequenzbereich zwischen 840 und 890 Megahertz (MHz) belegt.
Interessant ist in diesem Zusammenhang die Tatsache, daß

sogenannte »Zellular«-Telefone in genau diesem Frequenzbereich arbeiten, so daß sich auch hier Möglichkeiten für die Beeinflussung des Bewußtseins ergeben. Denn bei der Hypnose gibt es bestimmte Techniken, die darauf abzielen, daß auf die Blutgefäße in Ohrnähe Druck ausgeübt wird, was die Blutzirkulation zum Gehirn beeinträchtigt und Halluzinationen, ja sogar Schockzustände auslösen kann. Diesen Druck könnte man telefonisch oder funktechnisch durch gezieltes Aussenden lauter oder schriller Töne erzeugen und somit den Empfänger für hypnotische Botschaften aufnahmebereit machen.

Inzwischen gilt es als erwiesen, daß die CIA zwischen 1957 und 1961 an Zivilisten Experimente zur Beeinflussung des Bewußtseins durchgeführt hat. Der amerikanische Autor Martin Cannon will wissen, daß solche Experimente auch heute immer noch durchgeführt werden, allerdings in wesentlich verfeinerter Form. In seinem jüngsten Buch »The Controllers« (Die Überwacher) äußert er den Verdacht, daß es sich bei sogenannten Ufo-Abduktionen um klammheimlich durchgeführte Gedächtnismanipulationen seitens der CIA und anderer amerikanischer Geheimdienste handele, die ausschließlich mit einem solchen Bewußtseins-*Engineering* befaßt seien und die auf raffinierte Weise von ihrem illegalen Treiben abzulenken versuchen.

Norio Hayakawa – früher Regionaldirektor des »Civilian Intelligence Network« –, der sich lange Zeit mit Vorgängen in der »Area 51« beschäftigte, resümiert: »Scheibenförmige Flugobjekte, Experimente mit Mikrochip-Implantaten, Hypno-Techniken zur Manipulation von Gehirnwellen, zum Auslösen von Verwirrung, Angst und falschen Erinnerungen, scheinbare Zeitlücken, temporäre Paralyse und schwere Migräne ... Kommt das alles uns nicht vertraut vor? Es ist genau das Szenarium, über das die Mehrzahl der Abduzierten nach ihren angeblichen Entführungen berichtet. Aber sie erinnern sich nicht daran, von Mitarbeitern der Geheimdienste für deren Experimente mißbraucht worden zu sein. Statt dessen erscheinen in ihrer Erinnerung seltsame Gesichter von Wesen mit merkwürdigen Motiven – von sogenannten *Aliens*. Sind es wirklich die *Fremden*, oder haben wir es hier nicht doch eher mit einem Mega-Experiment, einem echten Täuschungsmanöver der ›Dreamland‹-Tüftler zu tun?«

Alles, was von Cannon und Hayakawa zur Lüftung des »Dreamland«-Rätsels vorgebracht wurde, klingt realistisch und auch irgendwie plausibel. Gerade die Amerikaner hätten aufgrund terroristischer Anschläge im eigenen Land sowie gewisser Gefahren im Zusammenhang mit der instabilen Lage in Rußland, auf dem Balkan und im Nahen Osten allen Grund, die Bewußtseinsforschung und, im Zusammenhang hiermit, die Entwicklung von High-Tech-Geräten zur Bewußtseinskontrolle und eventuellen Beeinflussung großer Menschenmassen voranzutreiben. Dies könnte auch die Ursache für die fast hysterisch anmutende Betriebsamkeit der Abschirmdienste rund um »Area 51« sein.

Die zahllosen UFO-Stories, die sich um diesen Ort in Nevadas Wüstenregion ranken, dürften den Absichten des »National Reconnaissance Office« sehr entgegenkommen, erspart es ihm doch weitaus peinlichere Erklärungen für die wirklichen Experimente innerhalb des von der Außenwelt hermetisch abgeschirmten Gebietes. Sollten sich die hier geäußerten Verdachtsmomente irgendwann einmal als zutreffend erweisen, würde »Area 51« seinen Zweitnamen *»Dreamland«* zu Recht tragen.

# III
# Diesseits, Jenseits und danach

## Astralkörperaustritte – Nahtodzustände – Kontakte mit dem Jenseits – Wiedergeburt

*In einer Welt, in der aus populistischen Gründen selbst von gewissen »Theologen« die Existenz eines autonomen Bewußtseins und dessen Fortexistenz nach dem biologischen Tod in Frage gestellt wird, wenden sich immer mehr verunsicherte Zeitgenossen all jenen zu, die Nahtoderlebnisse und nachtodliche Zustände – frei von kleinkarierter Subjektivität und Voreingenommenheit – mit der gebotenen Seriosität wissenschaftlich erforschen: einschlägig interessierten Medizinern, Biologen, Physikern und Thanatologen. Sie sind es, die durch eine Fülle neuer naturwissenschaftlicher Erkenntnisse die Theorie vom Überleben des menschlichen Bewußtseins nach dem Körpertod in einer übergeordneten Realität – Physiker bezeichnen sie als »Hyperraum« – zu beweisen und hierfür die notwendigen Indizien zu beschaffen versuchen.*
*Astralkörperaustritte, die nachtodliche Zustände vorwegnehmen, gleichbleibende »Erlebnismuster« im Nahtodzustand, das Phänomen der Besessenheit, die zahllosen medialen und instrumentellen Transkontakte (Zweiweg-Verbindungen zu Verstorbenen), »Ghost«-Manifestationen und nicht zuletzt die tiefschürfenden Untersuchungen renommierter Reinkarnationsforscher – alle zusammengenommen beweisen, daß es tatsächlich ein »Über«-Leben unseres Bewußtseins geben muß, daß jeder von uns einmal als Bewußtseinspersönlichkeit in den »Hyperraum«-Himmel kommen wird.*
*Wir befinden uns heute in der grotesken Situation, daß gerade die modernen, absoluter Sachlichkeit verpflichteten Na-*

*turwissenschaften den Thanatologen eine Vielzahl wichtiger Argumente liefern, die für ein Überleben des menschlichen Bewußtseins sprechen. Es sind nicht nur die verwegenen Ideen fortschrittlich denkender Physiker, die mit ihren raumzeitsprengenden Theorien von einer höherdimensionalen »Überwelt« dem nach dem irdischen Tod körperfreien Bewußtsein eine logisch nachvollziehbare Heimat zuweisen, sondern mehr noch die mannigfachen unglaublichen Erfindungen auf dem High-Tech-Sektor, die auf eine künftige Integration des körperunabhängigen geistigen Prinzips in die Naturwissenschaften hindeuten: Bewußtseinsgesteuerte Maschinen und Prozesse, die weltweite Datenvernetzung, Virtual-Reality-Techniken und die mit Hochdruck betriebene Schaffung von »künstlicher« Intelligenz. Alle zusammen werden dazu beitragen, daß wir allmählich besser zwischen dem vergänglichen animalischen Körper und der immateriellen, unzerstörbaren Bewußtseinspersönlichkeit zu unterscheiden lernen. Der irdische Tod wäre dann nur noch eine Episode im ewigen Leben unseres unsterblichen Bewußtseins.*

# 1
## *Astrale Visiten*

Reisen im sogenannten Astralkörper – ein hypothetischer »feinstofflicher« Leib, der dem biologischen Körper auf einer höherdimensionalen Ebene zugeordnet ist – sind gar nicht so selten, wie allgemein angenommen wird. Viele Menschen verwechseln diesen Zustand mit Träumen oder mit durch den Gebrauch von Sedativa bzw. Drogen ausgelösten Halluzinationen, was aber in den wenigsten Fällen zutrifft. Ich selbst habe in diversen Publikationen auf zahlreiche Eigenerlebnisse im außerkörperlichen Zustand (AKE) verwiesen, die mich letztlich davon überzeugten, daß es sich hierbei keinesfalls um Träume und schon gar nicht um Phantasien oder Halluzinationen handelt. Jeder, der irgendwann einmal im hypnagogen Zustand – einer Bewußtseinskondition zwischen dem Noch-Wachsein und Schon-Eingeschlafensein bzw. zwischen dem Noch-Schlafen und Gerade-Aufwachen – einen Austritt erlebt hat, wird den Unterschied zwischen Traum und Astralkörper-Projektion mühelos feststellen können. Vor Jahren träumte ich einmal, einen Astralkörper-Austritt zu haben. Beim Aufwachen war mir sofort bewußt, daß es nur ein Traum war, denn Astralkörper-Austritte werden viel intensiver, viel »plastischer« erlebt.

Ein interessanter AKE-Fall, der sich vor Jahren in England zugetragen hat, wurde mir während der »Basler PSI-Tage« 1997 von einem englischen Kollegen übermittelt.

Mr. W. Manning aus Lisson Grove hatte vor dem Zweiten Weltkrieg schon des öfteren das an der englischen Südküste gelegene Seebad Brighton besucht und war daher mit den dortigen Örtlichkeiten gut vertraut. Eines Nachts – er hatte sich gerade zur Ruhe begeben – glaubte er plötzlich, wieder in Brighton zu sein. Dabei fiel ihm etwas Sonderbares auf: »Ich dachte, ich befände mich in Brighton und sähe dort mehrere Windmühlen. Dabei sagte ich mir, in Brighton gibt es doch gar keine Windmühlen.« Diese Wahrnehmung verwirrte Manning, war er sich doch sicher, dies nicht geträumt, sondern mit seinem Astralkörper direkt »vor Ort« erlebt zu haben. Der Widerspruch zur Realität bestand darin, daß es dort überhaupt keine Windmühlen gab. Diese hätten ihm bei seinen häufigen Besuchen auffallen müssen. Dennoch sollte sich seine astrale Wahrnehmung als korrekt erweisen. Wenig später erfuhr er, man habe im Rahmen einer Werbeaktion für den Gemeinderat der Stadt einige provisorische Windmühlenattrappen errichtet, und diese waren exakt zur Zeit seiner Astralkörper-Projektion in Brighton aufgestellt gewesen.

Der bekannten amerikanischen Sensitiven Eileen Garrett (1893–1970) wird nachgesagt, daß sie ihren Astralkörper sogar willentlich austreten lassen konnte, weshalb man sie häufig für einschlägige Fernwahrnehmungsexperimente engagierte. Garrett beschreibt ihre Eindrücke und Erfahrungen bei den Austritten sehr plastisch: »Als ich mich wieder einmal aufforderte, den Körper zu verlassen, um dabei nach verwertbaren Informationen Ausschau zu halten, hatte ich plötzlich das Gefühl, alle Schranken seien gefallen. Der Vorgang des Loslösens vom eigenen Wesen und von der eigenen Umgebung war wie ein beglückendes Gefühl der Befreiung. Für den Augenblick gab es keine Grenzen des Denkens und Fühlens. Ich tauchte in eine kosmische Lichtflut, wo während der Reise Vorstellungen, Gerüche, Assoziationen, sogar die Wärme- und Kälteempfindung den Sinnen großes Vergnügen bereitete. Bald fiel es mir ganz leicht, aus einiger Entfernung die Gefühle der Menschen deutlich zu spüren, ihre Umgebung wahrzunehmen und mit einem objektiven Bericht darüber heimzukehren.«

Im Jahre 1934 bereiteten Dr. Anita Mühl in New York und

Dr. S. Svenson, der isländische Beauftragte für das psychiatrische Gesundheitswesen in Reykjavik, ein Experiment vor, bei dem Frau Garrett, ohne New York zu verlassen, Dr. Svenson in Island »besuchen« sollte. Um die Anonymität zu wahren, wurden in der hierzu erschienenen Publikation »My Life as a Search for the Meaning of Mediumship« (Mein Leben als eine Suche nach der Bedeutung der Medialität) keine Namen genannt. Auch ist anstelle von Island stets von Neufundland die Rede.

Frau Garrett berichtet: »Solange ich mich im Zustand der [Astralkörper-]Projektion befinde, kann mein Double offensichtlich über die normale Aktivität aller fünf Sinne verfügen, die mein physischer Körper besitzt. So kann ich z. B. an einem Tag, an dem es schneit, in meinem Arbeitszimmer sitzen und dennoch im Verlaufe der Projektion einen Ort besuchen, wo gerade die Sonne scheint. Im gleichen Augenblick vermag ich mit allen meinen fünf Sinnen das Aussehen der Blumen und des Meeres wahrzunehmen. Ich kann den Duft der Blumen und den Tang riechen, und ich kann die Vögel singen und die Wellen ans Ufer schlagen hören. So seltsam das klingt, ich erinnere mich an die kleinste Einzelheit eines solchen Erlebnisses, das ich einer bewußten Projektion verdanke, obwohl ich im normalen täglichen Leben recht vergeßlich bin und mir Orte und Dinge leicht aus dem Gedächtnis schwinden ...«

Im ausgetretenen Zustand will Frau Garrett auf Island die feuchte Luft verspürt, Blumen, die am Meer in einem Garten wuchsen, gesehen und gerochen haben. Sie drang mit ihrem Astralkörper durch Wände und befand sich mit einemmal just in dem Zimmer, in dem das Experiment stattfinden sollte. Zunächst konnte sie dort niemanden bemerken, doch dann kam Dr. Svenson die Treppe herunter und betrat den Raum. Da er selbst über die Fähigkeit der außersinnlichen Wahrnehmung verfügte, bemerkte er beim Betreten des Raumes offenbar ihre astrale Anwesenheit. In Frau Garretts Protokoll über dieses Experiment heißt es: »Was ich jetzt be-

richte, wird den Beweis dafür liefern, daß wir uns gegenseitig wahrnehmen konnten. Er redete laut und sagte zu mir gewandt: ›Das wird ein erfolgreiches Experiment ... Sehen Sie sich jetzt die Gegenstände auf dem Tisch an!‹« Während Eileen Garrett mit ihren astralen »Augen« die Objekte betrachtete, beschrieb sie diese laut, so daß sich der neben ihr sitzende Sekretär Notizen machen konnte. Nach Garretts Bericht soll Dr. Svenson gesagt haben: »Entschuldigen Sie mich bei den Experimentatoren auf der anderen Seite. Ich hatte einen Unfall und kann nicht so gut arbeiten, wie ich gehofft hatte.« Frau Garrett konnte auch erkennen, daß Dr. Svenson einen Verband um den Kopf trug, den sie genau beschrieb. Dabei hörte sie den geflüsterten Kommentar der bei diesem Experiment anwesenden Dr. Mühl: »Das kann unmöglich stimmen. Noch vor wenigen Tagen erhielt ich einen Brief von ihm [Svenson], und da war er noch wohlauf.« Dann aber nahm das Experiment eine geradezu sensationelle Wendung. Dr. Svenson ging gemächlichen Schrittes auf seinen Bücherschrank zu. Noch bevor er ihn erreichte, wußte Frau Garrett bereits, welchen Titel er suchte und wo das Buch stand. In diesem Fall dürfte also nicht nur eine Astralkörper-Projektion, sondern auch *Präkognition*, das paranormale Vorauswissen eines bestimmten Sachverhalts, vorgelegen haben. Dr. Svenson nahm das bewußte Buch aus dem Bücherschrank und hielt es hoch, offenbar, um ihr zu bedeuten, daß sie dessen Titel lesen solle. Dann schlug er das Buch auf und las daraus leise für sich einen Abschnitt, der von Albert Einsteins Relativitätstheorie handelte. Ähnlich einem Simultanübersetzer gab Frau Garrett mit eigenen Worten den Sinn der von Dr. Svenson zitierten Sätze wieder.
Das gesamte Experiment dauerte eine Viertelstunde. Es erbrachte nicht nur den Beweis für die Möglichkeit von Astralkörper-Projektionen, sondern auch für die reale Existenz der Präkognition.
Manche Parapsychologen bestreiten die Eigenständigkeit der Astralkörper-Austritte, d. h. die Möglichkeit der Entsendung

des bewußtseinsgesteuerten Feinstoffkörpers an einen anderen Ort. Sie interpretieren dieses Phänomen als Telepathie und Hellsehen bzw. Fernwahrnehmung. Eileen Garrett aber hatte bei ihrer Projektion den völlig real empfundenen Eindruck, dies alles »vor Ort und in der Zeit«, also simultan erlebt zu haben, so als ob sie tatsächlich in Island körperlich anwesend gewesen wäre.
Noch in der gleichen Nacht wurde das New Yorker Protokoll Dr. Svenson nach Reykjavik zugeschickt.
Die Aktualität dieses Experiments gewinnt dadurch weiter an Bedeutung, daß das New Yorker Team am nächsten Morgen von Dr. Svenson ein Telegramm erhielt, in dem dieser mitteilte, er habe unmittelbar vor dem Experiment einen Unfall erlitten, weshalb er einen Kopfverband getragen hätte. Tags darauf traf auch sein Brief ein, der die verschiedenen Phasen des Experiments beschrieb. Seine Angaben stimmten voll und ganz mit Garretts Protokoll überein.

## 2
## *Nächtliche Begegnung*

Die Unabhängigkeit des Bewußtseins vom biologischen Körper erhellt allein schon aus der Tatsache, daß es Astralkörper-Projektionen gibt, in deren Verlauf es zwischen dem »Besucher« und dem »Besuchten« zu einer Art Gedankenaustausch kommt. Hier korrespondieren die Bewußtseine zweier Personen entfernungsunabhängig miteinander auf telepathischem Wege, d. h., das Unbewußte »outet« sich dem anderen, gewährt ihm im körperungebundenen Zustand Einblicke, die es im Wachzustand abblockt. Über einen solchen Fall berichtet Muriel Hankey in ihrem Buch »J. Hewat McKenzie«: »Im Jahre 1917 verbrachte ich ein Wochenende bei Familie McKenzie. Herr McKenzie litt gerade an einer schlimmen Venenentzündung und hatte daher sein Bett im Wohnzimmer aufstellen lassen, wo er Besucher bequemer empfangen konnte. Ich war damals, als ich ankam, ziemlich niedergeschlagen, wollte mir aber meine Stimmung nicht anmerken lassen. Doch Hewat schien zu spüren, daß mit mir etwas nicht stimmte. Er drang in mich, aber ich wollte nicht darüber sprechen. Auf meine Reserviertheit reagierte er etwas mürrisch, sagte aber dann: ›Na schön, Mädchen, dann gute Nacht. Wenn du nicht reden willst, kann ich dir nicht helfen. Aber falls du dich anders besinnen solltest, komm und erzähl es mir.‹«

Frau Hankey ging auf ihr Zimmer im ersten Stock und schlief nach einer Weile auch ein, immer noch fest entschlossen, über ihre Probleme kein Wort zu verlieren. Am Morgen darauf wußte McKenzie dennoch über all das Bescheid, was seine

Besucherin bedrückte. Er ließ die maßlos erstaunte Hankey wissen, sie sei in der Nacht mit ihrem Astralleib bei ihm erschienen und habe ihm von ihren Problemen erzählt. Er habe sie daraufhin ermuntert, diese Fähigkeit weiter zu entwickeln und in der Folge mit ihr erfolgreich experimentiert.

McKenzie, der damals mit seiner Frau im Haus des Londoner »College of Psychic Science« wohnte, mußte im November 1921 wegen einer hartnäckigen Venenentzündung erneut das Bett hüten. Muriel Hankey: »Eines Nachts hatte ich das Gefühl, die Treppen des Hauses [im College] zu benutzen. Dieses Hinauf- und Hinuntergehen war ein merkwürdiges Erlebnis. Ich benutzte die Treppenstufen nicht wie sonst, sondern schwebte ein bis zwei Zentimeter über diesen, und mir kam das ganz natürlich vor. Nach leichtem Druck auf die verschlossene Tür betrat ich McKenzies Zimmer ... und erschrak furchtbar.« Frau Hankey bemerkte nämlich, daß dichter Rauch im Zimmer hing, denn McKenzie hatte, wenn er nicht gerade schlief, stets eine Zigarre im Mund. Die Gestalt im Bett saß jedoch nicht aufrecht da, sondern war völlig zusammengesunken. Über dem Kopf des Mannes lag ein Blatt Papier, so daß sie annahm, daß er tot sei. Hankey: »Einen Augenblick später zog ich das Blatt sanft von seinem Gesicht, weil ich ihn mir ansehen wollte. Da lag in tiefem Schlaf der aus der Ortschaft Crewe stammende William Hope. Ich fragte mich, was da passiert sein mochte.« Am Morgen darauf erzählte sie McKenzie, daß sie ihn in der Nacht besucht habe, er aber nicht in seinem Bett gewesen sei. An seiner Stelle habe William Hope dort gelegen, was wohl ziemlich verrückt sei.

Sie sollte sich jedoch nicht getäuscht haben. McKenzie bestätigte, Hope habe in der vergangenen Nacht tatsächlich in seinem Bett geschlafen. McKenzie war etwa eine Stunde vor Mitternacht von seinem Freund angerufen worden. Er wollte wissen, ob er bei ihm nächtigen könne, da ihm der letzte Zug nach Crewe vor der Nase weggefahren sei. Natürlich hatte McKenzie sofort zugesagt. Und da man über kein Gästebett verfügte, war McKenzie ins Zimmer seiner Frau umgezogen und hatte Hope sein Bett überlassen.

Ein anderes Mal wachte Frau Hankey mitten in der Nacht auf und sah, wie McKenzie sich über sie beugte. Sofort wußte sie, daß er nicht mit seinem materiellen Körper anwesend war, da er damals etwa zwei Kilometer vom College entfernt wohnte. Die Besuchte erinnert sich: »Er sah so real aus, so als ob er tatsächlich anwesend wäre. Es kam mir nur komisch vor, daß er einen langen, wuscheligen grauen Mantel trug, was ganz und gar nicht zu ihm paßte. Normalerweise trug er entweder gar keinen Mantel oder einen aus weichem dunkelblauen Tuch mit einem Samtkragen. Ich hatte ihn zuvor noch nie in einem Mantel anderen Schnitts und anderer Farbe gesehen.« Am nächsten Morgen berichtete Frau Hankey ihm über seine astrale Visite und den ungewöhnlichen Mantel, den er dabei trug. Das schien ihn richtig zu freuen, denn er hatte sich am Nachmittag zuvor einen solchen Mantel gekauft und ihn am Abend getragen. McKenzies astrales Double müßte demnach Frau Hankey also noch im Wachzustand aufgesucht haben – natürlich unbewußt, da McKenzie sich an diesen Vorgang partout nicht erinnern konnte.

Unser feinstofflicher Zweitkörper scheint bisweilen ein geheimes Eigenleben zu führen, unbehelligt vom Einfluß des Wachbewußtseins. Skeptiker mögen einwenden, dies alles habe Frau Hankey ausschließlich auf telepathischem Wege erfahren. Dagegen spricht allerdings die Art des Erscheinens von Herrn McKenzie, sein »plastisch«-realer Handlungsverlauf. Telepathisch oder hellseherisch erlangtes Wissen wird dem Empfänger nämlich viel sachlicher, nicht wie »inszeniert« angeboten.

## 3
## *Der Höllen-Trip*

Verlaufen alle Nahtoderlebnisse gut? Sind die Eindrücke und Erfahrungen von Menschen, die den Zustand des klinischen Todes erfahren, bevor sie durch ärztliche Kunst reanimiert werden, immer nur positiv? Vermitteln sie immer nur Gefühle von Ruhe, Harmonie und Geborgenheit, ein ideales Szenarium, das eine Rückkehr in irdische Gefilde nicht wünschenswert erscheinen läßt?

Dr. Maurice Rawlings, Professor für klinische Medizin an der Universität von Tennessee (USA), hat nach Jahren praktischer Erfahrung bei der kardiopulmonalen Wiederbelebung von Patienten seine abweichende Meinung in dem Buch »Beyond Death's Door« (Jenseits der Todestür) niedergelegt. Er gibt darin seiner Überzeugung Ausdruck, daß es auf der »anderen Seite« nicht nur einen Himmel, sondern im wahrsten Sinne des Wortes auch eine Hölle gibt, die einige Patienten im Nahtodzustand erlebt haben wollen.

Rawlings wurde auf diesen finsteren Aspekt der Nahtodforschung zum ersten Mal aufmerksam, als er einen 48jährigen Mann mit Herzstillstand zu reanimieren versuchte. Die Ärzte holten ihn mehrere Male ins Bewußtsein zurück, jedoch entglitt er ihnen immer wieder, wobei sein Gesicht den Ausdruck panischen Schreckens annahm. Jedesmal, wenn er zu sich kam, rief er: »Ich bin in der Hölle«, und er flehte die Ärzte an, ihn nicht wieder zurückgleiten zu lassen. Sein Gesicht glich, so Rawlings, »einer grotesken Grimasse, die blanken Horror ausdrückte«.

Für Rawlings, der bis dahin an Nahtoderlebnissen nicht interessiert war, wurde dieser Fall zu einem Schlüsselerlebnis. Er begann, auf die Reaktionen seiner Patienten besser zu achten und sie nach der Wiederbelebung zu befragen. In einem anderen, von Rawlings allerdings nicht miterlebten Fall stürzte ein Holzarbeiter von einem hohen Gerüst kopfüber auf einen Baumstamm, der in einem Fluß schwamm. Er erlitt schwere Verletzungen und verlor sofort das Bewußtsein. Später behauptete er, er habe sich »in der Hölle« befunden, am Rande eines »furchtbaren Sees aus Feuer und Schwefel«. Als schließlich die Vision verblaßte, erlebte er eine Art Panoramafilm seines gesamten Lebens, an dessen Ende eine christusähnliche Gestalt auf ihn zutrat. Hier handelt es sich offenbar um jene von zahlreichen »Rückkehrern« aus dem klinischen Tod geschilderte Engel- oder Christusfigur. Sie weiß alles über den im Jenseits Erschienenen und macht ihm dies schweigend oder mit nur wenigen Worten deutlich, bevor der Betreffende in seinen biologischen Körper zurückkehren muß.

An dieser Stelle verläßt Rawlings leider die sachliche Berichterstattung, und er begibt sich auf das Gebiet religiöser Spekulationen von einer Art, die weit über den für eine klinische Untersuchung zu steckenden Rahmen hinausgeht. Er meint nämlich, daß diese erste Begegnung auch dazu bestimmt sein könnte, eine angenehme Situation vorzutäuschen und so den Wunsch nach einer Änderung des eigenen Lebens zu verhindern. Es könnte sich dabei um ein »satanisches Täuschungsmanöver« handeln, so wie dies auch von einigen Sektenpredigern behauptet wird.

Eine von Rawlings Patientinnen erlebte, wie sie in einem Tunnel nach unten flog und schließlich in einer mit halbmenschlichen Gestalten und Dämonen gefüllten Höhle landete. Sie meinte, dort vielleicht Schlechtes erlebt zu haben, konnte sich daran aber nicht mehr erinnern. Womöglich hatte sie nur Angst vor der Erinnerung. Rawlings glaubt nun, daß dies eventuell bei einer erheblichen Zahl von Patienten der Fall sei, daß also die unangenehmen Erinnerungen aus

Angst verdrängt werden. Das war auch im zuvor zitierten Fall des 48jährigen so, der nach mehrfachen »Höllenerlebnissen« während der Reanimation schließlich doch ein gutes Erlebnis hatte und sich später *nur an dieses* erinnerte.
Rawlings Buch wirkte nach den positiven Berichten anderer Nahtodforscher zunächst wie ein Schock und wurde inzwischen von zahlreichen Wissenschaftlern heftig kritisiert. Man wirft Rawlings einerseits vor, Patientenbefragungen nicht mit wissenschaftlichen Methoden durchgeführt zu haben, andererseits seine Ergebnisse mit religiösen Argumenten überlagert und somit ebenfalls außerhalb der Wissenschaft angesiedelt zu haben.
Der vor Jahren ermordete amerikanische Parapsychologe und Autor D. Scott Rogo, mit dem der Autor eine Zeitlang korrespondierte, hat in einer kritischen Betrachtung der Rawlingsschen Untersuchung darauf hingewiesen, daß dessen These, Patienten unterdrückten negative Erlebnisse und erinnerten sich später nur noch der guten, von anderen Forschern nicht bestätigt werde. Auch der amerikanische Psychologe Dr. Charles Garfield und der deutsche Arzt Dr. Paul Becker (Limburg) widersprachen Rawlings These. Nach Dr. Becker bleiben seine Patienten bei ihren Aussagen, auch wenn ihre Erlebnisse negativ waren.
Niemand bestreitet, daß es diese »black trips« gibt. Becker stellte sie vor allem bei Selbstmördern fest, etwa einem Viertel aller Befragten. Sie traten aber auch bei Personen auf, die entweder unter einer starken Gewissensbelastung standen oder solchen, die im Leben vom Pech verfolgt wurden und die »unter einem Gefühl der Sinnlosigkeit ihrer Existenz« dahinvegetierten. Bei ihnen könnten Sterbeerlebnisse zu einem Zustand der »grauen Kälte«, der totalen Vereinsamung, führen, aus dem sich der Patient nicht lösen kann, ähnlich wie bei Depressionen. Rawlings hat demnach recht, was die fundamentale Tatsache angeht, daß ein gewisser Prozentsatz von Erfahrungen im klinisch toten Zustand tatsächlich alptraumähnlichen Charakter haben kann. Wenn er aber daraus den

Schluß zieht, daß auf einen Teil der Hinübergehenden Feuer und Schwefel warten oder gar, daß Satan als Engel verkleidet Neuankömmlinge empfängt und ihnen nur etwas vorgaukelt, damit sie nach ihrer Rückkehr in die Welt der Lebenden nur Gutes vom Jenseits berichten, dann nimmt er eine dogmatisch-religiöse Haltung ein, die der seriösen Sterbeforschung schadet.

Was aber sind diese Alptraum-Jenseitserlebnisse? Alle Indizien aus Hunderten von Befragungen lassen erkennen, daß man diese nicht mit Rausch-Halluzinationen gleichsetzen darf. Eine zufriedenstellende Antwort läßt sich nicht finden, und wir sollten hier mehr auf die Meinung klinisch erfahrener Pragmatiker wie Dr. Elisabeth Kübler-Ross und Dr. Paul Becker hören. Beide sind gleichermaßen der Überzeugung, daß diese »Höllenvisionen« keinesfalls die objektive Realität widerspiegeln, sondern einen subjektiven Zustand, der aus der Lebenseinstellung oder Summe des Gewissens der Sterbenden resultiert.

Zu all dem heißt es bei Dr. Kübler-Ross: »Wenn Menschen, in denen eine Menge Angst, Zorn und Schuldgefühle stecken, ein Todesnäheerlebnis haben, dann befinden sie sich dabei nicht im spirituellen Bereich. Sie projizieren vielmehr ihre Ängste auf eine psychische Bühne, wo sie dann in der Tat einen Satan sehen und schreckliche Erfahrungen machen können – ähnlich wie Menschen, die LSD oder andere Drogen nehmen, Erfahrungen haben, die sehr real, aber nicht ›Wirklichkeit‹ sind. Wenn ein menschliches Wesen den physischen Körper verläßt, d. h. das physische Energiefeld, dann bewegt es sich durch das psychische Energiefeld hindurch in Richtung auf das spirituelle Energiefeld. Letzteres kann aber keine Negativität enthalten, da es von Gott ausgeht und nicht von Menschen beeinflußbar ist. Hingegen kann man in das Zwischenstadium seine Ängste hineinprojizieren und erfahren, was man will oder braucht oder vor was man Angst empfindet. Dies ist der Unterschied zwischen dem Realen und der Wirklichkeit ...«

Dr. Kübler-Ross hätte noch hinzufügen können, daß diese psychische Realität natürlich nicht erst von LSD-Experten und Sterbeforschern entdeckt wurde. Sie ist vielmehr eine allen Esoterikern seit Jahrtausenden bekannte Tatsache. Man braucht nur einmal an die schrecklich-schönen Bilder eines Hieronymus Bosch zu denken. Vielleicht greift dieser Bereich in den des kollektiven Unbewußten der Menschen hinein und tritt deshalb so oft mit denselben Bildmotiven auf.
Es ist kaum verwunderlich, daß wir auch in der mediumistischen Literatur Hinweise auf diese subjektive Realität finden, z. B. in der bekannten Trilogie des Engländers Robert James Lees oder den Visionen der Russin Fanny Moisseva. Als medial, weil in Ekstase erhalten, könnte man auch die Höllenvisionen der Kinder von Fatima und Garabandal bezeichnen. Dies liegt allerdings außerhalb wissenschaftlicher Erfahrbarkeit. Doch bleibt interessant, daß so grundverschiedene Zeugen wie Lees einerseits und Paul Becker andererseits darin übereinstimmen, daß die »Strafe« des noch nicht zum Licht erwachten Sünders, so real und schmerzhaft er sie auch erfährt, nicht von Teufeln und Dämonen »beschlossen« und an ihm vollzogen wird, sondern daß der Sterbende sein eigenes Gericht *in sich trägt*.
Es wäre sicher besser für die noch junge Wissenschaft der Thanatologie (Sterbeforschung), wenn man sich darauf beschränken würde, ihre Ergebnisse zur Kenntnis zu nehmen, ohne sofort subjektive religiöse Folgerungen daraus zu ziehen. Man gerät sonst in eine Situation, in der dieses Wissensgebiet von gleich zwei Seiten angefochten wird: von Fundamentalisten wie Rawlings, die hinter dem Ganzen ein teuflisches Täuschungsmanöver vermuten, und von Psychologen – ohne eigene Erfahrung in der Betreuung von Sterbenden –, die alles für Halluzinationen halten.

# 4
## *Aus dem Jenseits zurück*

Camp Barkeley, Texas, Anfang Dezember 1943. George Ritchie aus Richmond, Virginia, hat gerade seine Grundwehrausbildung hinter sich. Er packt die Koffer, um in seine Heimatstadt Richmond zu fahren, wo er auf Kosten der Armee ein Ausbildungsprogramm für Militärärzte absolvieren soll, für einen einfachen Soldaten eine besondere Auszeichnung. In der Nacht, als er nach Richmond fahren will, geht es ihm gesundheitlich sehr schlecht. Das, was er zunächst für eine harmlose Erkältung hält, soll sich schon bald als eine ernsthafte Erkrankung herausstellen. Während einer eilends vorgenommenen Röntgenuntersuchung wird er bewußtlos. Er fällt zu Boden.

In der Juniausgabe 1963 der Zeitschrift »Guidepost« berichtete Ritchie über seine damaligen Erlebnisse: »Als ich meine Augen aufschlug, lag ich in einem kleinen Zimmer, das ich nie zuvor gesehen hatte ... Ich lag einige Zeit so da und versuchte mich zu erinnern, wo ich mich befand. Plötzlich riß es mich hoch: ›Der Zug. Jetzt versäume ich den Zug.‹« Weiter heißt es hier: »Ich weiß wohl, daß das, was ich nun beschreiben will, unglaubhaft klingt. Dabei kann ich es ja selbst nicht verstehen und nur den Ablauf der Geschehnisse wahrheitsgetreu wiedergeben. Ich sprang aus dem Bett und suchte nach meiner Uniform. Als ich mich umschaute, erschrak ich. Da lag jemand in meinem Bett, das ich gerade verlassen hatte.

In dem dämmrigen Licht trat ich einige Schritte näher, dann prallte ich zurück. Da lag ein Toter. Die eingefallenen Wangen und die graue Haut boten einen grausigen Anblick. Dann

fiel mein Blick auf den Ring am Finger der Person. An der linken Hand trug sie denselben Ring wie ich.«
Ritchie rannte auf den Korridor hinaus. Das Zimmer war ihm unheimlich. Draußen liefen Leute herum, aber offenbar konnte ihn niemand sehen. Was immer er berührte: Er vermochte auch nichts zu greifen, glitt mit seinen Händen durch alles, was er anfassen wollte, hindurch. Entsetzt flüchtete er ins Freie.
Ritchie: »Als ich wieder zu mir kam, wußte ich, daß die Leiche im Bett ich selbst war, unbegreiflicherweise von *mir* getrennt, und daß ich zu ihr zurückkehren mußte, um mich so schnell wie möglich wieder mit ihr zu vereinigen.«
Nachdem er ins Krankenhaus zurückgekehrt war, hatte Ritchie Mühe, seine Leiche wiederzufinden. Über deren Gesicht war ein Tuch gedeckt. Aber er erkannte sich an dem Ring wieder, der an der Hand steckte, die unter der Decke hervorschaute. Ritchie versuchte das Tuch wegzuziehen, bekam es aber nicht zu fassen. Dann kam ihm plötzlich der Gedanke: »Das ist der Tod; das nennen die Menschen den Tod, dieses Gespaltensein in zwei Teile [in einen materiellen, biologischen und einen astralen, geistigen Körper; d. Verf.].«
Ritchie wörtlich: »Dann war das Zimmer auf einmal voller Licht, voller Liebe. Es wurde überflutet, durchdrungen und erleuchtet von einer allumfassenden, nie erlebten Barmherzigkeit. Es war ein tröstliches, freudvolles Gefühl, so daß ich mich für immer in diesem Wunder verlieren wollte. Die Gegenwart Christi erfüllte den Raum. Aber da war noch etwas anderes: Jede Einzelheit meines gesamten Lebens war ›da‹, wurde ›sichtbar‹, und jedesmal fragte ich mich: ›Was hast du mit deiner Zeit auf Erden gemacht?‹«
Im ausgetretenen Zustand des Totseins sollte Ritchie noch viel eindrucksvollere Visionen erleben: »Ich folgte Christus durch ganz gewöhnliche Straßen und Gegenden, die voller Menschen waren. Ihre Gesichter waren die unglücklichsten, die ich je gesehen hatte. Jeder schien einen anderen Kummer mit sich herumzuschleppen. Ich sah Geschäftsleute durch die

Korridore der Häuser eilen, in denen sie gearbeitet hatten, und merkte, daß sie vergebens versuchten, sich Gehör zu verschaffen. Ich sah eine Mutter hinter einem 60jährigen Mann herlaufen, ihrem Sohn, wie ich vermutete, und ihn zur Vorsicht mahnen. Aber er schien ihr gar nicht zuzuhören.
Plötzlich erinnerte ich mich, daß ich selbst an diesem Abend nichts anderes im Kopf gehabt hatte, als nach Richmond zu kommen. Ging es diesen Leuten auch so? Waren ihr Herz und ihr Sinn nur mit irdischen Dingen beschäftigt, und hielt sie das jetzt, da sie die Erde verlassen hatten, hoffnungslos daran fest? Ich fragte mich, ob das die Hölle sei, sich sinnlos zu grämen, ein Gefühl völliger Hilflosigkeit. Das müßte wirklich die Hölle sein.«

Ritchie durfte dann noch in zwei andere Welten blicken. Er hatte jedoch das Gefühl, daß diese zu »wirklich« waren, um »geistige Welten« zu sein. In der einen Welt wollte man die »Wahrheit« ergründen. Er sah Bildhauer, Philosophen, Komponisten und Erfinder, große Universitäten, Bibliotheken und wissenschaftliche Forschungsstätten, viel phantastischer noch als jene, die in der modernen Science-fiction-Literatur beschrieben werden. Zuletzt erblickte er noch eine große Stadt aus Licht, deren Schönheit ihn blendete. Man darf annehmen, daß es sich bei den zwei geschauten Welten um parallele Universen handelt, um Realitäten, die dimensions- und/oder zeitverschoben mit der unsrigen existieren, die wir aber mit unserem Wachbewußtsein nicht »erreichen«, d. h. wahrnehmen können.

Und dann wachte Ritchie ganz plötzlich in seinem Bett auf. Sein Astralkörper und damit auch sein Bewußtsein hatte wieder in seinen biologischen Körper zurückgefunden. Bevor er das Krankenhaus als geheilt verlassen konnte, warf er einen Blick in seine Krankenakte. Hierin hieß es lapidar: Schütze George Ritchie, gestorben am 20. Dezember 1943, doppelseitige Lungenentzündung.

Später kam er mit seinem Arzt ins Gespräch, der ihm bestätigte und eidesstattlich bezeugte, daß er seinerzeit tatsäch-

lich klinisch tot war, daß ihn aber eine Adrenalinspritze wieder zum Leben erweckt hatte. Seine Rückkehr ins Leben, ohne Gehirnschäden oder andere dauernde Behinderungen davonzutragen, war nach Auskunft des behandelnden Arztes der erstaunlichste Fall in seiner gesamten Praxis.
Dieser Fall zeigt einmal mehr, daß bestimmte Nahtoderlebnisse, Astralkörperaustritte und auch intensive Wachtraumsituationen eines gemeinsam haben: die Tatsache, daß die im Wachzustand uns real erscheinende Welt nur eine von offenbar unendlich vielen ist, mit zahllosen Entwicklungsmöglichkeiten, und daß sich unser unsterbliches Bewußtsein beim biologischen Tod in jeder derselben einzuklinken vermag. Ob wir uns dabei eine aussuchen können oder ob wir nur Spielball eines unergründlichen Schicksals sind, bleibt dahingestellt.

## 5
## *Die Schreckenshöhle*

Geheimnisvolles Tibet. Dieses Land zu durchstreifen, seine Geheimnisse zu erforschen, war schon immer der Wunsch von Sven Steffenson, der als geübter Extrembergsteiger die Bergwelt des Himalaya ganz allein erkunden wollte.

Nachdem er dort bereits eine größere Strecke zurückgelegt hatte, kam es zu jenem verhängnisvollen Zwischenfall, der sein Leben radikal verändern und in nicht vorhersehbarer Weise beenden sollte. Steffenson strauchelte und stürzte kopfüber 1500 Meter in die Tiefe. Daß er, trotz schwerster Verletzungen, dennoch mit dem Leben davon kam, verdankte er dem Umstand, daß sein Fall immer wieder durch das Geäst von Buschwerk abgebremst wurde, er also in »Etappen« fiel.

Teeschmuggler, die vom benachbarten China herüberkamen, fanden den Schwerverletzten und brachten ihn in ein nahe gelegenes Höhlenkloster, wo sie ihn der Obhut tibetischer Mönche anvertrauten. Einheimische nennen dieses Kloster, in dem die Zeit stillzustehen scheint, »Höhle der Toten«, weil in ihm die Geister von Tausenden Verstorbener hausen sollen. Die dort lebenden Mönche scheint die Nachbarschaft der Toten nicht weiter zu stören. Sie beten unentwegt und scheren sich nicht um das, was sich die Menschen in dieser Gegend von der Höhle erzählen. Sechs lange Monate lag Steffenson dort mit gebrochenem Rückgrat, ohne sich rühren zu können. Die Mönche pflegten und nährten ihn hingebungsvoll, so daß er trotz seines geschwächten, komatösen Zustandes am Leben blieb.

Eine englische Expedition, die mit Beleuchtungseinrichtungen nach Tibets Hauptstadt Lhasa an dem Höhlenkloster vorbeikam, erfuhr durch einen Mönch vom Schicksal des Verunglückten. Nachdem die Engländer auf der nächsten Paßhöhe ihre Geräte einer tibetischen Expedition übergeben hatten, nahmen sie auf dem Rückweg Steffenson mit, um ihn nach anstrengendem Transport – er mußte über die Berge getragen werden – in einem nordindischen Hospital abzuliefern. Die Ärzte dort vermochten ihm aber auch nicht mehr zu helfen. Zwei Jahre sollte der völlig verkrüppelte Steffenson noch leben, bevor ihn der Tod von seinen unerträglichen Schmerzen erlöste. Und während dieser Zeit konnte er noch seine unheimlichen Erlebnisse in der »Höhle der Toten« diktieren. Den Leser seines Tagebuchs versetzen sie in ein Szenarium, das Dantes »Inferno« entnommen sein könnte: »Ich glaube, ich war dem Tod näher als dem Leben. Heute weiß ich wieder alles, ich entsinne mich ganz genau.

Ich hatte mich zu weit über einen Felsvorsprung hinausgewagt. Plötzlich gab das Gestein unter mir nach, und da wußte ich, daß ich fiel. Ich griff hier- und dorthin, so als ob ich mich irgendwo anklammern wollte. Dabei zogen Gedanken und Bilder von außerordentlicher Genauigkeit und Klarheit an mir vorbei … Ich träumte, während ich fiel. Ich dachte an tausend Dinge und hatte keine Angst. Mit einemmal empfand ich einen dumpfen Schlag, hatte aber keine Schmerzen. Doch ich spürte, wie ich schon wieder rutschte, ausglitt und erneut im Raum schwebte. Die Gedanken von zuvor setzten sich fort. Nur schaute ich jetzt, während ich fiel, in den Himmel, sah die Wolken und zwischen ihnen ein Stück der wundervollen Bläue über den Wipfeln. Ich fiel und glitt immer noch. Es wunderte mich, daß ich keinerlei Schmerzen empfand. Dann, der schwere Aufschlag …

Ich lag inmitten eines riesigen dunklen Gewölbes. Niemand anderes als ich war darin. Es war eisig kalt. Von der Decke herunter flatterten große Vögel auf mich zu. Sie kamen ganz nah. Die Tiere hatten große runde Augen, die blitzten, als ob

Feuer in ihnen wäre. Diese Vögel waren so groß wie ich. Es hätten auch Fledermäuse sein können, aber gab es denn so riesige Fledermäuse?

Während ich diese Vögel sah, überlegte ich, ob ich bereits tot sei. Ich hatte vor diesen Vögeln keine Angst. Immer mehr von ihnen umkreisten mich. Dann kamen Leuchtkäfer, die wie winzige Laternen über meinem Kopf verharrten ... Ich wußte, daß ich mich nicht bewegen konnte, aber ich hatte ja keine Schmerzen. Also mußte ich doch eigentlich tot sein.

Schloß ich die Augen, drehte sich alles um mich her. Jedenfalls hatte ich das Gefühl, als ob das bißchen Gleichgewicht, das in einem Toten sein könnte, erschüttert würde, wenn ich mit meinen Augen nicht mehr den riesigen »Fledermäusen« und Leuchtkäfern folgte. Aber: Kann man denn überhaupt die Augen schließen, wenn man tot ist?

Eines Tages oder Nachts (?) ... erschienen auf einmal Gestalten, die Fackeln in den Händen trugen und Masken auf den Köpfen hatten, die mir das Blut in den Adern erstarren ließen. Furchterregende Augen glotzten mich an. Wesen, die nichts Menschliches an sich hatten, umkreisten mich. Sie schlugen mit ›Feuerbränden‹ nach mir, jedoch ohne mich zu treffen, ohne mich auch nur zu berühren, wie geschickte Akrobaten, die über mich hinwegzutanzen wußten, und dies mit einer Leichtigkeit, die nichts Irdisches mehr an sich hatte.

Danach sah ich plötzlich die ersten tibetischen Mönche mit ihren kahlgeschorenen Schädeln, die sich um mich kümmerten, die mich pflegten. Wie lange ich dort gelegen habe, weiß ich nicht, auch nicht, ob ich vorher tot war und nun zu neuem Leben erweckt wurde, oder was überhaupt mit mir geschehen war.

Immer, wenn die Mönche gegangen waren und mich allein gelassen hatten, kehrten die Schreckgestalten, die Fledermäuse und großen Glühkäfer, zurück und trieben ihr Spiel mit mir. Und trotzdem hatte ich keine Angst und verspürte ich auch keine Schmerzen.

Mit niemandem konnte ich ein Wort sprechen, weil die Mönche, die mich besuchten, stumm waren. Eines Tages brachten sie mich in eine andere Höhle, die weniger dunkel und etwas wärmer war als die andere. In der kleineren Höhle erlebte ich tausendfach das, was die Phantasie eines Dante bei seiner Höllenfahrt auszudenken vermochte.
Hier gab es zwar keine riesigen Fledermäuse mehr, die auf mich niederstießen, aber Wesen, die einst Menschen waren. Sie schlängelten sich an mich heran. Ich versuchte, mit den Händen nach ihnen zu greifen, aber diese versagten den Dienst. Die Wesen kamen ganz nah an mich heran und leuchteten in der Finsternis. Ihre Körper waren durchsichtig und ihre Hände knochig, so als ob bei ihnen Fleisch und Haut schon gewichen wären. Aber ihre Körper waren noch fest. Jedenfalls erkannte man ihre Umrisse, man konnte durch sie hindurchschauen.
Sie kamen, griffen nach mir und streichelten mich. Von der Berührung ihrer eiskalten Hände graute mir. Gestalten, die im einstigen Leben vielleicht Frauen waren, beugten sich über mich, küßten mich auf die Augen. Ich lag da, in ohnmächtiger Angst und konnte gegen diese Wesen nichts tun. Jedesmal, wenn dieser Spuk vorbei war, und auch dann, wenn die Mönche erschienen ... bemühte ich mich, meine Gedanken zu ordnen. Ich versuchte realistisch zu bleiben, mit Vernunft alles zu registrieren und mir klar darüber zu werden, daß ich bestimmt unter Fieberträumen leide, hervorgerufen durch meinen Sturz, denn allmählich kam bei mir die Erinnerung an diesen zurück. Womöglich hätte mir das Erscheinen dieser Phantome früher oder später den Verstand geraubt. Da aber seid ihr gekommen, um mich zu holen. Ich weiß nicht, ob ihr das gehört habt: Als ihr mich aus der Höhle getragen habt, vernahm ich das Kreischen und höhnische Gekichere der Geister, die nicht damit einverstanden waren, ihr wehrloses Opfer zu verlieren ...«
Der nach zwei Jahren in dem indischen Hospital verstorbene Sven Steffenson wurde obduziert. Die Untersuchung

ergab, daß er beim Sturz einen doppelten Schädelbruch sowie einen zweifachen Wirbelsäulenbruch erlitten hatte. Englische Mediziner, die diesen interessanten Fall begutachteten, meinten später, daß die festgestellten körperlichen Schäden und das hohe Fieber wohl Halluzinationen ausgelöst hätten.

Es ist gut möglich, daß Menschen mit traumatischen Verletzungen entsprechenden Sinnestäuschungen ausgesetzt sind, die durch Störungen in der Netzhaut oder im Sehzentrum zustande kommen. Sie können z. B. darin bestehen, daß empfangene Bilder extrem stark vergrößert werden, so daß in der Höhle herumflatternde Fledermäuse und Glühkäfer gigantische Ausmaße annehmen. Die dämonischen Gestalten mit den Masken erinnern an bestimmte Riten sogenannter Teufelstänzer, die im Fernen Osten bei schweren Krankheiten zum Einsatz kommen, um durch eine Art Schocktherapie den Organismus des Kranken positiv zu beeinflussen. Diese »Technik« war vielleicht auch im Fall des Sven Steffenson angewendet worden. Seine Halluzinationen ließen sich nach Meinung der englischen Gutachter auch aus bestimmten Lichteffekten erklären sowie aus dem Auftreten von Nebelschwaden, die durch schwankende Temperaturen und Feuchtigkeitsverhältnisse in den dortigen Höhlen entstehen können.

# 6
## *Mitteilungen von »drüben«*

In der Geschichte der wissenschaftlich gestützten Parapsychologie gibt es kein anderes Medium, das von einer solchen Vielzahl von Experten so lange und intensiv untersucht wurde wie die Amerikanerin Leonore Evelina Piper (1859–1950). Trotz strengster Versuchsbedingungen wurden ihr nie Manipulationen oder betrügerische Machenschaften nachgewiesen. Die Zahl der über sie im Verlaufe von drei Jahrzehnten verfaßten Abhandlungen und Studien ist beachtlich. In den sogenannten »Proceedings« der »Society for Psychical Research« (S. P. R.) – der berühmten englischen »Gesellschaft für paranormale Forschung« – füllen die Arbeiten über sie allein schon mehr als 3000 Seiten.

Bereits im zarten Alter von acht Jahren hatte sie ihr erstes paranormales Erlebnis. Sie spielte im Garten des elterlichen Hauses in Boston, als sie plötzlich einen kräftigen Schlag auf ihr rechtes Ohr verspürte. Im gleichen Augenblick vernahm sie einen langgezogenen Zischlaut, dem die Worte »Tante Sara nicht tot, sondern noch bei dir« folgten. Die arg verschreckte Leonore lief schnurstracks ins Haus, um ihren Eltern über das sonderbare Erlebnis zu berichten. Diese hielten die Mitteilung ihrer Tochter für kindliche Phantasie, machten aber dennoch einen entsprechenden Vermerk im gemeinsamen Tagebuch.

Nur wenige Tage später traf mit einem Brief die Nachricht ein, daß Tante Sara überraschend verstorben sei, just am gleichen Tag und zur gleichen Stunde, als Leonore von ihrem sonderbaren Erlebnis im Garten berichtet hatte. Zufall oder

mehr? Im Alter von 22 Jahren heiratete Leonore William Piper aus Boston. Drei Jahre später sollte es zu jenen merkwürdigen Ereignissen kommen, die ihrem weiteren Leben einen ungewöhnlichen Verlauf gaben.
Als sie im Jahre 1884 erkrankte und den blinden Hellseher Dr. J. R. Cocke aufsuchte, der für seine exakten Diagnosen bekannt war, fiel sie in dessen Praxis kurzzeitig in Trance. Während einer zweiten Konsultation bei Dr. Cocke nahm sie an einer für therapeutische Zwecke bestimmten Sitzung teil. Als Dr. Cocke ihr die Hand auf den Kopf legte, fiel sie erneut in Trance. In diesem Zustand griff sie zu Feder und Papier, um in aller Hast einige Zeilen darauf zu kritzeln. Sie drückte den beschriebenen Zettel einem anwesenden, ihr jedoch völlig unbekannten Mann in die Hand: Judge Frost, ein aus Cambridge stammender Jurist. Als dieser das Geschriebene las, wurde er blaß. Es war eine Botschaft seines verstorbenen Sohnes, die viele persönliche Details enthielt und die Frau Piper unmöglich wissen konnte.
Dieser Vorfall sprach sich schnell herum, was zur Folge hatte, daß man sie bestürmte, an Séancen mit ihr teilnehmen zu dürfen. Die eher scheue Frau Piper lehnte öffentliche Auftritte ab. Nur im engsten Freundeskreis zeigte sie gelegentlich ihre verblüffende Fähigkeit, mit Verstorbenen Kontakt aufzunehmen.
Ein Jahr nachdem man Frau Pipers Medialität entdeckt hatte, gelang es dem renommierten Havard-Professor für Philosophie und Psychologie William James zu einer der wenigen privaten Sitzungen eingeladen zu werden. Skepsis und Neugierde hielten sich bei ihm die Waage. Erst die zweite Séance brachte den Durchbruch und überzeugte Professor James von der Echtheit ihrer medialen Fähigkeiten. Von da an ließ er keine ihrer Sitzungen mehr aus, die er, mit Einverständnis von Frau Piper, peinlich genau kontrollierte. Mehr als 18 Monate behielt er so das Medium im Visier, überwachte die Räumlichkeiten, in denen die Sitzungen stattfanden und zog schon im voraus Erkundigungen über die geladenen Teil-

nehmer ein. Das Ergebnis seiner Untersuchung hielt Professor James in einer wissenschaftlichen Abhandlung fest. In ihr heißt es unter anderem: »Sie weiß in Trance Dinge, von denen sie im Wachzustand unmöglich etwas vernommen haben kann. Die Philosophie (sic!), die ihre Fähigkeiten in Trance zu begreifen oder zu erklären vermag, gilt es noch zu finden.« Das Procedere bei den Sitzungen wurde in zahllosen Protokollen genau festgehalten. Befand sich Frau Piper erst einmal in Trance, meldete sich aus dem Medium zunächst der sogenannte »Vermittler«, den man heute als Spaltpersönlichkeit des Sensitiven bezeichnen würde. Und diese gab die Antworten auf gestellte Fragen, die sie von einer weiteren Jenseitspersönlichkeit, dem Kommunikator, erhielt, an das Medium weiter. Die empfangene Information wurde vom Medium ausgesprochen oder auch automatisch niedergeschrieben. Als Professor James seine Experimente durchführte, handelte es sich bei dem »Vermittler« angeblich um den »Geist« des verstorbenen französischen Arztes Phinuit. Er war sehr mitteilsam und berichtete häufig über sein irdisches Leben – über Dinge, die allerdings nicht mehr überprüft werden konnten.

Der Jenseitige versorgte die Séancen-Teilnehmer aber auch mit detaillierten Informationen über deren verstorbene und lebende Freunde und Verwandte, die erstaunlich genau waren. Gelegentlich übermittelte das Medium Botschaften jenseitiger Angehöriger direkt, d. h. ohne Vermittlung der Kontrollpersönlichkeit. Die Stimme des Sensitiven nahm dann häufig Färbung und Tonfall des Verstorbenen an. Phinuit selbst hatte eine tiefe, heisere Stimme. Sie stand im starken Kontrast zu der weichen, hohen Stimme von Frau Piper. Als Professor James aus Zeitmangel die Überwachung der Sitzungen einstellen mußte, übernahm im Jahre 1887 die Londoner S. P. R. die Fortführung der Untersuchungen und entsandte ihren Mitarbeiter Dr. Richard Hodgson nach Amerika. Der pedantische Skeptiker Hodgson war als Trickexperte vor allem bei betrügerischen Medien sehr gefürchtet.

Kaum war er in Boston eingetroffen, ergriff er alle nur denkbaren Vorsichtsmaßnahmen, um Betrug oder Täuschung von vornherein auszuschließen. Er beauftragte sogar einen Privatdetektiv mit der ständigen Überwachung von Frau Piper, um zu vermeiden, daß diese sich vor den Séancen über das Privatleben potentieller Teilnehmer informierte.
Drei Tage vor jeder Sitzung durfte Frau Piper keine Zeitungen lesen. Hodgson bestimmte allein, wer zu einer Séance eingeladen wurde. Er selbst suchte völlig unbekannte Personen aus, die dann auch noch unter falschem Namen und unter Angabe eines anderen Berufs eingeführt wurden.
Trotz all dieser Vorsichtsmaßnahmen blieb Frau Piper erfolgreich. Bei ihren Durchgaben nannte sie lieber Vornamen als Familiennamen. Weniger genau war sie bei der Aufzählung persönlicher Daten. Dafür machte sie nähere Angaben zu Krankheiten, Eigenheiten, zum Charakter von Personen, deren Schwächen und Vorlieben. Sie präsentierte den Anwesenden eine heterogene Mischung bedeutender und unwichtiger Ereignisse aus dem Leben der verstorbenen Personen. Manche Belanglosigkeiten hatten die Betreffenden bereits vergessen. Nachforschungen ergaben dann jedoch die Richtigkeit von Frau Pipers Angaben.
Später zog Hodgson einen weiteren skeptisch eingestellten Gelehrten hinzu – den an der Columbia-Universität lehrenden Philosophieprofessor James H. Hyslop. Die Identität des Wissenschaftlers hatte man Frau Piper verschwiegen. Er war ihr verkleidet als »Mr. Smith« vorgestellt worden.
Die Überraschung kam gleich bei der ersten Sitzung. Alle Mitteilungen deuteten darauf hin, daß diese vom Vater des Professors stammten, einem verstorbenen Farmer. »Er« – die Person, die aus Frau Piper sprach – nannte viele Details, die ihr absolut unbekannt sein mußten. Sie betrafen sowohl Familienangehörige als auch Freunde und Bekannte. Frau Piper beschrieb sogar kleine typische Gegenstände, die sich seinerzeit im elterlichen Farmhaus befunden hatten. Nach insgesamt zwölf Séancen meinte der maßlos verblüffte Hyslop, er

habe den Eindruck, hier tatsächlich mit seinem »Daddy« und anderen Verwandten gesprochen zu haben. In seinem von der S. P. R. später veröffentlichten Bericht heißt es: »Ich neige der Auffassung zu, daß es ein zukünftiges Leben gibt, eine Fortexistenz der persönlichen Identität.«
Ungeachtet der hervorragenden Leistungen von Frau Piper fuhr Hodgson damit fort, noch strengere Vorsichtsmaßnahmen zu ergreifen, um alle nur denkbaren Irrtümer und Fehlerquellen zu beseitigen. Er schlug der S. P. R. vor, Frau Piper nach England kommen zu lassen. In einer neuen, fremden Umgebung würde es sich bei rigoroser Überwachung zeigen, ob ihre medialen Fähigkeiten konstant blieben. Frau Piper, die im November 1889 mit ihren beiden Kindern in London eintraf, stand vom ersten Augenblick ihres Aufenthalts an ständig unter Aufsicht von S. P. R.-Mitarbeitern. Am Bahnhof empfing sie der berühmte Physiker Sir Oliver Lodge (1851–1940), der spätere Präsident der S. P. R. Tags darauf wurde sie im Hause des bekannten Philosophen und Altphilologen Frederic William Henry Myers (1843–1901) in Cambridge untergebracht, wo sie eine Zeitlang gut behütet und laufend beobachtet wohnen sollte. Myers hatte an alles gedacht. Für die Bedienung von Frau Piper und deren Kinder hatte er ein vertrauenswürdiges Dienstmädchen vom Lande ausgesucht, die von den geplanten Experimenten nichts wußte.
Vom November 1889 bis zum Februar 1890 wurden unter strenger Überwachung von Myers, Lodge und Dr. Walter Leaf 88 Sitzungen abgehalten. Wo auch immer diese stattfanden, war alles bereits organisiert. Frau Piper wurde selbst bei ihren Einkäufen von einem Vertrauten der S. P. R. begleitet. Als einige Sitzungen im Hause von Professor Lodge geplant waren, kündigte dieser kurzerhand seinem gesamten Personal und stellte an dessen Stelle neue Leute ein. Zudem hatte er Frau Pipers Genehmigung zur Kontrolle ihrer gesamten ein- und ausgehenden Post erwirkt.
Die Sitzungen bei Lodge verliefen geradezu sensationell. Es

meldete sich nicht nur Lodges Vater, sondern auch sein Onkel William und eine Tante Anne sowie ein schon früh verstorbenes eigenes Kind. Vertrauliche Dinge wurden erwähnt, Kosenamen von Verwandten und Freunden genannt. Im Verlauf weiterer Séancen ließ das Medium die vollen Vor- und Familiennamen der verstorbenen Angehörigen verlauten und schilderte deren Familiengeschichte selbst in Details. Myers war schließlich davon überzeugt, daß selbst ein noch so geschickter Detektiv die zahllosen, von Frau Piper erwähnten Fakten nicht hätte herausfinden können.
Sir Oliver Lodge erwähnte 38 Beispiele, bei denen es um Informationen ging, von denen kein einziger der Teilnehmer auch nur die geringste Ahnung haben konnte. Das galt besonders für die Kindheit seiner zwei Onkel, über die Pipers »Kontrollgeist« Phinuit außerordentlich viel zu wissen schien. Gewissermaßen zur Gegenprobe beauftragte er eine angesehene Detektei mit der Aufgabe, herauszufinden, wieviel auf normalem Wege über die Kindheit der beiden herauszufinden gewesen wäre. Nach wochenlangen Recherchen ließ der hiermit beauftragte Detektiv Lodge wissen: »Frau Piper hat mich geschlagen. Meine Nachfragen bei den ältesten Bewohnern [in den Wohnorten der Onkel] sowie das Studium der Akten und Zeitungen von damals haben viel weniger Fakten zutage gefördert, als sie anzugeben vermochte.«
Der Naturwissenschaftler Lodge, ein Mann, der sich mit seinen Arbeiten auf dem Gebiet der Elektrizität und elektromagnetischen Strahlung einen Namen gemacht sowie ein System der drahtlosen Telegraphie entwickelt hatte, stand vor einem Rätsel und konnte sich nicht erklären, wie Frau Piper nun wirklich in den Besitz dieser Informationen gelangt war. Er konstatierte: »Ich bin mir sicher, daß sie sich viele der Informationen, über die sie in Trance verfügte, nicht auf allgemein üblichem Wege beschafft haben konnte. Frau Piper besitzt vielmehr einige ungewöhnliche Mittel, diese zu erlangen. Gelegentlich wurden Fakten erwähnt, deren Echtheit

erst nachträglich festgestellt werden konnte und von deren Existenz die Betreffenden selbst nie etwas gewußt hatten.«
Weiter heißt es hier: »In Trance ist Frau Piper auch imstande, Krankheiten zu diagnostizieren und über die früheren Eigentümer von beweglichen Gegenständen nähere Angaben zu machen. Das geschieht unter Umständen, die eine Anwendung der sonst üblichen Methoden ausschließen.«
Nach ihrem Englandaufenthalt kehrte Frau Piper nach Amerika zurück, wo Dr. Hodgson auch weiterhin mit ihr experimentierte. Als sich dann ihr jenseitiger »Vermittler« Phinuit allmählich zurückzog, meldete sich bald ein neuer Kommunikator – George Pelham, der unter der Kurzbezeichnung G. P. geführt wurde. Dies war jedoch nur sein Deckname. In Wirklichkeit verbarg sich hinter diesem Namen die Person des verstorbenen New Yorker Rechtsanwalts George Pellew, der Jahre zuvor einmal an einer Sitzung mit Frau Piper teilgenommen hatte. Der neue Kommunikator wußte alles über Pellews Leben. Aus einer Zug um Zug eingeführten Gruppe von insgesamt 150 Personen fand er genau jene 30 heraus, die er persönlich gekannt hatte und über deren privates bzw. berufliches Leben er ganz genau Bescheid wußte.
Hodgson, der alle Sitzungen bis 1897 überwachte, war nach seiner zehnjährigen Tätigkeit im Dienste der S. P. R. fest davon überzeugt, daß die von Frau Piper zustande gebrachten Jenseitskontakte echt waren. In seinem Abschlußbericht heißt es: »Ich muß gestehen, daß ich keinen Zweifel habe, daß es sich bei den Haupt-Kommunikatoren tatsächlich um die Persönlichkeiten handelt, die sie zu sein vorgeben, daß sie die Veränderung überlebt haben, die wir als Tod bezeichnen, und daß sie sich uns, die wir uns die Lebenden nennen, direkt durch den in Trance befindlichen Körper von Frau Piper mitgeteilt haben.« Hodgson erteilt dann der Telepathie-Hypothese für diese Durchgaben eine Absage: »Nachdem ich es mit der Hypothese über die Telepathie Lebender mehrere Jahre versucht habe und mit der ›Geister‹-Hypothese ebenfalls und genauso lange, zögere ich heute nicht, mit absoluter

Sicherheit zu behaupten: Die Jenseits-Hypothese ist durch die Resultate gerechtfertigt.«

Ausschlaggebend für seine offenbar durch nichts zu erschütternde Überzeugung war ein ganz persönliches Erlebnis. Hodgson, der 1855 in Melbourne (Australien) geboren und dort aufgewachsen war, hatte sich als junger Mann unsterblich in ein Mädchen verliebt, das er zu heiraten gedachte. Seine Eltern waren aus religiösen Gründen gegen diese Verbindung. Verbittert wanderte er mit 23 Jahren nach England aus. Er blieb denn auch bis zu seinem Lebensende ledig. Über diesen Sachverhalt hatte er gegenüber Dritten nie etwas verlauten lassen. Bei einer der Bostoner Séancen bemerkte Frau Piper ganz nebenbei, daß ihm jemand etwas auszurichten wünsche. Es handele sich um ein junges Mädchen, das er seinerzeit in Australien heiraten wollte. Sie teilte Hodgson mit, daß sie vor kurzem gestorben sei. Diese Nachricht traf Hodgson wie ein Blitz aus heiterem Himmel. Nachforschungen ergaben, daß seine damalige Braut tatsächlich kurz vor Frau Pipers Durchgabe gestorben war. Eines überzeugenderen Beweises für die Richtigkeit der Überlebenshypothese hätte es wohl nicht bedurft. Diese Botschaft war der krönende Abschluß von Hodgsons langjähriger Forschungstätigkeit im Dienste der S. P. R.

# 7

## *Der Mann, der Tote sprechen ließ*

Wenn schon das Phänomen medialer Durchsagen über jenseitige Kommunikatoren aus dem Munde sensitiver Personen wie Leonore Evelina Piper erstaunlich genug ist, darf das der sogenannten »direkten Stimmen« als ein geradezu unumstößlicher Beweis für die Fortexistenz des menschlichen Bewußtseins nach dem biologischen oder physischen Tod angesehen werden.

»Direkte Stimmen« beweisen, daß sich die jenseitigen Wesenheiten auch losgelöst vom irdischen Organismus manifestieren können. Parapsychologen verstehen hierunter eine frei im Raum entstehende, unterschiedlich gut verständliche menschliche Stimme paranormalen Ursprungs. Sie gehen davon aus, daß zu ihrer Erzeugung Jenseitige dem Medium materialisiertes *Ektoplasma* (heute: *Bioplasma*) – eine hypothetische, normalerweise feinstoffliche Substanz – entziehen und hieraus eine Art künstlichen »Kehlkopf« bilden. Dieser würde dann, so die Theorie, von den Jenseitigen aktiviert und moduliert werden, um sich im Diesseits zu artikulieren und um sogar eine Zweiweg-Kommunikation zu ermöglichen.

Eines der bekanntesten »Direktstimmen«-Medien unserer Tage war der mittlerweile verstorbene Engländer Leslie Flint. Da sich seine Eltern getrennt hatten, als er noch klein war, wuchs er in einem Kinderhort der Heilsarmee auf. Schon als Jugendlicher behauptete er, Tote »sehen« zu können, was ihn zunehmend von Gleichaltrigen isolierte. Als 17jähriger besuchte er einmal eine spiritistische Veranstaltung, auf der seine medialen Fähigkeiten entdeckt wurden. Nur zögerlich ließ er diese zur Entfaltung kommen. Sie äußerten sich anfänglich vorwiegend in Materialisationen, tendierten im Laufe der Zeit aber immer mehr zu »direkten Stimmen«.

In seinen Séancen traten wiederholt berühmte verstorbene Persönlichkeiten aus der Film- und Kunstszene in Erscheinung, so unter anderem Leslie Howard, Rudolph Valentino, Bernard Shaw, Enrico Caruso usw. Es waren jedoch nicht nur die Stimmen Prominenter, die sich durch Flints Fähigkeiten artikulierten, sondern auch solche Tausender einfacher Menschen. Viele Sitzungsteilnehmer bezeugten später, mit ihren verstorbenen Verwandten und Freunden gesprochen zu haben. Gerade in diesen Fällen konnte Flint nichts über das Leben und die Gewohnheiten der Toten wissen. Es ist auch kaum anzunehmen, daß ihm die Besonderheiten ihrer Stimmen bekannt waren.

Ganz zu Anfang fiel Flint während der Séancen noch in Trance, und er mußte zur Verstärkung der sich durch ihn manifestierenden Jenseitsstimmen Trompeten benutzen. Nach und nach blieben die Trancezustände aus, und er konnte auf den Gebrauch von Trompeten verzichten. Die Sitzungen, die Flint später bei vollem Bewußtsein erlebte, fanden in einem dunklen Raum statt. Dabei wurde er, um Manipulationen auszuschließen, von Mitarbeitern der S. P. R. gelegentlich mit einem Infrarot-Nachtsichtgerät beobachtet. Nichts deutete darauf hin, daß Flint die Stimmen selbst erzeugte. Sie entstanden vielmehr an einer Stelle neben seinem Körper, kamen also gewissermaßen aus dem »Nichts«. Nach E. Senkowski beschreiben die Transwesenheiten den unsichtbaren, maskenartigen künstlichen »Kehlkopf« als »voice box« (Stimmen-Kasten), der sowohl aus organischen als auch »transmateriellen« Substanzen besteht und der durch psychische Einflüsse [aus dem Jenseits] geformt wird. In Senkowskis neuestem Werk über Kontakte mit jenseitigen Existenzebenen, »Instrumentelle Transkommunikation«, heißt es, daß dieses paraphysikalische Gebilde häufig links oberhalb des Mediums entstehe. Es könne »von geübten Verstorbenen

nach Anpassungsvorgängen derart aktiviert werden, daß eine für alle Anwesenden hörbare dialogfähige Stimme entsteht, die im optimalen Fall der des Verstorbenen gleicht«.
Flints Idol, der große Leinwandheld Rudolph Valentino (Rudolfo Guglielmi), ein amerikanischer Schauspieler italienischer Herkunft, war einer der ersten, der durch ihn sprach, mitunter sogar in seiner Muttersprache. Er prophezeite Flint, daß dieser eines Tages Hollywood besuchen, sich in seinem früheren Haus aufhalten und dort im Schlafzimmer Séancen abhalten werde. Diese Voraussage sollte nach einigen Jahren unerwartet in Erfüllung gehen. Während eines Besuches in Hollywood wurde er von einem dort ansässigen Parapsychologen eingeladen, der die frühere Villa von Valentino bewohnte. Das Zimmer, in dem die Séancen abgehalten wurden, war tatsächlich Valentinos ehemaliges Schlafzimmer. Von jenseitiger Warte aus scheint Zukünftiges festzuliegen und nach einem bestimmten Schema abzulaufen.
Aber nicht nur Schauspieler, sondern auch Schriftsteller wie Rupert Brooke und George Bernhard Shaw, die im Jenseits immer noch zu schreiben vorgaben, meldeten sich. Mahatma Gandhi und der frühere Erzbischof von Canterbury, Cosmo Gordon, diskutierten mit Flint über Spiritualismus, so wie sie ihn aus ihrer neuen Sicht bewerteten. Marilyn Monroe ließ Flint wissen, daß sie keinen Selbstmord begangen habe, sondern an einer Überdosis Tabletten gestorben sei.
Gerade bei »Direktstimmen«-Medien, die wie Flint in abgedunkelten Räumen arbeiten, liegt der Verdacht nahe, daß sie tricksen, z. B. Jenseitsstimmen möglicherweise durch Bauchreden selbst erzeugen. Doch Flint gehörte zu den Medien, die stets bereit waren, sich strengen Tests zu unterwerfen. Dr. Louis Young, der in den USA bereits mehrere dubiose Medien entlarvt hatte, war einer der ersten, der Flint untersucht hatte. Er verabreichte ihm vor der Sitzung gefärbtes Wasser, das er während der gesamten Séance im Mund behalten mußte, um nicht reden zu können. Dennoch kam es nach Verlöschen der Raumbeleuchtung zu den üblichen Stimmen-Ma-

nifestationen. Nach der Sitzung spie das Medium das unveränderte Wasser wieder ins Glas.
Ende der vierziger Jahre experimentierte Reverend C. Drayton im Auftrag der S. P. R. mit Flint, wobei noch strengere Vorsichtsmaßnahmen ergriffen wurden. Drayton klebte ein breites Stück Heftpflaster über Flints Mund und wickelte zudem noch einen Schal um Mund und Kinn. Er band die Hände des Mediums an den Sessellehnen fest und stellte zudem sicher, daß es den Kopf nicht nach unten neigen und das Pflaster mit den Händen zu lösen vermochte. Alle diese Maßnahmen konnten dennoch nicht verhindern, daß sich die Stimmen in der gewohnten Lautstärke und Klarheit äußerten. Eine Kontrolle nach Beendigung der Séance ergab, daß Flint noch immer an den beiden Lehnen festgebunden und sein Mund nach wie vor hermetisch abgedichtet war.
Zum entscheidenden Experiment unter Einsatz moderner technischer Sicherheitsvorkehrungen kam es im Jahre 1972. Konzipiert hatten sie Robert Chapman, wissenschaftlicher Korrespondent des »Sunday Express«, Professor R. Bennett, früherer Leiter der Abteilung für Elektrotechnik an der Columbia-Universität, New York, und Nigel Buckmaster, Mitglied der S. P. R. Wieder wurde Flint an den Sessel gefesselt und geknebelt. An seinem Hals war ein Kehlkopfmikrofon befestigt, das anzeigen würde, wenn er die Stimmen durch Bauchreden produzierte. Flint befand sich außerdem im Visier von zwei Fernsehkameras und einer Infrarotlampe. Ungeachtet der rigorosen Testbedingungen äußerten sich die Stimmen in gewohnter Weise. Mehr noch, die TV-Kameras zeichneten im Kegel der Infrarotleuchte etwa 60 Zentimeter von Flints Kopf entfernt ein kehlkopfartiges Gebilde auf, das offenbar der verbalen Kommunikation diente.
Anfang der siebziger Jahre hatte sich in zwei Séancen der weltberühmte, bereits 1921 verstorbene italienische Sänger Enrico Caruso manifestiert. Die Engländerinnen Ida und Luise Cook – beide leidenschaftliche Verehrerinnen des unvergeßlichen Opernstars und Kennerinnen seiner Biogra-

phie –, die den Sitzungen beiwohnten, waren sich einig, daß es sich bei der damals vernommenen Stimme um die von Caruso gehandelt habe. Beide Damen hatten von den zwei Séancen einen Tonbandmitschnitt angefertigt und diesen dann einem bekannten italienischen Opernsänger vorgespielt. Auch er zweifelte nicht im geringsten an der Echtheit der Stimme, denn »er spräche eindeutig in neapolitanischem Dialekt«. Nur ein großer Sänger könne mit einer solchen Resonanz sprechen. Während einer der beiden Sitzungen wandte sich der »Trans-Caruso« an die Schwestern Cook mit der Frage, ob sie »Rosa« kennen würden. Sie müsse nun beinahe 80 Jahre alt sein. Zweifellos kannten sie die damals 75jährige Rosa Ponselle. Sie war einst eine große Sängerin, die von Caruso entdeckt worden war. Sie hatte mit ihm zusammen an der New Yorker Met ein Operndebüt gehabt.

Bei der zweiten Sitzung äußerte sich Caruso korrigierend zur Ursache seines Todes. Er habe damals ein »Gewächs« gehabt und sei nicht, wie offiziell behauptet, an einer septischen Lungenentzündung gestorben. Später lasen die beiden Schwestern in einer amerikanischen Musikerzeitschrift einen Artikel über den berühmten Tenor. Ein Mediziner, der seinerzeit die Krankengeschichte Carusos bis zu dessen Tod verfolgt hatte, äußerte sich darin dahingehend, daß er in Wirklichkeit an einem Karzinom gestorben sei.

# 8
## *Erinnerungen an die Vergangenheit*

Professor Ian Stevenson vom »Department of Behavioral Medicine and Psychiatry« an der Universität von Charlottesville, Virginia (USA), gehört zu den angesehensten Reinkarnationsforschern unserer Zeit, die interessante Fälle weltweit »vor Ort« recherchieren und kritisch analysieren. Er ist anhand umfangreichen Fallmaterials, das er hauptsächlich in Indien, Pakistan, Ceylon, Syrien, in der Türkei und im Libanon gesammelt hat, davon überzeugt, daß sich vor allem Kinder am intensivsten mit ihren früheren Existenzen identifizieren, da deren Erinnerung an ihre Vorleben noch frisch ist. Stevenson konnte ihre Angaben über die Namen involvierter Personen, die Örtlichkeiten und Ereignisse im Umfeld der behaupteten Vorexistenzen häufig genau überprüfen und fand heraus, daß sie mitunter in geradezu frappierender Weise mit der Realität übereinstimmten. Solche Übereinstimmungen gab es auch in einigen Fällen zwischen Geburtsmalen von Kindern und der Lage bzw. Form von Wunden, die sie in ihrem Vorleben zugefügt bekommen hatten. Sie entsprachen vielfach dem medizinischen Obduktionsbefund.
Stevenson summiert vorsichtig: »Wir haben den Beweis erbracht, daß sich bei diesen Personen ein Merkmal findet, das nach unseren Untersuchungen weder im gegenwärtigen Leben erworben noch erblich empfangen werden konnte und daß einige von ihnen auf die verstorbene Person zutreffen, mit der sie sich identifizieren. Das gleicht im Prinzip einem Beweis für das Überleben des Menschen nach dem physischen Tod. Ich sage ›im Prinzip‹, weil ich mir der möglichen

Fehler bei der Mehrzahl der Fälle bewußt bin.« Einem der von ihm untersuchten Fälle, der des kleinen Libanesen Imad Elawar, hat er in seinem Buch »Twenty Cases Suggestive of Reincarnation« (Zwanzig Fälle von vermuteter Reinkarnation) allein 50 Seiten gewidmet.

Im Jahre 1962 weilte Stevenson einige Zeit in Brasilien, wo er zufällig einen Libanesen traf, der ihm von einem interessanten Reinkarnationsfall in seinem Heimatort Kornayel berichtete. Der kleine, im Dezember 1958 in Kornayel geborene Imad erzählt, seit er zusammenhängend sprechen kann, von Personen und Ereignissen, die nichts mit ihm und seiner Familie – oder mit seinem direkten Umfeld – zu tun haben. Die ersten von ihm deutlich ausgesprochenen Worte sind die Namen Jamile und Mahmoud. In seiner Familie gibt es niemanden diesen Namens. Die Eltern stehen vor einem Rätsel. Ihre Verwirrung nimmt zu, als Imad von einem Unglücksfall erzählt, bei dem ein Mann von einem Lkw überrollt wurde, seine beiden Beine verlor und in der Folge starb. Der Junge behauptet, besagter Mann gehöre zu einer Familie Bouhamzy, die in Khriby, einem 30 Kilometer von Kornayel entfernten Dorf, wohne. Imad selbst war noch nie in Khriby gewesen. Wie einem unerklärlichen Zwang folgend, hatte er seine Eltern wiederholt gebeten, mit ihm dort hinzufahren. Als Imad dann auch noch die Schönheit »seiner Frau« Jamile zu preisen beginnt, ist dies für seine Eltern entschieden zu viel. Sie glauben, daß ihr Sohn halluziniert, und verbieten ihm das sinnlose Geschwätz.

Am 16. März 1964 trifft Professor Stevenson in Kornayel ein und beginnt mit seinen Untersuchungen. Er befragt mit Unterstützung eines Dolmetschers die Eltern des mittlerweile Fünfjährigen und erfährt Näheres über dessen sonderbares Verhalten, das so gar nicht in das Erscheinungsbild eines Kindes paßt.

Schon am zweiten Tag nach seiner Ankunft fährt Stevenson mit dem Jungen und seinen Eltern nach Khirby, einem kleinen, schwer erreichbaren Bergdorf. Eine Umfrage ergibt, daß alle von Imad genannten Namen dort vorkommen. Es zeigt sich auch, daß in dem Ort ein Said Bouhamzy beheimatet war, der sich bei einem Lkw-Unfall beide Beine gebrochen hatte und daraufhin gestorben war. Imads übrige Angaben zum Leben von Bouhamzy erweisen sich jedoch als unzutreffend. Ein Angehöriger der Bouhamzys forscht jedoch unbeirrt weiter und findet schließlich heraus, daß Imads Angaben auf einen Vetter von Said, Ibrahim Bouhamzy, zutreffen.

Drei Tage später fährt Stevenson mit Imad und dessen Vater erneut nach Khriby. Es zeigt sich, daß die Häuser von Ibrahim und Said nahe beieinander liegen. Hier erfährt Stevenson, daß Ibrahim mit seiner Geliebten, einer gewissen Jamile, unverheiratet zusammengelebt hatte.

Ibrahim war nach langer Bettlägerigkeit im Alter von 25 Jahren an Tuberkulose gestorben. Am meisten hatte ihm seine Unbeweglichkeit zu schaffen gemacht. Er vermochte nicht mehr zu gehen. Auch er war jahrelang Lkw-Fahrer und an zwei Unfällen beteiligt. Der Name Mahmoud, den Imad schon als Kleinkind erwähnt hatte, erweist sich als der von Ibrahims Onkel. Dessen Haus, das seit seinem Tod unbewohnt war, scheint Imad genauestens zu kennen. Von den 16 typischen darin enthaltenen und von ihm erwähnten Einrichtungsgegenständen erweisen sich 14 als korrekt. Auch bei der Beschreibung von Ibrahims Lebenslauf ist Imad außerordentlich erfolgreich. Von insgesamt 57 geschilderten Details sind 51 zutreffend. Besonders beeindruckend ist Stevensons Feststellung, daß Imad im Alter von fünf Jahren schon recht gut französisch sprechen konnte. Bezeichnenderweise hatte Ibrahim in der französischen Armee gedient und daher Französisch von der Pike auf gelernt.

Gerade die Kompliziertheit dieses Falles – selbst die Familie Bouhamzy hatte zunächst an Said gedacht, wodurch Telepathie als Erklärung ausscheidet – spricht für ein Überleben der Bewußtseinspersönlichkeit Ibrahim. Daß Imad als Kleinkind den Namen des Onkels Mahmoud erwähnte, könnte auf die

enge Verbundenheit zwischen diesem und Ibrahim zurückzuführen sein. Er war offenbar tief in Ibrahims Bewußtsein verankert und wurde so Bestandteil seiner ins Jenseits hinübergeretteten Persönlichkeit.
Bislang wurde von Reinkarnationsforschern in aller Welt eine Fülle von überzeugendem Beweismaterial für ein Fortleben der geistigen Substanz des Menschen nach dem Körpertod zusammengetragen. Über die Gründe der Rückkehr der Bewußtseinspersönlichkeit in die Welt der materiell Lebenden und über den Mechanismus der Anlagerung an den neuen Gastkörper besteht jedoch nach wie vor Unklarheit. Irgendwann einmal – vielleicht bei unserem eigenen Ableben – werden wir auch diese Rätsel lösen.

# 9
## *Zeitlos – Die geheimnisvollen Leben der Joan Grant*

Haben wir nicht schon einmal oder gar mehrmals gelebt – im Körper einer anderen Person, an einem anderen Ort, zu einer früheren Zeit? Deuten nicht manche in uns aufkeimende Erinnerungen, die gar nicht unsere eigenen zu sein scheinen, auf eine unserer einstigen irdischen Existenzen hin?
Die meisten von uns werden über solche Empfindungen – so sie solche überhaupt haben – mit einem Achselzucken hinweggehen, sie mit Einbildung, Sinnestäuschung und dergleichen abtun, ausgelöst durch irgendwelche äußeren Einflüsse, durch Gespräche, Gelesenes oder das Anschauen von Filmen. Sogenannte Déjà-vu-Erlebnisse – zu glauben, dasselbe schon einmal gesehen bzw. erlebt zu haben – werden vielfach als Indiz für eine frühere Existenz in einem anderen Körper angesehen. Meine Mutter hatte als romantisch veranlagter Mensch beim Besuch gewisser Orte viele solcher Spontanerinnerungen. Damals hielt ich ihre diesbezüglichen Äußerungen für überschwengliche Gefühlsausbrüche und quittierte sie meist mit einem nachsichtigen Lächeln, ohne über mögliche reale Hintergründe nachzudenken. Es gibt jedoch gewisse Fälle, in denen solche Rückerinnerungen wenig mit Erinnerungen an Ähnliches, Erinnerungsfälschungen und dergleichen zu tun haben.
Einen geradezu extrem ausgeprägten Sinn für Erinnerungen an vergangene Leben hatte die bekannte englische Autorin Joan Grant. Sie wurde durch ihr 1937 erschienenes Werk »Winged Pharao« (»Sekhet-a-ra, Tochter des Pharao«) und die später herausgegebenen Bände mit eindrucksvollen Schil-

derungen aus der Zeit der Pharaonen international bekannt. Das Unglaubliche am Zustandekommen dieser Bücher aber war, daß sie hierfür überhaupt nicht zu recherchieren oder alte Textvorlagen zu lesen brauchte. Sie behauptete, den Stoff aus einer Art »Fernerinnerung« zu beziehen, die sie aus einer früheren Inkarnation als Priester und Mitglied der Pharaonenfamilie erworben hatte.

Die im Jahre 1907 in Hayling, Hampshire (England), geborene Joan wuchs als Tochter wohlhabender Eltern sorglos auf. Sie muß aber schon als Kind sehr medial veranlagt gewesen sein, da sie in der Zeit des Ersten Weltkrieges unter schlimmen Träumen litt, in deren Verlauf sie sogar den bestialischen Verwesungsgestank von Schlachtfeldern gerochen haben will. Als sie nach einem schrecklichen Alptraum eines Morgens zum Frühstück ins Eßzimmer kam und dort ihren Vater mit einem Soldaten sitzen sah, sagte sie zu ihm: »Ich weiß, daß Sie mich nicht auslachen werden. Nun, letzte Nacht war ich bei einem Soldaten, der McAndrew hieß, als er getötet wurde. Ich kann sogar das Regimentsabzeichen beschreiben, auch wenn ich mich nicht an Namen oder Nummern des Regiments erinnere. Mir ist nur bewußt, daß es kein englisches war. Und ich kann Ihnen selbst den Schützengraben beschreiben, wo dieser lag.«

Der Besucher war sprachlos, da er aufgrund von Joans Beschreibung einwandfrei erkannte, daß es sich hierbei um ein kanadisches Regiment handelte. In einem Brief, den er später an Joans Vater schickte, heißt es: »Lachen Sie Ihre Tochter bitte nicht aus. Ein Bataillon besagten Regiments sprang, wenige Stunden bevor sie mir beim Frühstück davon erzählte, bei einem nächtlichen Angriff aus dem Schützengraben. Unter den Toten war auch ein Soldat mit dem Namen McAndrew. Sogar die Ortsangabe für den Schützengraben stimmte.«

Als Teenager hatte Joan eine lebhafte Vorstellung von ihrem Zukünftigen, den sie immer wieder in ihren Träumen deutlich vor sich sah. Sie sollte ihm schließlich bei einem Skiurlaub in der Schweiz begegnen. Einmal saß sie ganz allein im Musiksalon des Hotels und spielte eine Melodie, die sie von ihrer Großmutter – der berühmten Konzertpianistin Jennie Marshall – kannte, als sich die Tür öffnete und ein Mann hereinschaute, der ihr sofort vertraut vorkam ... ihr »Traum«-Mann. Der Fremde schaute sie unverwandt an und überraschte sie mit der Feststellung: »Sie sind es wirklich. Ich habe fast zwei Jahre von Ihnen geträumt.« Sein Name war Esmond. Beide verlobten sich in der Rekordzeit von 24 Stunden. Ihr Glück sollte jedoch nur von kurzer Dauer sein. Esmond mußte eines Tages für ein halbes Jahr nach Frankreich, danach wollten sie gleich heiraten. Kurz vor seiner Abreise glaubte Joan die Stimme ihrer verstorbenen Großmutter zu hören, die sie wissen ließ, daß sie ihren Verlobten für immer verlieren werde. Das offenbar Unvermeidliche trat ein. Esmond starb in der Nacht vor seiner Rückreise bei einem Unfall.

Ein weiterer Traumhinweis brachte Joan mit dem Mann zusammen, den sie dann im Jahre 1927 im Alter von 20 Jahren heiratete: Leslie Grant. Er war ihr bei der Niederschrift ihrer phantastischen Traumerlebnisse, die sie in einer Reihe vielbeachteter Bücher festhielt, eine große Hilfe. Joan Grant behauptete von sich, sie besäße die Fähigkeit, die Bewußtseinsebenen des Schlaf- und Wachzustands so zu verschieben, daß sie die Kontinuität der Ereignisse nicht unterbrechen müsse, so daß sie ihre Traumerlebnisse zusammenhängend darlegen könne. Dabei vermochte sie die Grenzen unserer Raum-Zeit-Welt zu überschreiten und in fernste Zeitepochen vorzustoßen, wobei sie sich auch psychometrischer Techniken bediente.

Als sie im Jahre 1936 einen Skarabäus geschenkt bekam – im alten Ägypten ein heiliges Symbol des mit Re gleichgesetzten Urgottes – und diesen in die Hand nahm, konnte sie mühelos Erlebnisse aus ihrem früheren Leben zur Zeit des Pharao Ramses II. vor mehr als 3200 Jahren »visualisieren«. Sie versetzte sich mit diesem psychometrisch funktionierenden Objekt in ihre eigene Inkarnation als Pharaonentochter Sekhet-a-ra, die später höchste Priesterin und sogar Pharaonin wurde. Ihre altägyptische Vorexistenz hielt sie in etwa 200 Sitzungen fest. Die Protokolle – Sekhet-a-ras Autobiographie – wurden in dem bereits erwähnten Buch »Winged Pharao« zusammengefaßt.

Interessant ist, daß diese Art der Rückschau, die Joan »Fernerinnerung« nannte, auch schon im alten Ägypten praktiziert wurde. Personen, die in dieser Fähigkeit weitergeschult werden wollten, mußten sich an mindestens zehn eigene Tode erinnern. Die Aspiranten hatten sich einer gefährlichen Prüfung zu unterziehen, in deren Verlauf sie vier Tage und Nächte in einem Grab ausharren mußten. Joan Grant will diesen Test seinerzeit mit Bravour bestanden haben, was sie befähigte, sich noch in unserem Jahrhundert an weit zurückliegende Erlebnisse zu erinnern.

In diesem Zusammenhang gewinnt eine andere paranormale Fähigkeit von Joan Grant an Bedeutung, über die sie bisweilen verfügte und die sie »wahre Träume« nannte. Es waren hellseherische Träume von Ereignissen, die irgendwo in der Welt etwa gleichzeitig real stattfanden. So erlebte sie sich am 4. Januar 1933 im Traum als Matrose, der auf einem brennenden Schiff von Feuer eingeschlossen war. Beim Aufwachen erzählte sie ihrem Mann von diesem Traumerlebnis und davon, daß der Seemann ein Franzose war und daß das Schiff im Ärmelkanal die Hafenstadt Cherbourg angesteuert habe. Der Name des Schiffes sei »Atlantique« gewesen. Noch am gleichen Tag berichteten die Zeitungen über eine Schiffskatastrophe im Ärmelkanal nahe Guernsey: Auf der »Atlantique« hatte es gebrannt, wobei zahlreiche Menschen ums Leben gekommen waren.

Während ihre seherischen Erlebnisse hatte Joan Grant viele schreckliche Tode zu erdulden. Zweimal beging sie Selbstmord, und einmal starb sie an Schlangenbissen. In einem ihrer Vorleben verbrannte man sie als Hexe, ein anderes Mal durchbohrte bei einer Kampfhandlung ein Speer ihr Gehirn.

Joan Grant war der Meinung, daß jeder Mensch in früheren Leben ähnliche Erfahrungen gemacht habe, die im negativen Fall über viele Inkarnationen hinweg zu bleibenden psychischen Störungen führten. Die meisten von uns würden die Wurzeln dieser seelischen Wunden allerdings nie erfahren. Ihre Traumerfahrungen hielt sie in sieben Büchern fest, die sie bezeichnenderweise »posthume Autobiographien« nannte. Joan Grant will nicht nur im alten Ägypten, sondern in späteren Jahrhunderten auch in anderen Ländern inkarniert gewesen sein. Sie behauptete, im Italien des 16. Jahrhunderts als Sängerin Carola di Ludovici mit einer herumziehenden Schauspielertruppe unterwegs gewesen zu sein. Sie wußte ferner von einer Existenz als junge Engländerin in der zweiten Hälfte des 19. Jahrhunderts zu berichten. Diese Inkarnation endete angeblich im Jahre 1875, als sie vom Pferd stürzte und sich dabei das Genick brach.
Interessant ist Joan Grants Theorie, die sich hinter den Inkarnationserinnerungen verbirgt. Sie war der Auffassung, daß jede der von ihr zitierten früheren Persönlichkeiten ein eigenes Bewußtsein besitzt, das erst beim jeweiligen Tod wieder Teil einer übergeordneten Geistwesenheit wird. Die endlose Folge von Tod und Wiedergeburt vergleicht sie mit einer Endlos-Kette, auf der die jeweiligen Leben wie Perlen aufgereiht sind. Die Verbindungsschnüre zwischen ihrer Jetztzeit-Persönlichkeit Joan Gant und ihren jeweiligen früheren Inkarnationen wäre demnach die Erinnerung an diese Vorexistenzen. Sie war fest davon überzeugt, daß viele Menschen, die uns in unserem jetzigen Leben nahestehen, auch schon früher um uns waren, als Freunde, Ehepartner, Geschwister usw.
Joan Grants dritter Ehemann, Dr. Denys Kelsey, arbeitete 1948 als Psychiater in einem Militärkrankenhaus. Er war von ihrem ersten Buch »Wiedergeburt und Heilung« derart beeindruckt, daß er sie unbedingt kennenzulernen wünschte. Im Jahre 1958 kam es zu einem ersten Treffen, das für beider Leben entscheidend sein sollte. Aufgrund gegenseitiger Zu-

neigung und gleicher Interessen, beschlossen sie schon bald, eine Lebensgemeinschaft einzugehen.
Ähnlich den Erfahrungen der heute in den USA praktizierenden klinischen Psychotherapeutin Dr. Edith Fiore [vgl. meine Bücher »Hyperwelt« und »Wir alle sind unsterblich – Der Irrtum mit dem Tod«, beide Langen Müller] wußte Joan Grant, daß bestimmte traumatische Erlebnisse, die sie während ihrer früheren Inkarnationen hatte, auf ihre jetzige Existenz zwangsläufig Einfluß haben mußten. Sie selbst mußte einmal lange mit sich ringen, eine Blindschleiche in die Hand zu nehmen, obwohl sie sich über deren Harmlosigkeit vollständig im klaren war. In ihrem Bewußtsein waren immer noch die schlimmen Erfahrungen mit Schlangen gespeichert, die sie im Laufe früherer Inkarnationen gemacht hatte. Dreimal war sie von Schlangen gebissen worden, und einer der Bisse soll sogar ihren Tod verursacht haben.
Im Laufe der Zeit stellte Joan Grant fest, daß – wenn traumatisches Geschehen in vergangene Zeiten zurückreichte – sie mit den früheren Existenzformen anderer Personen Kontakt aufnehmen konnte. Mit dieser Fähigkeit vermochte sie von Zeit zu Zeit ihrem Mann bei der Behandlung psychisch Kranker zu helfen und diese unter anderem von meist eingebildeten Ängsten zu befreien.
In einem dieser Fälle litt ein junger Mann – ein Patient von Dr. Kelsey – unter extremen Angstzuständen, die dazu führten, daß dieser in höchster Verzweiflung einen Selbstmordversuch unternommen hatte. Seine Ängste schienen irgendwie mit seinen Zähnen zusammenzuhängen. Dr. Kelsey gegenüber hatte er einmal geäußert, daß er in einem Pub von einem anderen Jugendlichen damit bedroht worden war, daß er ihm sämtliche Zähne einschlagen werde.
Aufgrund einer Bitte um Hilfe von seiten der Eltern des Jungen versetzte sich Joan Grant in sein früheres Leben zurück, um die Ursache seines psychischen Leidens zu ermitteln. Kurze Zeit nach diesem Experiment fand Dr. Kelsey seine Frau in einem völlig aufgelösten Zustand vor. Ihr tränen-

überströmtes Gesicht verriet starke Schmerzen. Sie durchlebte allem Anschein nach einen dramatischen Abschnitt im früheren Leben des Patienten: »… Ich spüre Blutklumpen in den Zahnhöhlen … es war schon während der ersten beiden Tage sehr schlimm, nachdem er alle meine Zähne herausgerissen hatte. Dann aber wurde der Geschmack immer übler. Es war nicht nur geronnenes Blut, sondern auch Eiter … Ich starb am vierten Tag.«

Joans eigene Rückversetzung ergab, daß der Junge in einem seiner früheren Leben tatsächlich eine Frau gewesen war, die sehr schöne Zähne gehabt hatte. Die Eifersucht ihres Ehemannes war so groß gewesen, daß er ihr eines Tages mit einer Zange sämtliche Zähne herausriß.

Daraufhin weihte Dr. Kelsey den Jungen in die von seiner Frau medial ermittelten Erkenntnisse, d. h. in das an ihm in seiner Vorexistenz begangene Verbrechen ein. Glücklich darüber, jetzt die eigentlichen Ursachen seines Leidens zu kennen, konnte der Patient schließlich seine Ängste auf Dauer überwinden.

# 10
## *Auferstanden – Der Fall Schuler-Kennedy*

So sehr es vielen Zeitgenossen abwegig erscheint, den Gedanken der Reinkarnation weiterzuverfolgen – große Philosophen, Schriftsteller, Wissenschaftler und selbst Politiker haben aus ihrem Glauben an die Wiedergeburt keinen Hehl gemacht: Paracelsus, Lessing, Schlegel, Schopenhauer, Nietzsche, Goethe, Balzac, Somerset Maugham und Friedrich der Große, um nur einige wenige zu nennen. Und selbst Voltaire, der große Spötter und Atheist, meinte einmal: »Es ist nicht erstaunlicher, zweimal geboren zu werden als einmal. Denn: alles in der Natur ist Wiederauferstehung.«

Am 22. November 1963 genau um 9.48 Uhr erblickt in München Johann Schuler das Licht der Welt. Am gleichen Tag gegen 12.30 Ortszeit wird rund 10 000 Kilometer westlich, in Dallas, Texas, der damalige amerikanische Präsident John F. Kennedy niedergeschossen. Die behandelnden Ärzte sagen später aus, daß Kennedy kurz nach dem Eindringen der Kugel in sein Gehirn gestorben ist.

Die Frage nach etwaigen Zusammenhängen zwischen der Geburt des Johann Schuler und dem gewaltsamen Tod des US-Präsidenten sollte sich drei Jahre später stellen, als der Junge seine Eltern mit Insider-Kenntnissen zum Fall Kennedy überraschte, mit einem Wissen, das er weder von ihnen noch von Dritten bezogen haben konnte. Klein-Johann begann sich nämlich an sein früheres Leben als John F. Kennedy zu erinnern, an die Ovationen, die man ihm entgegenbrachte, an Flüge im eigenen Jet und lokale Details im Weißen Haus. Er beschrieb seine Freunde, wußte, daß er da-

mals eine Frau hatte, die Jackie hieß, und brillierte mit genauen Kenntnissen der amerikanischen Geschichte. So erzählte er einmal ohne erkennbaren Anlaß seinen Eltern, daß »Präsident Lincoln die Sklaven befreit habe und auch er ermordet worden wäre«.
Als der indische Reinkarnationsforscher Professor Dr. Hemandra Banarjee, Direktor der parapsychologischen Abteilung der Universität von Radschasthan, Indien, von diesem ungewöhnlichen Fall erfuhr, setzte er sich unverzüglich mit den Schulers in Verbindung, um Johanns Äußerungen wissenschaftlich zu überprüfen. Im Verlaufe zahlreicher Gespräche, die Banarjee mit Johann führte, erklärte der Junge immer wieder, daß er schon einmal gelebt habe. Er beschrieb unter anderem das Büro von Präsident Kennedy in allen Details. Eine spätere Überprüfung ergab, daß Johanns Schilderung genau stimmte.
Professor Banarjee äußerte sich nach der Untersuchung dahingehend, es sei unmöglich, daß Johann alle diese Dinge z. B. von seinen Eltern erfahren haben könne, da diese in seiner Gegenwart niemals über Kennedy gesprochen hätten. Diesen waren auch all die Einzelheiten fremd, da die Fakten weder im Radio noch in den von ihnen gelesenen Zeitungen erwähnt worden waren.
Den Eltern war Johanns ungewöhnliches Verhalten erstmals aufgefallen, als dieser drei Jahre alt war. Damals hatte Frau Schuler einem weiteren Sohn das Leben geschenkt, den sie Erik nannten. Als sie das Baby Johann zeigten, sprach er es mit »John-John« an. Die Eltern korrigierten daraufhin ihren Sohn, der aber ließ sich nicht davon abbringen, daß sein Bruder »John-John« heiße. Tatsächlich wurde John F. Kennedys Sohn so genannt. Doch damit nicht genug. Eines Tages zeigte der kleine Johann seiner Mutter ein aus einer Zeitschrift herausgerissenes Blatt und sagte dazu nur »Jackie«. Es war tatsächlich ein Foto von Jackie Kennedy. Zu ihr entwickelte Johann im Alter von fünf Jahren eine große Zuneigung. Er suchte in allen Zeitschriften nach Bildern von ihr, die er dann

häufig stundenlang aufmerksam betrachtete. Auch wachte er manchmal mitten in der Nacht auf, um nach Jackie zu rufen. Nur Zufall? Ein anderes Mal, als Frau Schuler ihren Sohn beschäftigen wollte, hielt sie ihn an, ein Haus zu zeichnen. Sofort begann Johann ein großes Gebäude zu malen. Es stellte in groben Umrissen das Weiße Haus in Washington dar.
Der französische Buchautor Jean-Baptiste Delacour sieht das Reinkarnationsphänomen mehr im Paranormalen angesiedelt. Er deutet es als Rückerinnerung an vergangene Leben, die in einer *Psi-Komponente* gespeichert sein soll. Ihr wären nicht nur Erinnerungen, sondern auch Interessen, Neigungen und Charaktereigenschaften, die ein Mensch während seiner irdischen Existenz erworben hat, einprogrammiert.
Nach Delacours Vorstellung kontaktiert die *Psi-Komponente* nach dem Zeugungsakt die befruchtete Eizelle und geht durch Teilung auf den entstehenden Körper über, d. h., sie lagert sich diesem an. Dadurch würde die Zelle in Form von Erbanlagen das Gesamtspektrum der künftigen Entwicklung eines Menschen enthalten. Wörtlich heißt es bei Delacour: »Durch eine irgendwie geartete Resonanz kommt ein Kontakt gerade mit dieser und nicht irgendeiner anderen Eizelle, die der inkarnationsreifen *Psi-Komponente* weniger entsprochen hätte, zustande. Diese Komponente, die früher auf der irdischen Ebene als ›x‹ in Erscheinung getreten war, zeigt sich nun als ›y‹ einer neuen Persönlichkeit mit neuen Entwicklungsmöglichkeiten, aber verbunden mit ihr durch die Erinnerung.«
Dieses Modell könnte zwar erblich bedingte Erinnerungen – solche innerhalb eines Familienverbunds –, nicht aber Reinkarnationen zwischen völlig fremden Personen erklären. Hier wäre ein in den Quantenbereich erweitertes Bewußtseinsmodell, wie von Professor James A. Harder, Berkeley-Universität, vorgeschlagen, sinnvoller. Harder möchte den verschwommenen, antiquierten Begriff der »Reinkarnation« durch den Terminus *Informationstransfer* ersetzt wissen. Er

sucht nach einem Mechanismus, der die Übertragung von Informationen – gemeint ist die Persönlichkeitsstruktur eines Menschen – durch Raum und Zeit mit einer latenten Zeitverzögerung von Tagen, Wochen, Monaten oder gar Jahren erklärt. Zu vermuten ist, daß die Psi-Komponente *Bewußtsein* (der menschliche Geist) einer höherdimensionalen Ordnung angehört und nach dem biologischen Tod eines Menschen erst einmal in einem zeitfreien Hyperraum »parkt«, von wo aus sie sich dann eine neugeborene Wesenheit sucht und sich ihr bei Zusage reinkarnierend anlagert. Ein solches raumzeitfreies Modell könnte auch Reinkarnationen bei völlig fremden Personen und unterschiedlichen Geschlechtern erklären.

# 11

## *Das Lichtband – Leben vor dem Leben*

Wo weilen Menschen mit ihrem Bewußtsein, die Wochen, Monate oder gar Jahre im Koma liegen, für die »unsere« Welt vorübergehend nicht länger zu existieren scheint? Waren sie schon etwas weiter in die »Nachwelt« vorgedrungen als Personen mit typischen, kurzfristigen Nahtoderlebnissen, oder hatten sie alles Erlebte doch nur geträumt?

Da ist der Fall des englischen Bahnbeamten Victor Cleave, der eines Abends beim Essen plötzlich »einschlief« und erst vier Jahre später wieder erwachte. Weilte sein Bewußtsein während dieses Zustands in einer Art »realem Traumland«, in einer anderen Realität? Befand es sich auf einem Trip durch die Gefilde einer Parallelwelt oder eines vieldimensionalen Universums? Könnte es möglich sein, daß Cleaves Bewußtsein Vorgänge beobachtete, die sich in ferner Zukunft oder in einer für ihn nie aktuell werdenden Welt abspielen?

Cleave will auf seinen mentalen Exkursionen fremdartig anmutende Bauwerke und Pflanzen gesehen haben. Alles schien real, aber in gewisser Hinsicht doch irgendwie immateriell zu sein. Für die humanoid anmutenden Wesen jener Welt gab es weder materielle Hindernisse noch den Begriff *Zeit*, so wie er uns geläufig ist. Sie konnten sich nicht nur ungehindert durch Objekte – Häuser, Wände und andere Gegenstände – hindurchbewegen, sondern besaßen auch die Gabe der Materieumformung.

Cleave vermochte später nie seine in der »anderen Welt« gesammelten Eindrücke zu Papier zu bringen. Er scheiterte ganz einfach daran, daß es keine echten diesseitigen Vergleichsmöglichkeiten für die geschauten Farben und Gebilde gab. Es hieße jedoch den Begriff »Realität« unzulässig auf unsere vierdimensionale Welt zu beschränken, wollte man alle diese wirklichkeitsverschobenen Traumimpressionen als Phantasmen und Automatismen eines durch äußere Reize gestreßten Bewußtseins abtun. Sind es doch gerade diese bizarren, plastischen Traumerlebnisse, die uns immer wieder die Vielfalt möglicher Realitäten und Seinszustände deutlich vor Augen führen.

Die Engländerin Theresa Laffeld »stirbt« praktisch jede Woche zweimal. Bei jedem ihrer Fieberanfälle klettert das Spezialthermometer auf Temperaturen bis 48 °C. Normalerweise sind Temperaturen bis 43 °C so ziemlich das Höchste, was der menschliche Körper zu verkraften vermag. Oberhalb dieses Wertes beginnt das Blut zu gerinnen, ein Umstand, der unweigerlich den Tod zur Folge hat. Die damals 26jährige aber lebt weiter und hat bereits mehrere solcher Anfälle überstanden. Den raschen Temperaturwechsel führen die Ärzte des Krankenhauses in Whitechapel auf eine relativ seltene Entzündung der inneren Herzhaut zurück. Sie vermuten, daß das Erwachen der Frau zu einem halbwegs klaren Bewußtsein nach und nach aufhören wird. Sie gerät dann in einen Dämmerzustand – einen Dauerschlaf –, in dem die starken Fieberstöße weiter anhalten und dadurch den Gesamtorganismus zerstören. Genaugenommen ist Theresa Laffeld schon tot, sie reagiert nicht mehr und gerät zwischen den Fieberanfällen in eine Art Lähmungszustand.

Dann aber lassen die Anfälle plötzlich nach. Ein Wunder geschieht. Frau Laffeld öffnet eines Tages die Augen, fragt die anwesenden Ärzte nach dem Datum und muß feststellen, daß sie volle drei Wochen so gut wie tot gewesen ist. Der Chefarzt des Krankenhauses, Professor Johns, ist neugierig und will wissen, was Theresa Laffeld während dieser drei Wochen im komatösen Zustand wahrgenommen hat oder ob sie sich überhaupt an irgend etwas erinnern kann? Sein alter Freund – Arzt an der Psychiatrie im Londoner Westend – soll versuchen, durch Einleiten einer künstlichen Hypnose, die nur bestimmte Gehirnpartien anspricht, das Erinnerungsvermögen der Patientin zu stimulieren.

Der herbeigerufene Psychiater fragt die in Trance versetzte Frau Laffeld, was sie gesehen habe, als sie nach dem Fieberanfall vom 23. Januar einschlief und nicht mehr wach wurde. Irgendwie scheint sie während des hypnotisch herbeigeführten Schlafs Qualen zu erleiden, sich gegen etwas zu wehren, das sie am Sprechen hindert. Nach einer erneuten, diesmal energischeren Aufforderung des Arztes, sich zu erinnern, beginnt sie langsam zu sprechen und ihre Erlebnisse preiszugeben: »... Ich wurde immer jünger, war nicht mehr 26 Jahre alt, sondern ein Teenager. Sodann wurde ich noch jünger. Ich war ein kleines Kind und spielte auf dem Schoß meiner Mutter. Plötzlich schien ich dahinzuschmelzen, noch kleiner zu werden. Und dann ...«

Der Arzt hält Frau Laffeld an, in ihrem Leben noch weiter zurückzugehen, ihm zu sagen, was vorher war, als sie vor ihrer Geburt aus der Dunkelheit im Mutterleib auftauchte. Die Antwort ist verblüffend, da sich plötzlich die Vorgängerpersönlichkeit der Laffeld meldet – zwangsläufig in deren Sterbestunde: »Ich bin ein uralter Mann, der im Sterben liegt. Eigentlich bin ich bereits tot. Aber ich finde keine Ruhe, weil ich auch im Leben unruhig durch die Welt streifte ... Ich hieß, als ich noch als Mann lebte, John Clavel. Mein Sterben war schwer, wohl weil ich sehr böse war, vor allem gegenüber einer Frau. Sie war ganz jung zu mir gekommen, damals, als ich schon sehr alt war. Sie liebte mich, aber ich behandelte sie schlecht ... Als ich noch jung war, gehörte ich irgendeiner Armee an. Ich überquerte ein Wasser und davor ...?«

Der Arzt muß Laffeld/Clavel auffordern weiterzusprechen, und die »Person« in der Patientin fährt fort: «... Als ich tot war, suchte ich eine Frau, die ein Kind zur Welt bringen sollte. Es war die Mutter dieses Mädchens, die der Theresa Laffeld. In meiner frühesten Jugend, wohnte ich irgendwo in Europa. Meine Mutter wurde von einem Mann verlassen. Sie hat, als alles um mich herum noch dunkel war [als er sich noch im Mutterleib befand], viel um mich geweint, ganze Nächte lang ...«

Als der Arzt weiterbohrte, als er wissen wollte, was vor dem Dunkel war, in dem er sich damals befand, kam aus der Laffeld die Antwort: »Eine uralte Frau, die über ihre Mitmenschen schlecht redete. Sie saß in einem kleinen Steinhaus und wartete auf ihren Tod. Sie schimpfte über die Menschen bis zum Augenblick ihres Todes. Mein Name ist Philomene Carter, und ich bin böse. Ich hasse die Menschen, so wie sie auch mich hassen ... Ich war einmal sehr hübsch ... Aber das ist lange her, mehr als ... Ich kann die Zahl der Jahre nicht feststellen, aber ...«

Eine zwischenzeitlich vorgenommene Pulsmessung ergab, daß der Puls von Theresa Laffeld unregelmäßig war. Die Patientin schien sehr erregt zu sein, so daß Professor Johns und dessen Freund das Experiment abbrechen mußten. Ihre emotionale Veränderung war jeweils an den Schnittstellen beider Vorleben in Erscheinung getreten. Die Ärzte hatten während des Rückführungsversuchs mit Hilfe eines Elektroenzephalographen auch die Gehirnaktivitäten von Frau Laffeld aufgezeichnet und dabei eine ungewöhnliche Entdeckung gemacht. Zuerst kamen nur Alpha-Wellen, die Ruhe und Entspannung signalisierten – ein entspanntes Wachbewußtsein. Ihnen folgten in raschen Wechsel Beta-Wellen, die ein arbeitendes Gehirn, Aufmerksamkeit und Konzentration verrieten. Plötzlich registrierten sie jedoch im Enzephalogramm ein nie zuvor beobachtetes Phänomen: Auf dem Film zeigte sich ein heller Kreis, ähnlich einem Lichthof um eine vernebelte Sonne. Und diese Erscheinung trat stets an den Übergängen von einem Leben in das nächste auf, immer dann, wenn der Puls der Laffeld unregelmäßig wurde.

Aus unerfindlichen Gründen weigerte sich Frau Laffeld, an weiteren Regressionsexperimenten teilzunehmen. Vielleicht empfand sie die Streifzüge in ihre Vorvergangenheit, das Eindringen in ihr innerstes Wesen als zu bedrückend, vielleicht wollte sie das alles auch gar nicht so genau wissen. Sie verließ das Krankenhaus und verzog kurz danach mit unbekanntem Ziel.

Dr. Alexander Cannon experimentiert als Psychiater ebenfalls nach der Regressionsmethode. Nachdem er seine Testpersonen in Trance versetzt hatte, versuchte er, sie in die Zeit vor ihrer Geburt zurückzuversetzen. Wenn dies gelang, sah sich die Vor-Person zunächst als alter Mensch – oft in einer Situation kurz vor dem Tod –, um dann, in der Zeit rückwärts immer jünger zu werden.

Dr. Cannon gelang es hin und wieder, die Versuchsperson bis zur siebten Vorpersönlichkeiten zurückzuführen. Beim Übergang von einem früheren achten Leben zum siebten will er eine Art »Lichtband« registriert haben, das den betreffenden Vor-Menschen in das siebte Leben begleitet. Es war stets so, als ob für die Person im siebten Leben die üblichen Schwierigkeiten, wie sie in den nachfolgenden sechs Leben bis in die Jetztzeit auftraten, nicht existierten. Ist es denkbar, daß diese »schwerelose«, unbekümmerte Existenz im siebten Leben auf einen zeitlosen Zustand in einer Welt höherer Ordnung, einer Hyperwelt, hindeutet, auf den ich in meinen bisherigen Büchern immer wieder aufmerksam gemacht habe?

Die bekannte amerikanische Psychologin Helen Wambach, die die Objektivierung früherer Inkarnationen ebenfalls durch Hypnose zu erreichen versuchte, suggerierte den Teilnehmern ihrer Sitzungen, sich im entspannten Zustand in einen Bewußtseins-»Punkt« zu verwandeln, der frei im Raum schwebt, und ihre Gehirnfrequenz auf fünf Schwingungen pro Sekunde (5 Hertz) zu reduzieren, um so den Thetawellen-Zustand tiefster Meditation zu erreichen.

Sie forderte die am Regressionsexperiment Beteiligten auf, sich ihre Erfahrungen einzuprägen und diese nach Beendigung der Sitzung in einem Fragebogen festzuhalten. Nach der von ihr entwickelten Methode wollen sich etwa 90 Prozent der mehr als 1000 zurückgeführten Personen ihrer früheren Existenzen und knapp 50 Prozent sogar an ein Dasein zwischen dem Einsetzen des neuen Lebens und den Augenblicken vor ihrer Geburt erinnert haben. Erfahrungsgemäß berichten die Versuchspersonen von jeweils fünf vergangenen Leben und kommen damit den von Dr. Cannon gesammelten Erfahrungen schon ziemlich nahe. Die Zeitspanne reichte bei Wambachs Testpersonen vom 2. Jahrtausend v. Chr. bis in die Gegenwart. Eine Frau behauptete, im Venedig des 16. Jahrhunderts eine Bürgerliche, im 18. Jahrhundert ein Dienstmädchen in der Normandie, ferner ein im Alter von acht Jahren an Pocken gestorbener Junge und schließlich ein einfacher, im Jahr 1916 verstorbener norwegischer Matrose gewesen zu sein. Offenbar gibt es, was Geschlecht, Rasse, Staatszugehörigkeit und gesellschaftliche Stellung anbelangt, keine Beschränkungen. Jeder kann jederzeit als eine andere Person überall inkarnieren und ein ganz spezielles Schicksal absolvieren. Helen Wambach will herausgefunden haben, daß 49 Prozent der »Leben« das von Frauen und 51 Prozent das von Männern waren, was der heutigen Bevölkerungsstatistik schon recht nahe kommt.

Interessant ist ihre Feststellung, daß aus der Zeit um 400 n. Chr. nur über halb so viel »Leben« wie aus der Periode um 1600 berichtet wird. Bis in die Zeit um 1850 soll sich die Anzahl der regressiv erfahrenen »Leben« nochmals verdoppelt haben. Wambach sah in der Tatsache, daß die früheren Leben fast gleichmäßig auf die Geschlechter verteilt sind, einen weiteren Beweis für die Echtheit der Aussagen Zurückgeführter.

## 12

## *Prophezeiung aus der »anderen« Welt*

Kann es sein, daß ein Mensch in seiner Todesstunde bereits weiß, daß er wiedergeboren wird, womöglich sogar in der eigenen Familie? Es gibt eine ganze Reihe von Fällen, in denen die Sterbenden dies nach ihrem Dahinscheiden ihre Angehörigen wissen ließen, wie zum Beispiel im Fall der kleinen Alexandrina Samona.

Die Fünfjährige ist totkrank, leidet an Gehirnhautentzündung im letzten Stadium. Ihr Vater Carmelo – selbst Arzt – sitzt mit Alexandrinas Mutter Tag und Nacht am Bett seiner Tochter, fühlt ihren Puls, hört sie mit dem Stethoskop ab, verabreicht ihr Medikamente und ... vermag ihr nicht zu helfen, weiß, daß sie innerhalb der nächsten Stunde sterben wird.

Eine Stunde nach Mitternacht in Palermo. Regungslos sitzt Dr. Samona da, Tränen in den Augen, verzweifelt, daß seine ärztliche Kunst versagt hat. Ganz leise kommt es über seine Lippen: »Sie ist tot.« Seine Frau weint hemmungslos, kann es nicht fassen, daß das junge Leben erloschen sein soll.

Drei Tage später findet die Beerdigung statt. Eine große Trauergemeinde begleitet den kleinen weißen Sarg durch die Straßen Palermos. Die Anteilnahme ist ehrlich. Dr. Samona genießt das Wohlwollen vieler Menschen und weiß, daß sie in dieser schweren Stunde mit ihm fühlen.

Einige Wochen später. Mitten in der Nacht weckt Frau Samona ihren Mann, zittert vor Aufregung, will ihm etwas Wichtiges mitteilen: »Ich hatte einen Traum ..., aber es war mehr als nur ein Traum. Mir ist gerade Alexandrina erschienen. Es war, als ob sie leibhaftig neben unserem Bett gestanden habe. Sie sagte: ›Mutti, weine nicht länger ... ich habe dich nicht für immer verlassen, ich komme wieder ... so klein.‹ Und sie deutete mit den Händen an, daß sie als Baby wiederkommen würde.«

Dr. Samona selbst glaubt nicht an die Wiedergeburt, meint daß seine Frau den erlittenen Schock durch Wunschvorstellungen zu kompensieren versucht. Er versucht ihr auch klarzumachen, daß sie eine Fehlgeburt hatte und aufgrund eines Eingriffs auch keine Kinder mehr erwarten könne.

Schon drei Nächte danach hat Frau Samona denselben realistischen Traum. Erneut erscheint ihr Alexandrina, um ihrer Mutter ihr Wiederkommen anzukündigen. Bekräftigend fügt sie hinzu, daß sie wie in ihrem früheren Leben aussehen werde. Abermals spricht die unglückliche Mutter mit ihrem Mann über ihr Traumerlebnis.

Als Alexandrina ihr ein drittes Mal erscheint, weiß sie, daß dies kein gewöhnlicher Traum war. Das Mädchen schien leibhaftig vor ihr zu stehen. Um sich Gewißheit zu verschaffen, schlägt Frau Samona ihrem Mann vor, einer spiritistischen Séance beizuwohnen – ein Vorschlag, der bei ihm auf wenig Gegenliebe stößt. Als Arzt empfindet er, ähnlich wie die meisten seiner Kollegen, eine natürliche Abneigung gegen alles »Übersinnliche«. Zuviele »schwarze Schafe« tummeln sich in den spiritistischen Zirkeln, bereichern sich am Leid der Hinterbliebenen – ein Umstand, der sich mit seinem ärztlichen Ethos nicht vereinbaren läßt. Dann aber überwindet er sich und nimmt, seiner Frau zuliebe, doch noch an einer solchen Sitzung teil. Sie findet bei Freunden statt. Ihre Tochter meldet sich auf Anhieb. Die Verständigung erfolgt, wie bei spiritistischen Zirkeln üblich, mittels Klopfzeichen. Das Mädchen teilt seinen verblüfften Eltern mit, daß sie noch vor Weihnachten das Licht der Welt erblicken werde.

In einer weiteren Sitzung bittet sie darum, wieder Alexandrina genannt zu werden. Als Alexandrina die Zweite würde sie übrigens ihrer leiblichen Vorgängerin bis aufs Haar gleichen. Die Eltern hätten keine Schwierigkeit, sie sofort wiederzuerkennen. In einer dritten, abschließenden Sitzung verkündet das Mädchen, daß sie nicht allein käme: »Ich werde ein Schwesterchen mitbringen. Mutti, du wirst Zwillinge bekommen. Doch nur die zweite Alexandrina wird auch wie die Verstorbene aussehen. Meine Schwester wird sich völlig anders entwickeln.«

Diese geradezu sensationelle Mitteilung ließ selbst Frau Samona an der Echtheit zweifeln, denn nie zuvor hatte es in ihrer Familie Zwillinge gegeben. Zudem fühlte sie sich nach dem herben Verlust ihrer Tochter derart schwach, daß sie die Geburt von Zwillingen für völlig ausgeschlossen hielt.

Und doch sollte das Unglaubliche geschehen. Es ist der 22. November, als bei Frau Samona die Wehen einsetzen. Wenige Stunden später bringt sie Zwillinge zur Welt: zwei Mädchen. Eines von ihnen nennen sie Alexandrina die Zweite. Sie ähnelt der Verstorbenen selbst in kleinsten körperlichen Merkmalen – in der Augenfarbe, Form der Ohren, Haarfarbe sowie in einer gewissen geringfügigen, aber dennoch auffälligen Asymmetrie des Gesichts. Sie hat, wie ihre verstorbene Schwester, eine Schuppenflechte am rechten Ohr und einen kleinen Fehler am linken Auge.

Es sind aber nicht nur äußere Merkmale, die auf eine verblüffende Übereinstimmung mit der Verstorbenen hindeuten. Sie weiß auch viele Einzelheiten aus dem Leben ihrer Schwester. Als sie erfährt, daß ihre Familie eine Fahrt nach der sizilianischen Stadt Monreale plant, erinnert sie sich sofort des berühmten normannischen Domes mit den Sarkophagen der Normannenkönige Wilhelm I. und II: »Dort waren wir doch schon einmal ... In der großen Kirche [sie meint den Dom] befindet sich eine große Statue – ein Mann, der beide Arme nach oben streckt. Dort haben wir auch Priester in roten Gewändern gesehen.« Alle ihre Angaben trafen zu, auch die, die sich auf die Farbe der Gewänder der Geistlichen bezogen, denn Monreale ist der Sitz des Erzbischofs.

Skeptiker der Reinkarnationshypothese werden einwenden,

daß die Übereinstimmung der körperlichen Merkmale beider Mädchen ausschließlich genetisch bedingt sei. Das Wissen von Alexandrina der Zweiten um bestimmte Ereignisse im Leben ihrer Vorgängerin dürfte sich allerdings nicht ohne weiteres vererbungstheoretisch erklären lassen. Es ist durchaus möglich, daß bei innerfamiliären Inkarnationen sowohl genetische Faktoren als auch biologisch nicht nachvollziehbare *Bewußtseins-Transfers* zur Auswirkung kommen.

# IV
# Jenseits der »Normalität«

## Wesen aus anderen Welten – Erscheinungen – Doppelgänger – Ungewöhnliche Naturphänomene

*Wie »normal« ist unsere Welt? Was überhaupt unterscheidet »Normales« von »Anormalem« oder »Paranormalem«, und wer darf sich anmaßen, dies zu beurteilen?*
*Der geniale englische Physiker Professor David Bohm (†) meinte einmal, daß wir beim Beobachten der Natur von dieser an der Nase herumgeführt würden, indem sie uns über ihr wahres Wesen täusche. Mit anderen Worten: Das, was wir von der Natur zu sehen, zu untersuchen und zu kalkulieren bekämen, wäre nur eine »Projektion« dessen, was sich hinter ihr verberge. Die Theorie von einer solchen »Surrogat«-Natur veranschaulicht Bohm an einem einfachen Beispiel.*
*Ein einzelner Fisch, der in einem Aquarium schwimmt, wird zur gleichen Zeit von zwei Fernsehkameras aufgenommen. Eine der Kameras ist seitlich, die andere unterhalb des Aquariums installiert. Vor einer Trennwand, die dem Betrachter den direkten Blick auf das Aquarium verwehrt, stehen zwei Bildschirme, die jeweils mit einer der beiden Kameras verbunden sind.*
*Ein unbefangener Beobachter beider Bildschirme müßte, so Bohm, annehmen, zwei unterschiedliche Fische zu sehen. Nach einiger Zeit würde ihm auffallen, daß sich beide Fische synchron bewegen, woraus er den naheliegenden Schluß ziehen würde, daß die Tiere telepathisch miteinander in Kontakt stünden. Daß es sich bei »beiden« Fischen auf den Bildschirmen lediglich um eine zweidimensionale Projektion einer einzigen dreidimensionalen Realität, d. h. um nur einen einzigen*

*Fisch im Aquarium handelt, würde ihm zunächst gar nicht in den Sinn kommen.*
*Hieraus leitet Bohm ab, daß unsere materielle 3D-Welt ebenfalls die Projektion von etwas Höherdimensionalem ist – ein dreidimensional-materiell erscheinendes »Hologramm« eines unseren fünf Sinnen verschlossenen gewaltigen Hyper-Universums.*
*Das würde heißen: Alles, was wir an kleinen und großen Dingen wahrnehmen – unser materielles Raum-Zeit-Universum in seiner Gesamtheit –, wäre nichts weiter als eine gigantische Projektion von etwas Unvorstellbarem – praktisch eine Scheinrealität. Die ernüchternde Folgerung: Unsere Naturwissenschaften würden demzufolge auf etwas völlig Irrealem, nämlich einer Projektion, gründen.*
*Soweit die kühnen Überlegungen eines der bedeutendsten Naturwissenschaftler unseres Jahrhunderts. Sie sollten Anfang der neunziger Jahre durch eine sensationelle Entdekkung aufmerksamer NASA-Wissenschaftler bestätigt werden. Aufgrund gewisser planetarer Anomalien wollen sie mit Hilfe einer speziellen Mathematik errechnet haben, daß die Planeten unseres Sonnensystems – unser Universum insgesamt – »Projektionen aus [dimensional] höheren Ebenen« sind. Somit wäre unsere Welt mit allen in ihr enthaltenen Geschehnissen nicht das, was sie zu sein scheint. Sie gehorcht offenbar ganz anderen Gesetzen als denen, die wir bislang als allein gültig angesehen haben. Und – vielleicht ist dann Paranormales das eigentlich Normale. Gut zu wissen für Leser, denen der Inhalt des folgenden Kapitels allzu phantastisch erscheinen mag.*

## 1

## *Die grünen Kinder von Banjos*

Banjos, ein kleiner Ort irgendwo in der spanischen Provinz an einem schwülen Augustnachmittag im Jahre 1887. Aus einer Felsenhöhle in Dorfnähe kommen zwei Kinder, ein Junge und ein Mädchen. Hand in Hand nähern sie sich einer Gruppe Feldarbeitern, die gerade ihre Tätigkeit unterbrochen haben und nach einer einfachen Mahlzeit ein wenig ruhen. Die Kinder scheinen völlig verwirrt und verunsichert zu sein. Ihr Weinen rührt die Arbeiter. Sie haben Mitleid und wollen ihnen helfen. Beim Näherkommen machen die Arbeiter eine unglaubliche Entdeckung: Die Hautfarbe der beiden ist dunkelgrün. Neugierig eilen sie zu dem ungewöhnlichen Paar hin, um es aus nächster Nähe betrachten zu können. Die Kinder bekommen Angst und versuchen zu fliehen. Schließlich gelingt es den Männern, die beiden einzuholen. Was ihnen sofort auffällt: Die Kinder plappern zusammenhangsloses Zeug, benutzen eine Sprache, die ihnen völlig fremd erscheint, und sie tragen Kleidung aus einem ihnen unbekannten Stoff. Da die Arbeiter der ihnen absolut unverständlichen Situation nicht gewachsen sind, bringen sie die beiden rasch nach Banjos, um sie dort dem angesehenen Großgrundbesitzer und Friedensrichter Ricardo da Calno zu übergeben.

Dieser hat Zweifel an der Echtheit der Hautfarbe der aufgegriffenen Kinder und ergreift die Hände des Mädchens, um diese zu reiben und um zu sehen, ob die vermutete »Farbe« abgeht. Doch die Hautfarbe erweist sich als echt. Sie ist zweifellos Teil ihres Hautpigments. Die Berührung scheint das

Mädchen zu erschrecken. Es weint leise vor sich hin. Die Gesichtszüge der Fremden lassen einen leicht negroiden Einschlag erkennen. Tiefliegende mandelförmige Augen verleihen ihnen ein orientalisches Aussehen ... wäre da nicht ihre ungewöhnliche Hautfarbe gewesen.
Man setzt den beiden eine Mahlzeit vor, doch sie rühren keinen Bissen an. Mit einer Mischung aus Argwohn und Verwunderung betrachten sie Brot und Früchte, die man ihnen anbietet. Sie verweigern jedoch die Nahrungsaufnahme, kennen diese Art Speisen offenbar überhaupt nicht.
Unmittelbar nach dem Erscheinen der Kinder in Banjos erhalten diese Besuch von einem Priester aus Barcelona, der im Auftrag der Kirche in ihrer Angelegenheit recherchiert. Er sieht die Kinder, befragt Zeugen und vermerkt in einem Bericht an seine Vorgesetzten: »Ich war vom Gewicht der Aussagen so vieler kompetenter Zeugen derart beeindruckt, daß ich gezwungen bin, die Existenz der grünen Kinder als Tatsache zu akzeptieren. Mit der Kraft meines Verstandes vermag ich das Ganze nicht zu verstehen, geschweige denn, es zu enträtseln.« Die Erklärung kam nicht überraschend. Je mehr Informationen er sammelte, um so geringer erschien die Chance, für das Auftauchen der fremdartigen Kinder eine rationale Erklärung zu finden.
Der Junge und das Mädchen blieben noch einige Tage im Haus von da Calno. Sie aßen nichts und wurden infolgedessen immer schwächer. Es gab nichts, das ihren Appetit hätte anregen können. Eines Tages versuchte man es mit rohen Bohnen, die ihnen samt Stengel vorgelegt wurden. Über diese fielen sie gierig her.
Als sie anstelle der Schoten die Stengel zu öffnen versuchten, die darin offenbar vermuteten Bohnen aber nicht fanden, brachen sie in Tränen aus. Daraufhin zeigte ihnen jemand, wie man die Schoten öffnet, um deren Inhalt zu entnehmen. Von da an verzehrten sie beachtliche Mengen an Bohnen und lehnten auch weiterhin jede andere Nahrung ab. Das tagelange Fasten schien dem Jungen nicht bekommen zu sein.

Trotz der vielen Bohnen, die er zu sich nahm, wurde er immer schwächer. Etwa vier Wochen nach seiner Ankunft starb er. Man begrub ihn auf dem Friedhof von Banjos. Das Mädchen aber erholte sich und kam allmählich zu Kräften. In dem Maße, wie sich ihr Gesundheitszustand stabilisierte, verblaßte auch ihre grüne Hautfarbe. Als sich die Aufregung im Ort gelegt hatte, stellte sie da Calno in seinem Haus als Dienstmädchen ein. Schon nach wenigen Monaten sprach sie leidlich Spanisch und konnte ihrem Dienstherrn einiges über ihre Herkunft sagen. Ihre Auskünfte vertieften aber nur noch mehr das Geheimnis, das sie umgab. Sie behauptete nämlich von einem Land zu kommen, wo keine Sonne aufgeht, wo immer Zwielicht herrscht. Nicht weit von ihnen gäbe es jedoch ein helles, ein »Licht-Land«, das allerdings durch einen sehr breiten, unüberbrückbaren Strom von ihnen getrennt sei.

Auf die Frage, wie sie zu ihnen gelangt sei, konnte sie sich lediglich erinnern, daß da plötzlich »gewaltiger Lärm« zu vernehmen gewesen war. Eine »geistige Kraft« hätte von ihnen Besitz ergriffen, woraufhin sie plötzlich auf einem der dortigen Felder gewesen seien. Das war alles, was sie über ihr Erscheinen zu sagen hatte, und wahrscheinlich wußte sie auch nicht mehr. Das Mädchen sollte noch weitere fünf Jahre leben, bevor auch sie starb und neben ihrem Bruder beerdigt wurde.

Ortsansässige behaupten, daß es noch Unterlagen über diesen ominösen Fall gibt, beeidigte Aussagen von Zeugen, die mit den Fremden gesprochen, mit ihnen sogar Berührung gehabt hatten. Über die Herkunft der »grünen Kinder« existieren zum Teil wilde Spekulationen. Manches, was über sie verbreitet wurde, erscheint übertrieben, verzerrt und irgendwie unglaubwürdig. Es gibt jedoch fundamentale Fakten, die nie widerlegt werden konnten. Und so erscheint eine Theorie, die darauf fußt, daß die Kinder aus einer Welt kamen – einer unwirtlichen »Schattenwelt« –, die parallel zur unsrigen existiert, durchaus verständlich, zumal dies auch durch Professor John A. Wheelers »Viele-Welten-Interpretation der Quantenmechanik« wissenschaftlich abgesichert ist. Dann müßte es an einer überlappenden Schwachstelle beider Universen zu einer vorübergehenden Aufweichung des sonst so stabilen Raum-Zeit-Gefüges gekommen sein – zu einem »Mini-Schwarzen-Loch«, durch das die Kinder unfreiwillig hindurchrutschten. Für die bedauernswerten Kreaturen mußte dies ein schlimmer Schock gewesen sein. Ihr Schicksal gleicht dem eines Mannes, der in ein Loch im Eis eines zugefrorenen Sees fällt und der nach einem kurzen Augenblick der Benommenheit die Einbruchstelle nicht mehr findet. Ähnlich könnte es den Kindern ergangen sein. Anstatt den Rückweg anzutreten, an die Stelle in der Höhle zurückzulaufen, an die sie sich erinnerten, begingen sie den Fehler, die »Flucht nach vorn« anzutreten.

## 2
## *Das offene Fenster*

Spukhafte Erscheinungen werden in England offenbar häufiger als anderswo beobachtet – nicht nur in alten Herrensitzen, Burgen, Schlössern, Kirchen und historischen Gaststätten, sondern auch in Privathäusern.

Vor nicht allzu langer Zeit informierte mich mein alter Freund Alan Wesencraft, ein früherer Mitarbeiter der »Harry Price Library«, London, über einen typischen »Ghost«-Fall, der sich in den sechziger Jahren im Haus einer Familie Gilmore in Shoreham-by-Sea, Grafschaft Sussex (England), zugetragen hat und in dem, wie so häufig, eine »Frau in Weiß« die Hauptrolle spielt.

Als Frank Gilmore mit seiner Frau Ann und dem neunjährigen Sohn Scott das neue Heim in Shoreham bezog, war dies für alle ein besonders glücklicher Tag. Frank hatte als Handelsvertreter die Grafschaften Hampshire, Wiltshire und West-Sussex zugeteilt bekommen, Bezirke, die nicht weit von seinem neuen Wohnort entfernt waren. Shoreham selbst – ein kleiner, nicht übermäßig frequentierter Badeort – verfügt über einen hübschen Strand, was die Gilmores ein wenig dafür entschädigte, daß sie all ihre Freunde in London zurücklassen mußten.

Das von ihnen bezogene Haus stand ganz für sich auf einem Hügelabhang, etwas abseits der Hauptverkehrsstraße, aber nicht allzu weit vom Strand entfernt. Es gab zwar einige Anwesen in der Nähe, doch lag zwischen diesen und Gilmores Haus ein ziemlich großes Grundstück, das ein ortsansässiger Farmer als Weideland benutzte.

Im späten Frühjahr 1966 waren die Gilmores mit dem Einrichten ihres Hauses beschäftigt. Nichts Ungewöhnliches ereignete sich während dieser Zeit in ihrer Umgebung, nur daß Ann das Obergeschoß stets als ungewöhnlich kühl empfand, etwas, für das sie keine Erklärung fand. Hiervon betroffen war vor allem Scotts Schlafzimmer. Die Installation einer Zusatzheizung in den oberen Stockwerken hätte hohe Kosten verursacht, für die jedoch im Jahr des Einzugs keine Gelder zur Verfügung standen.

Was Ann seltsam berührte, worüber sie sich aber keine großen Gedanken machte, war der Umstand, daß die Kälte auch dann nicht aus dem Zimmer ihres Sohnes weichen wollte, wenn sie dort selbst an warmen Sommertagen einen provisorisch aufgestellten elektrischen Heizkörper einschaltete. Der Ausblick vom Schlafzimmerfenster sollte den Jungen jedoch für diese Unbequemlichkeit voll entschädigen. Dort tummelten sich zahlreiche Weidetiere, und er machte sich einen Spaß daraus, diese jeden Tag zu zählen. Scotts Schlafzimmerfenster war zudem ein idealer Platz für sein Teleskop, mit dem er Schiffe weit draußen auf dem Meer beobachten konnte. Der Junge war rundum zufrieden und hatte schon bald neue Freunde, mit denen er seine Freizeit verbrachte.

Im Spätsommer geschah es dann erstmals, daß Scott an Schlafstörungen litt, über die sich Ann und Frank große Sorgen machten, zumal sich der Junge ansonsten gut eingelebt hatte. Scott versicherte zwar seinen Eltern, daß ihn keine Alpträume plagten, sie aber hörten ihn nachts häufig die Treppe hinabsteigen, um Wasser zu trinken. Dies geschah oft, noch bevor sie sich zur Ruhe begeben hatten, aber hin und wieder auch erst in den frühen Morgenstunden. Als sie ihn daraufhin zur Rede stellten, erwiderte er, daß ihn irgend etwas wecken würde. Er konnte allerdings nicht genau sagen, was es war, nur daß er etwas Kaltes auf seiner Wange gespürt habe, einen kurzen kalten Lufthauch.

Nach einem guten Dutzend solcher Zwischenfälle in weniger als zwei Monaten mußten Ann und Frank feststellen, daß mit ihrem Sohn eine Veränderung vorgegangen war, daß mit ihm etwas nicht stimmte. Er verhielt sich nervös, verängstigt und gestand schließlich seinen Eltern, doch einen Alptraum gehabt zu haben, einen, der allerdings ganz anders war als gewöhnliche Angstträume. Scott war sich sicher, während des Erlebnisses völlig wach gewesen zu sein. Er behauptete, er wäre erst durch den kalten Hauch auf seiner Wange wach geworden. Und in diesem Augenblick habe er zum ersten Mal die »Dame mit dem kahlen Schädel« gesehen, die an seinem Bett vorbeiging und *durch das Fenster verschwand*.

Die Gilmores zogen aus Scotts Schilderung den Schluß, daß der Wohnungswechsel ihren Sohn anscheinend doch mehr mitgenommen hatte, als sie dachten, und sie erlaubten ihm daher im elterlichen Schlafzimmer zu nächtigen. Seltsamerweise stand Scotts Schlafzimmerfenster am Morgen meist offen, obwohl sich die Gilmores genau daran erinnerten, es am Abend zuvor geschlossen zu haben.

Nachdem sich über mehrere Wochen nichts Besonderes ereignet hatte, schlief Scott wieder in seinem eigenen Schlafzimmer. In der Nacht vom 21. zum 22. Dezember erwachten Ann und Frank durch einen markerschütternden Schrei. Sie stürzten in Scotts Zimmer, wo dieser, am ganzen Körper zitternd, mit weit aufgerissenen Augen auf das sperrangelweit geöffnete Fenster deutete, durch das die kalte Nachtluft eindrang. Hastig schlossen die Gilmores das Fenster und taten ihr Bestes, um ihren Sohn zu beruhigen.

Tags darauf nahm Frank einen Tag Urlaub, um den Makler, über den sie das Haus erworben hatten, aufzusuchen. Er erzählte dem Mann von seinen Schwierigkeiten und bat ihn um Auskunft über den Vorbesitzer des Anwesens, der nach Nordengland verzogen war. Der Makler bedauerte es, daß er den Gilmores seinerzeit die Umstände des Verkaufs verschwiegen hatte, weil sie ihm – so seine Begründung – unwichtig erschienen. Der Vorbesitzer, ein Witwer, hatte dort viele Jahre mit seiner Tochter gelebt, einem Einzelkind, dem er sehr zugetan war. Im Alter von 22 Jahren erkrankte das

Mädchen plötzlich und hatte sich einer Gehirnoperation zu unterziehen. Vor dem Eingriff mußte sie sich die Haare abrasieren lassen, ein Umstand, unter dem sie sehr gelitten hatte.

Nach der Operation verbrachte sie einige Monate in ihrem Schlafzimmer – das, in dem Scott geschlafen hatte –, weil sie den Blick auf die Weide und das Meer so sehr genoß. Am 21. Dezember kam es dann zu einem tragischen Zwischenfall: Das Mädchen muß beim Hinauslehnen aus dem Fenster den Halt verloren haben und kopfüber in die Tiefe gestürzt sein. Der Sturz aus dem oberen Stockwerk hatte ihren sofortigen Tod zur Folge. Ihr Vater, der mit dem erneuten Schicksalsschlag nicht fertig wurde, entschloß sich, das Haus zu verkaufen, um in einer neuen Umgebung sein Leid zu vergessen.

Die Gilmores mußten erkennen, daß sie Opfer eines *orts-* und vielleicht auch *zeitgebundenen Spuks* waren, einer paranormalen Erscheinung, der sich nur schwer beikommen ließ, da das obere Stockwerk ihres Hauses offenbar mit kaum zu löschenden Erinnerungsengrammen des Mädchens getränkt war. Sie sahen sich genötigt, ihr gerade erworbenes Anwesen aufzugeben, um in einer neuen »geist-freien« Umgebung Ruhe zu finden.

## 3

## *Der Fall Nelly Butler*

Curt John Ducasse, einer der prominentesten Philosophen und Parapsychologen Amerikas, hielt 1962 in Vassar, Michigan, einen Vortrag zum Thema »Paranormale Phänomene, Wissenschaft und Überleben des Todes«, der so begeistert aufgenommen wurde, daß er ihn noch an verschiedenen Universitäten der USA wiederholen mußte. Während von den sechs von ihm angeführten Beweisfällen fünf Allgemeingut parapsychologischen Wissens geworden sind, ist der sechste nahezu in Vergessenheit geraten. Dies ist um so merkwürdiger, als gerade dieser Fall einer der beweiskräftigsten, wenn nicht gar *der* überzeugendste überhaupt sein dürfte. Nach dem Namen der Person, um die es sich bei demselben handelt, wird er der »Fall Nelly Butler« genannt.

Mit dem hier beschriebenen Fall setzte sich seinerzeit ein Reverend Abraham Cummings, Pastor der Kongregationisten-Kirche auseinander, der alle Vorgänge im Zusammenhang mit dem Erscheinen der verstorbenen Nelly Butler aufzeichnete und in einem 1826 erschienenen, heute nicht mehr verfügbaren Buch zusammenfaßte.

Nelly Hooper, die aus Machiasport, einem Dorf nahe der Stadt Machias im US-Bundesstaat Maine, stammte, hatte George Butler geheiratet und war blutjung im Kindbett verstorben. Kurz darauf, am 9. August 1799, vernahm man im Haus des Abner Blaisdell ganz deutlich ihre wohlbekannte Stimme, die ankündigte, daß sie in allernächster Zeit erscheinen werde. Die verschreckten Blaisdells hüteten sich, diese Mitteilung weiter zu verbreiten, denn die Ortsansässigen,

Matrosen und Fischer, waren zwar fromme, doch keinesfalls abergläubische Menschen. Sie hätten die Blaisdells für verrückt gehalten.
Einige Monate später, am 2. Januar 1800, ließ sich die Stimme erneut vernehmen. Sie befahl, daß man ihren Vater herbringen möge. Als der alte Mann schimpfend und protestierend im Haus der Blaisdells eintraf, erhielt er für die Identität seiner Tochter soviel Beweise, daß er eine eidesstattliche Erklärung abgab, er wäre sich absolut sicher, mit dem »Geist« seiner Tochter gesprochen zu haben.
Wenige Tage nach der Stimmenmanifestation begann Nelly Butler zu erscheinen, zunächst fast kaum wahrnehmbar, dann immer konkreter. Sie erschien zunächst nur einer Person, dann mehreren Menschen, die sie zu Lebzeiten gekannt hatten. Sie alle bestätigten, Nelly zweifelsfrei wiedererkannt zu haben. Die Erscheinung sprach mit früheren Freunden und erinnerte diese an längst vergessene Einzelheiten ihrer Beziehungen, so daß keiner der Angesprochenen Zweifel hegte, die Verstorbene vor sich zu haben.
Die Kunde von der visuellen Manifestation verbreitete sich in Windeseile und kam auch dem Reverend Cummings zu Ohren, der mit einem Boot die Küstendörfer abfuhr, um dort zu missionieren. Natürlich weigerte sich der Geistliche strikt, an die Existenz der Erscheinung zu glauben, und hielt die ihm zugetragene Kunde für einen makabren Scherz. Er sollte jedoch schon bald seine Meinung revidieren müssen. Ducasse zitiert den Geistlichen: »Eines Tages, im Juli 1806 gegen Abend, wurde ich von zwei Personen davon in Kenntnis gesetzt, sie hätten das ›Gespenst‹ [die Erscheinung der Nelly Butler] auf dem Feld gesehen. Ich trat hinaus, aber nicht um das ›Wunder‹ zu sehen, denn ich war mir ganz sicher, daß sie sich getäuscht hatten. Ich schaute in Richtung der vom Hause etwa ein Dutzend ›Ruten‹ (etwa 60 Meter) entfernten Anhöhe und sah da etwas, das ich zunächst für einen weißen Fels hielt. Dies bestärkte meine Meinung über das ›Gespenst‹, und ich befaßte mich nicht mehr damit. Drei

Minuten später schaute ich zufällig erneut in jene Richtung, und diesmal schwebte der ›Fels‹ in der Luft und bildete eine vollkommene Kugel von rötlicher Tönung. Sein Durchmesser betrug etwa zwei Fuß [etwa 60 Zentimeter]. Es wurde mir auf einmal klar bewußt, daß diese Sache nicht mit rechten Dingen vor sich ging, und ich näherte mich dem Objekt, um es genauer zu prüfen. Während ich die Augen ständig fest auf jene Kugel gerichtet hielt, machte ich vier oder fünf Schritte, als sie plötzlich blitzend bis auf eine Entfernung von etwa elf Ruten (etwa 55 Meter) auf mich zukam. Sie nahm augenblicklich die Gestalt eines lebenden, als Frau gekleideten Menschenwesens an, das aber nicht größer war als ein kleines siebenjähriges Mädchen.

Mit meinem Blick fest auf sie gerichtet, dachte ich: ›Du bist aber nicht groß genug für die Frau, die so oft unter uns erschienen ist.‹ Unversehens wuchs die Gestalt. Sie wurde so groß und sah so aus wie die Frau, für die ich sie hielt. Jetzt erschien sie strahlend. Auf ihrem Haupt war ein Bild der Sonne, die ihre leuchtenden Strahlen über alle Teile des Feldes ergoß. Durch die Strahlen hindurch konnte ich die Körpergestalt und Kleidung der Frau wahrnehmen.« Hierzu heißt es bei Ducasse ergänzend: »In seinem kleinen Buch, das Reverend Cummings anläßlich der Erscheinungen von Nelly Butler veröffentlichte, gibt er etwa 30 beschworene Zeugenaussagen wieder, die er zu jener Zeit von Leuten erhielt, die das Phantom gesehen und gehört hatten. Denn die Erscheinung sprach und hielt Ansprachen, die zuweilen bis zu einer Stunde währten.« Unter wörtlicher Anführung seiner Quelle heißt es bei Ducasse, daß »das Phantom zuweilen bloß einer Person, zuweilen zwei oder drei Menschen erschien, dann fünf oder sechs, zehn oder zwölf, ja sogar 20 und einmal auch mehr als 40 Zeugen.

Oft erschien das Phantom von Nelly Butler auf freiem Feld. Dort bewegte sie sich, weiß wie das Licht, gleich einer Wolke über dem Erdboden in der ihr eigenen Gestalt und Schönheit, in Anwesenheit von bis zu mehr als 40 Personen. Sie un-

terhielt sich mit ihnen bis nach Sonnenuntergang und Tagesanbruch, und dann verflüchtigte sie sich. Viele Zeugen berichteten, die Erscheinung hätte sich wie eine [illegible] Wolke gebildet, die ganz plötzlich gewachsen wäre und in einem Augenblick die Gestalt der verstorbenen Nelly Butler angenommen habe.«
Professor Jacopo Comin, Rom, der den Fall »Nelly Butler« 1972 in einem Beitrag für die italienische Zeitschrift »Parapsychologia« wieder aufleben ließ, machte nachdrücklich darauf aufmerksam, daß die Materialisation (Erscheinung) der Verstorbenen völlig unabhängig von den jeweiligen Lichtverhältnissen war. Sie traten sowohl bei Dunkelheit als auch bei Tages- und sogar künstlichem Licht auf. Es heißt hier: »Nelly konnte sich den Lebenden von gleich zu gleich zugesellen, sie ging nur nicht, sondern schwebte über dem Erdboden.« Mehr als sechs Jahre sollten die Erscheinungen währen. Dann ebbten sie allmählich ab.

## 4

## *Der Zigarrenstummel*

In der grenzwissenschaftlichen Forschung besteht immer die Gefahr, daß sich gerade die interessantesten Fallschilderungen letztlich als Produkte einer besonders üppigen Phantasie oder als Fehlinterpretationen, ja sogar als Schwindel erweisen. Erstaunlicherweise wirken solche Geschichten besonders überzeugend, da in solchen Fällen so etwas wie Wunschdenken mitspielt. Es ist die Faszination des Bizarren. Deshalb muß der Brief des Engländers Basil Paulart, in dem er seine Begegnung mit einem »Verstorbenen« schildert, zunächst jedem verdächtig erscheinen, der sich ernsthaft mit paranormalen Phänomenen befaßt und diese auf natürliche Ursachen zurückzuführen versucht. Dieser anfängliche Verdacht wird aber durch die sachliche, beeindruckende Darlegung seines Erlebnisses entkräftet. Paulart – ein in London tätiger Bankkaufmann – ist das, was man für gewöhnlich als einen Gewohnheitsmenschen bezeichnet. In seinem Brief, der mir bereits in den siebziger Jahren zugänglich gemacht wurde, heißt es: »Mein Wochenablauf ist seit Jahren der gleiche: Um acht Uhr aufstehen, um neun im Büro und dann gegen 19.30 Uhr zu Hause. Am Freitagabend ist alles anders. Anstatt in meine Wohnung in Hampstead zu fahren, nehme ich um 18.45 Uhr den Schnellzug von Charing Cross nach Ashford, wo ich in den Bummelzug nach Rye steige. Dort besitze ich ein Häuschen, in dem ich mit Frau und Kindern das Wochenende verbringe, bevor ich am Montagmorgen nach London zurückfahre. Diese Regelung kommt vor allem meiner Frau zugute, die als Autorin die ländliche Abgeschie-

denheit braucht, um sich besser auf ihre Arbeit konzentrieren zu können.
Meine Wochenendreisen nach Rye bereitet mir keine Umstände, sie ist für mich sogar recht angenehm. Einige meiner Geschäftskollegen wohnen in Ashford, so daß wir stets das gleiche Abteil belegen und die lange Fahrt durch Gespräche oder Kartenspielen unterhaltsam überbrücken.
Ab Ashford bin ich im Bummelzug mit John Edwards – dem Buchhalter unserer Firma – allein im Abteil. Wir können uns dann bequem ausstrecken und in aller Ruhe unsere Akten studieren, bevor wir etwa 30 Minuten später in Rye eintreffen.
An einem Freitagabend erfuhr diese Routine eine unheimliche Unterbrechung. Als wir Ashford erreicht hatten, begegnete Edwards einem alten Schulfreund, der ebenfalls den Zug nach Rye bestieg. Er hatte ihn schon seit Jahren nicht mehr gesehen und wollte sich mit ihm über frühere Zeiten unterhalten. Daher bat er mich um Verständnis, wenn er in dessen Abteil einsteigen und mich allein lassen würde. Ich hatte nichts dagegen und fand ein leeres Abteil, in dem ich ein Nickerchen zu machen gedachte. Gerade als der Zug abgepfiffen wurde, öffnete sich die Tür und ein Mann trat herein. Ich war ziemlich verärgert, da ich meine Beine einziehen mußte, um ihn vorbeigehen zu lassen. Er aber blieb stehen und lächelte, machte Anstalten, mir gegenüber Platz zu nehmen. Ebensogut hätte er die zwei leeren Ecksitze nehmen können. Doch er zog es vor, den Platz mir gegenüber einzunehmen und sich eine Zigarre anzuzünden.
Als der Zug anfuhr, lehnte er sich vor und sprach mich mit gepflegter Stimme an: ›Ich hoffe, Sie haben nichts dagegen, aber ich reise nun mal eben lieber in Gesellschaft.‹ – ›Nicht im geringsten‹, log ich, woraufhin er unbeirrt fortfuhr: ›Einmal machte ich im Zug eine sehr unangenehme Erfahrung. Ich war Makler für Industriediamanten und durch meine Tätigkeit kam ich überall im Land herum. Für meine Geschäftsreisen benutzte ich stets den Zug, um mich zu ent-

spannen, mich auf meine nächste Verhandlung vorzubereiten.‹ Er lächelte entschuldigend, und ich bereute es schon, kurz zuvor seine Anwesenheit als lästig empfunden zu haben. ›Ich hatte gerade einen größeren geschäftlichen Abschluß zu tätigen und reiste mit einer Aktentasche, die Rohdiamanten im Wert von 5000 Pfund enthielt, am späten Nachmittag nach Manchester. Da ich allein im Abteil saß, war ich natürlich ängstlich, als auf einmal ein Fremder hereinkam. Er nahm direkt mir gegenüber Platz und fragte mich ungezwungen, wer ich sei. Ich weigerte mich, ihm zu antworten, und fragte meinerseits, warum er dies wissen wolle. Plötzlich blickte er zum Gepäcknetz hoch, wo meine Aktentasche lag. Ich wußte nicht, ob er ahnte, daß ich etwas Wertvolles bei mir hatte, aber diese Kerle verfügen über so viele Insiderinformationen. Vorsicht war geboten, und ich war schon im Begriff die Notbremse zu ziehen. Er bemerkte meine Absicht, stand auf und versperrte mir den Weg. Gleichzeitig zog er einen Revolver aus der Innentasche. Blitzschnell riskierte ich eine Ausfallbewegung, um doch noch die Notbremse zu erreichen. Er aber war schneller als ich, stieß mich auf meinen Sitz zurück und feuerte aus nächster Nähe zwei Schüsse auf mich.‹

›Mein Gott‹, seufzte ich, ›er muß aber schlecht gezielt haben, um Sie aus so kurzer Entfernung zu verfehlen.‹ – ›Er verfehlte mich nicht‹, fuhr mein Gegenüber fort. ›Er schoß mir zweimal in den Kopf.‹

Diesmal war ich geschockt: ›Dann haben Sie aber verdammt Glück gehabt, noch am Leben zu sein, um mir diese Geschichte erzählen zu können.‹ Die Antwort kam prompt: ›Aber, daß ist es ja gerade: *Ich bin es nicht mehr.*‹

Mit dieser geradezu irrsinnigen Feststellung stand der Mann auf, schenkte mir ein trauriges Lächeln, ließ seine erst zur Hälfte gerauchte Zigarre auf den Boden fallen, trat sie aus und verließ das Abteil.

Wenige Sekunden später kam John Edwards herein und bemerkte, daß ich leichenblaß war. Er fragte mich, was los sei.

Mit übergeschnappter Stimme erwiderte ich ihm, daß ich gerade eine beunruhigende Unterhaltung mit einem Verrückten gehabt hatte, einem Mann, dem er auf dem Korridor eben noch begegnet sein müßte. Für einen kurzen Augenblick schaute mich John verständnislos an, dann sagte er: ›Du mußt geträumt haben. Ich habe die ganze Zeit vor der Tür des Nachbarabteils gestanden und versichere dir, daß *niemand dieses Abteil verlassen hat.*‹«

Einer meiner in England lebenden Freunde hat wenige Monate nach diesem Zwischenfall sowohl Edwards als auch Paulart persönlich aufgesucht und mit beiden über das damalige Geschehen gesprochen, um herauszufinden, ob deren Aussagen gegenüber den schriftlichen Darlegungen Widersprüche oder gravierende Abweichungen aufweisen. Edwards bemerkte hierzu: »Glauben Sie mir, ich habe oft darüber nachgedacht, ob er [Paulart] das alles nur halluziniert oder geträumt hat. Aber, wenn ich darüber witzele, wird er stets leichenblaß und fällt fast in Ohnmacht. Da lag ein zertretener Stummel einer zur Hälfte gerauchten Zigarre auf dem Boden. Ich hob ihn auf und warf ihn aus dem Fenster. Hinterher wünschte ich, ich hätte ihn nicht fortgeworfen, denn Basil sagte mir später, daß das Phantom ihn fallen gelassen hatte. Der Zigarrenstummel stammte gewiß nicht von ihm, und sein Atem roch damals auch nicht nach Tabakrauch.«

Einige Tage danach traf mein Bekannter Paulart. Er ließ ihn seine Geschichte nochmals erzählen, ohne daß dieser sich in Widersprüche verhedderte. Er sprach ruhig und sachlich, so als ob er seiner Sekretärin einen Brief diktieren würde. Paulart ließ nicht unerwähnt, daß es sich bei dem Erlebten durchaus auch um einen Traum gehandelt haben könnte, wäre da nicht die Sache mit dem Zigarrenstummel gewesen. Wer mag ihn dort hingeworfen haben, wenn während der Fahrt niemand das Abteil betreten hatte?

Die ganze Geschichte geriet in Vergessenheit, bis mein Freund eines Tages auf eine 30 Jahre alte Zeitungsnotiz stieß, in der über die Ermordung eines Edelsteinhändlers aus Rye berichtet wurde. Er war auf einer Geschäftsreise nach Manchester getötet worden. Die Polizei hatte damals bei der Fahndung nach dem Mörder die Mithilfe der Bevölkerung gesucht. Seltsamerweise stimmte die von der Polizei veröffentlichte Beschreibung des Ermordeten mit der von Paularts Phantombegleiter überein. Sogar seine Zigarrenmarke hatte man erwähnt.

Menschen bewegen sich im Traum in anderen Welten, in anderen Realitäten. Wenn Paulart die Begegnung mit einem längst Verblichenen nur geträumt hat, könnte es nicht sein, daß dieser ihm als jenseitige Bewußtseinswesenheit die Geschichte seiner Ermordung deswegen »erzählt« hat, um der Nachwelt den wahren Hergang der Tat zu schildern ... um schließlich Ruhe zu finden? Wenn Tote mit uns tatsächlich Kontakt aufnehmen können, dann doch zu allererst auf der Bewußtseinsebene, immer dann, wenn wir »abgeschaltet« haben und sich unser Bewußtsein jenseits raumzeitlicher Hindernisse und Ablenkungen frei entfalten kann. Dann erst ist unser Unbewußtes in der Lage, in die Realität der nichtmateriellen Welt hineinzuhören, um Dinge zu erfahren, die uns sonst verborgen blieben.

# 5

## *Der Herrensitz – Visionen oder mehr?*

Ende der dreißiger Jahre berichtete der englische Parapsychologe Sir Ernest Bennett in einer Sendung der britischen Rundfunk- und Fernsehgesellschaft BBC über ungewöhnliche Erlebnisse seiner Hörer, über deren Erfahrungen mit dem Paranormalen. Einer der bei ihm eingegangenen Briefe kam von Miss Ruth Wynne, die viele Jahre als Erzieherin und Privatlehrerin tätig gewesen war. Sie beschrieb darin die visionäre Wahrnehmung eines alten Herrensitzes, die sie seinerzeit zusammen mit einer ehemaligen Schülerin – einer Miss Allington – gehabt hatte. Etwa drei Jahre später sollte Bennett ein Schreiben von jener Schülerin erhalten, mit dem diese, als Zeugin des damaligen Geschehens, die Schilderung ihrer Lehrerin vollauf bestätigte.
Die Glaubwürdigkeit der Geschichte wird nicht allein durch die Intelligenz und den guten Leumund von Miss Wynne, sondern auch durch das spätere Schreiben von Miss Allington erhärtet. Wenn zwei Menschen bei hellichtem Tag gleichzeitig ein und dieselbe Beobachtung machen, sollte man annehmen, daß diese keinesfalls auf einem Irrtum oder einer Sinnestäuschung beruht. In ihrem Brief ließ Miss Wynne den Autor der Sendung wissen, daß sie zu keiner Zeit Medialität entwickelt hatte und daß sie allem »Übernatürlichen« gegenüber kritisch eingestellt sei.
Miss Wynne war Mitte der zwanziger Jahre mit ihren Eltern und ihrer 14jährigen Schülerin nach Rougham gezogen, einem kleinen Ort ganz in der Nähe des Städtchens Bury St. Edmunds. Um die nähere Umgebung besser kennenzu-

lernen, unternahmen beide nach dem täglichen Unterricht längere Spaziergänge. Eines Tages machte Miss Wynne den Vorschlag, die Kirche St. George im Nachbarort Bradfield zu besuchen. Das Wetter war an jenem Oktobertag im Jahre 1926 ganz so, wie man es in der dortigen Gegend von einem typischen englischen Spätherbst erwartet: bewölkt und regnerisch, vorwinterlich kühl. Auf dem Weg dorthin nahmen sie eine Abkürzung über die Felder. Sie gingen stracks auf die Kirche zu, die schon von weitem zu sehen war.

Die Abkürzung führte sie zunächst zu einer Farm und von da aus zu einem Feldweg. Ohne dabei die Kirche aus den Augen zu verlieren, bemerkten sie nach Verlassen der Farm auf der linken Seite des Weges eine hohe Mauer aus verwitterten Ziegelsteinen. Vor ihnen bog der Weg nach links ab. Neugierig folgten sie ihm bis zum Ende, um plötzlich vor einem großen, schmiedeeisernen Tor zu stehen. Als die beiden Frauen durch die verrosteten Gitterstäbe schauten, erblickten sie ein mit hohen Bäumen bestandenes Wäldchen. Es überragte die Mauer um ein Mehrfaches. Vom Eingang aus erstreckte sich ein Weg, der zu einem alten Haus führte. Die Bäume verdeckten es derart, daß man nur einen Teil des Gebäudes erkennen konnte. An der Form der Fenster und an den Fassadenverzierungen wollte Miss Wynne erkannt haben, daß das Bauwerk der georgianischen Stilepoche angehörte, daß es also aus dem 18. Jahrhundert stammte.

Beide standen eine ganze Weile vor dem alten Tor und betrachteten verwundert das herrliche Anwesen. Kein Mensch weit und breit. Das Haus war offenbar unbewohnt. Da das Tor verschlossen war und sie das Grundstück nicht betreten konnten, gingen sie denselben Weg zurück, der zur Straße und damit auch zur Kirche führte. Nachdem sie sich diese angesehen hatten, traten sie den Heimweg an, wobei sie wieder die Abkürzung über die Felder nahmen.

Daheim fragte Miss Wynne ihre Eltern, ob sie wüßten, wem das bei Bradfield gelegene herrschaftliche Anwesen gehöre. Doch sie und auch ihre Nachbarn wußten nichts von einem

solchen Bauwerk, und so geriet die ganze Angelegenheit schon bald in Vergessenheit.
Ende Februar wiederholten Miss Wynne und ihre Schülerin den Spaziergang nach Bradfield. Der Himmel war zwar bewölkt, aber die Sichtverhältnisse ließen nichts zu wünschen übrig. Ihr Weg war der gleiche wie beim letzten Mal. Wieder gingen sie an der Farm vorbei, stießen sie auf den bewußten Feldweg, alles kam ihnen bekannt vor ... bis auf die jetzt fehlende Mauer, die sich parallel zum Weg erstreckt hatte. Die hohe, zuvor unübersehbare Mauer war verschwunden. An der Stelle, wo sie gestanden hatte, verlief nun längs des Weges ein breiter Graben. Jenseits desselben, wo vorher hinter dem Wäldchen das von ihnen bewunderte Herrenhaus gestanden hatte, breitete sich vor ihnen ein total verwildertes Grundstück aus, mit von Unkraut überwucherten Erdhügeln, Bodensenken und Buschwerk. Lediglich die hohen Bäume, die dort standen, kamen ihnen bekannt vor.
Vor den beiden lag nichts als Ödland, ein Grundstück, das offenbar nie bebaut gewesen war, von einer Mauer, einem schmiedeeisernen Tor, Parkweg oder gar einem Bauwerk keine Spur. Ihr erster Gedanke war, daß alles, was sie wenige Monate zuvor mit eigenen Augen gesehen hatten, kurzfristig abgerissen worden war. Doch dieser Gedanke erschien ihnen bei näherer Betrachtung des Grundstücks völlig abwegig. Ein Teich und einige Tümpel zwischen dem Gewirr von Hügeln, Erdlöchern und Büschen hatten dort eine üppige Vegetation hervorgebracht – ein Szenarium, das nach einem möglichen Abriß wohl kaum in so kurzer Zeit, und schon gar nicht während der Wintermonate, entstanden sein konnte. Auch wäre es völlig undenkbar gewesen, eine lange Mauer und ein stattliches Gebäude mitten im Winter in nur vier Monaten niederzureißen, ohne irgendwelche Spuren zu hinterlassen. Da die beiden Frauen für die Veränderung keine Erklärung fanden, verfaßten sie – jede für sich – über das, was sie dort im Oktober gesehen hatten, Gedächtnisprotokolle, die sie dann miteinander verglichen. Sie stimmten genau

überein. Es konnte also kein Zweifel daran bestehen, daß beide jedesmal den gleichen Bauernhof passiert, die gleiche Straße und den gleichen Weg benutzt hatten. Was aber war dann mit dem geheimnisvollen Anwesen geschehen, dessen sie sich erinnerten, als ob es gestern gewesen wäre. Die Mauer, das Tor, der Parkweg und das Bauwerk – all das war damals so überzeugend real gewesen.

Das Erlebte ließ Miss Wynne keine Ruhe. Sie begann bei Familien, die in der Nähe des Phantomhauses wohnten, Nachforschungen anzustellen. Doch alle ihre Bemühungen verliefen im Sande. Dennoch gab Miss Wynne nicht auf. Hartnäckig versuchte sie, in Buchhandlungen und Bibliotheken alte Landkarten von der Gegend dort aufzutreiben, aus denen sie Näheres zu erfahren hoffte. Aber auch diese Aktivitäten erbrachten keinen Erfolg. Die Zeit schien alles, was Menschen einer früheren Epoche an besagter Stelle einmal hervorgebracht hatten, ausgelöscht zu haben. Oder gab es dieses wunderbare Haus überhaupt nicht, existierte es vielleicht wirklich nur in der Phantasie zweier romantisch veranlagter Menschen? Kann es sein, daß beide gleichzeitig ein und dieselbe Vision hatten, daß beider Bewußtsein, ähnlich einem Kinofilm, eine realistisch wirkende »Fata Morgana« produzierte?

Eine andere Erklärung wäre ebenso denkbar: Vielleicht waren Miss Wynne und ihre Schülerin, durch eine Laune der Natur, in einem zeiterstarrten Zustand um Jahrhunderte zurückversetzt worden. Der Status der von beiden bei ihrem ersten Besuch beobachteten Isoliertheit des Anwesens, die Feststellung, daß es offenbar nicht bewohnt war, könnte durchaus ein Indiz hierfür sein. Das Geheimnis aber wird für immer fortbestehen.

## 6
## *Nachhall der Vergangenheit*

Kann es sein, daß alle Emotionen, die sich während kriegerischer Auseinandersetzungen entladen – Furcht, Haß, Verzweiflung, Schmerz und Kühnheit –, irgendwo jenseits unseres Raum-Zeit-Gefüges in eine Art *Weltgedächtnis* oder *Akasha-Chronik* »eingraviert« sind, daß sie unter bestimmten Voraussetzungen, d. h. unter dem Einfluß gewisser physikalischer Anomalien, in der Zeit rückwärts abgespult werden… bis hin in unsere »fließende« Gegenwart? Wie anders will man die ungewöhnlichen Vorkommnisse deuten, mit denen Besucher der alliierten Landungspunkte in der Normandie, der Gegend um Dünkirchen oder der blutgetränkten Schlachtfelder an der Somme konfrontiert werden? Immer wieder glauben Einheimische und Touristen die verzweifelten Schreie der Verwundeten und Sterbenden, das Rattern von Maschinengewehren und das dumpfe Dröhnen der Artillerie, mit der sich im Ersten und Zweiten Weltkrieg beide Seiten gegenseitig auslöschten, zu hören.

Erfahrungen dieser Art sind nicht neu, und man begegnet ihnen auch an den uns weniger bekannten Schauplätzen der Geschichte, wie z. B. in der im Südwesten England gelegenen Grafschaft Somerset. Der Fall des dort ansässigen Farmers John Watkiss, der, ohne die Hintergründe zu kennen, unfreiwillig Zeuge eines historischen Ereignisses wurde – die Schlacht von Sedgemoor –, reicht bis in die Zeit vor 1900 zurück.

An einem Sommerabend zu vorgerückter Stunde – die Sonne war bereits untergegangen – befand sich Watkiss auf dem

Heimweg. Das kräftige Abendrot ließ die hohen Hecken zu beiden Seiten des Weges düster, nachgerade unheimlich erscheinen. Etwa auf halber Strecke zweigte ein schmaler Pfad nach rechts ab, eine Abkürzung, die Watkiss einzuschlagen gedachte, um schneller nach Hause zu kommen. Gerade hatte er den Pfad betreten, als er einen Schuß vernahm, der jäh die abendliche Stille durchbrach. Er schien von hinten, von jenseits der Hecken am äußersten Ende des Weges zu kommen. Erschrocken wandte sich Watkiss um, konnte aber nichts Verdächtiges erkennen. Vielleicht waren es Wilderer. Achselzuckend setzte er seinen Weg fort. Was kümmerten ihn die illegalen Aktivitäten anderer, hatte er doch selbst hin und wieder verbotenerweise Wild erlegt, um seine spärlichen Vorräte zu ergänzen.
Sekunden später, nach nur wenigen Schritten, hörte Watkiss plötzlich laut und deutlich Gewehrfeuer, vernahm er Stimmen und das schwere Stampfen von Hufen. Verängstigt verließ er den Pfad, glaubte er doch, jeden Augenblick von etwas überrannt zu werden, das sich wie das Herannahen einer Kavallerieeinheit anhörte. Angestrengt schaute Watkiss in Richtung der Hecke. Obwohl nichts zu erkennen war, nahm der Lärm weiter zu. Kein Zweifel: Irgend etwas schien hinter den Hecken vorzugehen. Vielleicht war es einer jener Landbesitzer, die dort bisweilen nächtliche Treibjagden veranstalteten. Dieser Gedanke war jedoch absurd. Als Einheimischer hätte er von einer solchen Jagd bestimmt gewußt. Hinzu kam, daß die Schreie, die er vernahm, von Menschen in Todesangst zu kommen schienen und nicht von einer fröhlichen, ausgelassenen Jagdgesellschaft.
Was immer es auch gewesen sein mochte: Von dieser akustischen Manifestation ging offenbar eine nicht näher zu beschreibende Gefahr aus, Grund für Watkiss, sich zu beeilen. Obwohl der Lärm allmählich in der Ferne verebbte, legte Watkiss den Rest des Heimwegs im Dauerlauf zurück. Völlig erschöpft traf er in seinem Cottage ein, in dem er sich vor Verfolgung sicher wähnte. Da er seine Ängste schlecht ver-

bergen konnte, vertraute er sich seiner Frau an. Er verlangte jedoch von ihr, anderen gegenüber nichts von seinem Erlebnis verlauten zu lassen, da er den Spott der Dorfbewohner fürchtete.

Seine Frau hielt sich nur wenige Tage an ihre Zusage, konnte dann aber doch nicht der Versuchung widerstehen, Johns Erlebnis ihrer besten Freundin weiterzuerzählen. Am Wochenende wußte der ganze Ort, daß Watkiss auf dem Weg nach Hause etwas Unheimliches erlebt hatte. Über die Schwatzhaftigkeit seiner Frau verärgert, weigerte sich dieser strikt, im Gespräch mit Dritten hierüber auch nur ein Wort zu verlieren. Das Gerücht machte die Runde und kam schließlich dem Ortspfarrer zu Ohren. Aufgrund seines Studiums war dieser mit der historischen Vergangenheit der Grafschaft Somerset bestens vertraut. Er ließ Watkiss ins Pfarrhaus kommen, um sich über dessen Erlebnis eingehend zu informieren, ahnte er doch gewisse Zusammenhänge zwischen diesem und einem wichtigen Ereignis aus Englands Vergangenheit. Widerstrebend erzählte der Farmer dem Geistlichen seine Geschichte. Als er sie beendet hatte, fragte ihn der Pfarrer, wann und zu welcher Uhrzeit der Zwischenfall stattgefunden und wie lange er gedauert habe. Es stellte sich heraus, daß er den durch die Unsichtbaren verursachten Lärm am 6. Juli gegen 21 Uhr gehört hatte. Über die Dauer seines Erlebnisses vermochte er jedoch keine genauen Angaben zu machen, schätzte sie aber auf etwa fünf bis zehn Minuten.

Als der Pfarrer Watkiss fragte, ob er wüßte, was sich am 6. Juli vor 200 Jahren in der Gegend dort ereignet habe, mußte dieser verneinen. Daraufhin erzählte der Geistliche: »In jener Nacht im Jahre 1685 hatten die Truppen der Royalisten die dem Untergang geweihte Armee des Herzogs von Monmouth zur entscheidenden Schlacht herausgefordert. Der Herzog, ein legaler Sohn von Charles II., war aus dem Exil zurückgekehrt, um seinem Onkel James II. die Regentschaft zu entreißen. Die einfachen Leute schlossen sich ihm begeistert an. Mehr als 8000 Mann scharten sich um ihn. Innerhalb

weniger Wochen war der gesamte Westen Englands von Monmouths Rebellion erfaßt. Die zunächst siegreiche Rebellenarmee wurde jedoch im Laufe der Zeit von den überlegenen Royalisten zerrieben. Schließlich standen sich am 6. Juli des Jahres 1685 beide Armeen bei Sedgemoor gegenüber, und der junge Monmouth sah sich genötigt, den entscheidenden Kampf aufzunehmen, den er durch einen nächtlichen Angriff einzuleiten gedachte. Ein Ortskundiger führte Monmouths Armee insgeheim bis auf wenige hundert Meter an das royalistische Lager heran. [Der Weg, den die Männer damals eingeschlagen hatten, dürfte der gleiche gewesen sein, den Watkiss gegangen war.]
Zwischen Royalisten und Rebellen befand sich ein langer, tiefer Graben. Der Schlachtplan sah vor, daß die Rebellen den Graben kriechend überqueren und sich zur gegenüberliegenden Seite dicht an die feindliche Truppe heranpirschen sollten, um dann überraschend loszuschlagen.
Plötzlich löste sich – Zufall oder Verrat – aus dem Gewehr eines Schützen im Lager der Rebellen ein Schuß, der in der Stille der Sommernacht einem Alarmsignal gleichkam. Was daraufhin geschah, erwies sich beim Morgengrauen als eine der blutigsten Schlachten in Englands nicht gerade ereignisloser Geschichte. Die Royalisten hatten die schlecht ausgerüstete, undisziplinierte Bauernarmee brutal niedergemetzelt. Monmouth war in letzter Sekunde die Flucht gelungen. Er hatte sich in einem farnüberwucherten Graben versteckt, wurde aber von den Royalisten aufgegriffen und zur Aburteilung nach London gebracht. Er, und mit ihm die Rebellion, endeten unter dem Fallbeil des Henkers.
Noch Monate nach der blutigen Schlacht verfolgten die royalistischen Truppen versprengte Rebelleneinheiten bis in die entferntesten Winkel des Landes, schlachteten jeden ab, dem sie eine Beteiligung an Monmouth Aufstand nachweisen konnten. Nur wenige kamen mit dem Leben davon.«
Dies genau waren die historischen Fakten, die der Ortspfarrer dem geschichtsunkundigen Farmer John Watkiss unter-

breitete. Er, der hart arbeiten mußte, um seine Familie zu ernähren, hatte nie Zeit gefunden, sich mit der historischen Vergangenheit seiner Heimat zu befassen. Es war das erste Mal, daß er von dem ungleichen Kampf zwischen Royalisten und Rebellen gehört hatte. Jetzt erst konnte er begreifen, was er an jenem Abend im Juli gehört hatte: die Geräuschkulisse zweier Geisterarmeen, den letzten Akt eines Dramas, dessen sich heute kaum noch jemand erinnert.

Watkiss' Erlebnis ermöglicht sogar die Rekonstruktion des Kampfgeschehens. Der erste Schuß, den er vernahm, war gewissermaßen der Auftakt zum nachfolgenden Desaster. Die prompt einsetzenden Gewehrsalven kamen von den Royalisten, die blindlings in den Graben feuerten, in dem sich die Rebellen aufhielten und der sich letztlich als Todesfalle für sie erwies. Watkiss verstand jetzt auch, warum er das Geräusch herannahender Pferde aus Richtung der hohen Hecke gehört hatte, etwas, das ihm seinerzeit völlig unverständlich erschien. Noch vor 100 Jahren befand sich an dieser Stelle ein breiter Graben, der mittlerweile total zugewachsen war. Rätselhaft erscheint allein der Zeitfaktor. Unmittelbar nach dem Gewehrfeuer hatte Watkiss die Hufschläge einer scheinbar herannahenden Kavallerieeinheit gehört. Nach historischen Aufzeichnungen erfolgte deren Einsatz jedoch erst eine Stunde später.

Vielleicht erklärt sich die Zeitkontraktion bei der akustischen Wiederholung der Schlachtszene aus deren »Aufzeichnung« in einer dimensional übergeordneten, zeitlosen Realität, in der zeitliche Abstände, wie sie uns unser Bewußtsein vorgaukelt, gar nicht existieren. Dann aber gäbe es kein Gestern und kein Morgen, sondern nur das ewige Jetzt – die absolute Gleichzeitigkeit. Dann wäre auch ein »Nachhall« dessen, was wir als Vergangenheit bezeichnen, durchaus verständlich.

# 7

## *Phantome unter uns*

Die 32jährige französische Erzieherin Emile Sagée unterrichtete im Jahre 1845 in einem nahe Riga gelegenen Mädchenpensionat. Schon bald behaupteten mehrere Personen, Mademoiselle Sagée zur gleichen Zeit an verschiedenen Orten gesehen zu haben. Was man anfangs noch für einen Irrtum gehalten hatte, mußte nach einem besonders frappanten Doppelgängererlebnis in einem Klassenzimmer neu bewertet werden. Als sie eines Tages einen Lehrsatz behandelte, den sie zur besseren Veranschaulichung mit Kreide an die Wandtafel schrieb, waren die Schülerinnen verblüfft, dort plötzlich zwei Sagées stehen zu sehen. Beide Gestalten ließen sich in ihrem Aussehen und Verhalten nicht voneinander unterscheiden, nur daß das Original ein Stück Kreide in der Hand hielt und sichtbar schrieb, wohingegen das Double die Schreibbewegungen der echten Sagée ohne Kreide nachahmte. Jede der 13 jungen Damen hatte die Phantomgestalt mit eigenen Augen gesehen.

Dieses Phänomen wurde noch bei anderen Gelegenheiten beobachtet. Einmal sah man die Erzieherin im Garten Blumen pflücken, während die Schülerinnen von einer anderen Lehrkraft beaufsichtigt wurden. Als diese für kurze Zeit das Zimmer verlassen hatte, erschien im gleichen Armstuhl, auf dem wenige Augenblicke zuvor die Aushilfe gesessen hatte, die Phantomgestalt der Sagée.

Sofort blickten die Mädchen aus dem Fenster und sahen, daß ihre Lehrerin immer noch beim Blumenpflücken war, nur daß sie sich jetzt viel langsamer bewegte, so als ob sie erschöpft oder schläfrig sei. Einige beherzte Schülerinnen näherten sich dem Phantom und versuchten, es zu berühren. Erstaunt mußten sie feststellen, daß ihre Hände die Erscheinung durchdrangen, ohne daß die Pseudo-Sagée auf den Kontakt reagierte. Zwei der Damen wollen beim Berühren einen leichten Widerstand gespürt haben. Hierbei könnte es sich um eine subjektive Empfindung gehandelt haben. Das Phantom verharrte noch einige Augenblicke in seiner Position, um dann zusehends zu verblassen. Auf diesen Zwischenfall hin angesprochen, behauptete die Sagée, sie habe gesehen, wie die Aufsichtskraft ihren Platz verließ, und sich darüber »Gedanken gemacht«. Und dieser Denkprozeß muß die Projektion ihres Doubles ausgelöst haben. Indem das Phantom nicht synchron mit der blumenpflückenden Sagée agierte, müßte es sich hierbei im Prinzip um einen für jedermann sichtbaren Astralkörper-Austritt gehandelt haben.

In der grenzwissenschaftlichen Literatur wird über zahlreiche ähnliche Fälle berichtet, in denen Doppelgänger aufgrund des realistischen Erscheinens der eigenen Person, diese in Angst und Schrecken versetzten. Die Schweizer Tiefenpsychologin und langjährige Sekretärin von C. G. Jung, Aniela Jaffé, beschreibt die Doppelgänger-Manifestation eines Mannes, der an schweren Nierenkoliken litt, und zitiert den Betreffenden wörtlich: »Ich hatte so furchtbare Schmerzen, daß ich mir sagte: Jetzt solltest du irgendwie aus dir selbst heraus können, dann wären die Schmerzen weg ... Plötzlich sah ich vor mir einen Mann, der auf das Gartentor zuschritt. Er öffnete das Tor und ging auf die Straße hinaus – bis mir zum Bewußtsein kam: Das bin ich ja selbst! Ich sprang auf, von dem einen Wunsch beseelt, ich muß den Mann unbedingt einholen. Schon bog er um die Ecke einer Seitengasse und war meinem Blick entschwunden. Ich raste dem Mann nach, holte ihn ein, schien ihn zu fassen ... und das Ganze löste sich auf. Wie, kann ich nicht erklären. Auch meine Schmerzen, von denen ich während dieser Zeit befreit gewesen war, kehrten zurück.«

Über ein Eigenerlebnis dieser Art berichtet ein Mr. L. Hymans aus London: »Ich erwachte eines Morgens im Hotel, fühlte mich ziemlich unwohl (ich habe ein schwaches Herz) und verlor sogleich das Bewußtsein. Zu meinem großen Erstaunen befand ich mich alsbald nahe der Zimmerdecke, von wo aus ich meinen leblosen Körper im Bett betrachtete. Seine Augen waren geschlossen. Nach etwa zwei Stunden vernahm ich mehrmals ein Klopfen an der verschlossenen Tür, ohne ein Lebenszeichen von mir geben zu können ... Bald darauf kamen die Hotelmanagerin und andere Personen herein. Ein Arzt traf ein, und ich sah wie der den Kopf schüttelte. Dann erwachte ich im Bett. All dies hat mindestens zwei Stunden gedauert ...«

Einer der eigenartigsten, unheimlichsten Doppelgängerfälle ist der des deutschen Architekten Dr. Karl Sch. Er arbeitete zur Zeit des Geschehens in Berlin an der Konstruktion eines Theaters. Problematisch war vor allem die statische Berechnung der Bühnenkuppel, mit der er einen ganzen Vormittag zugebracht hatte, ohne eine vernünftige Lösung zu finden. Unzufrieden mit dem Fortgang seiner Arbeit ging er zum Essen, in Gedanken immer noch mit seinem Problem beschäftigt. Als er gegen zwei Uhr in sein Büro zurückkehrte, sah er jemanden über sein Zeichenbrett gebeugt – das Abbild seiner Selbst. Sein Double war wie er gekleidet. Das Erstaunliche: Selbst die eingerissene Stelle an der Jackentasche fehlte nicht. Volle zehn Minuten beobachtete Dr. Sch. sein eigenes Phantom, das da emsig mit einem Bleistift hantierte. Plötzlich glitt das spektrale Gebilde unter den Tisch, und er sah, wie es sich von den Füßen her allmählich in Nichts auflöste. Erstaunlicher noch: Auf dem Zeichenbrett entdeckte Dr. Sch. die zeichnerische Lösung der Aufgabe. Sie wurde noch viele Jahre in den Archiven der Baufirma, für die er tätig war, aufgehoben.

Über einen »Doppelgänger«, der dem Münchner Kunsthändler Dr. Friedländer sogar das Leben rettete, berichtet Professor Dr. Max Mikorey in seinem Buch »Phantome und

Doppelgängererscheinungen«. Zu der spektakulären Begegnung kam es, als sich Friedländer nach einem kurzen Spaziergang seinem Haus – einem alten Palais in der Nähe des Englischen Gartens – näherte. Nur wenige Schritte vor sich sah er jemanden, der ihm irgendwie bekannt vorkam: seine eigene Person. Die Erscheinung war so real, wirkte so lebendig, daß er sie nie für eine Sinnestäuschung gehalten hätte. Neugierig folgte er dem Phantom, sah wie dieses sich seinem Haus näherte, die Treppe hinaufstieg und mit der für ihn typischen Handbewegung den Hausschlüssel hervorholte. In diesem Augenblick hatte sich Friedländer seinem Double bis auf zwei Schritte genähert. Als dieses sich kurz umwandte, glaubte er in einen Spiegel zu schauen. Zweifellos: Friedländer blickte in sein eigenes Gesicht. Die spektrale Gestalt schloß die Tür auf und verschwand im Haus.

Zu Tode erschrocken und unfähig, das unheimliche Geschehen sofort aufzuklären, vertraute sich Dr. Friedländer einem seiner Freunde an, bei dem er auch die Nacht verbrachte. Am nächsten Morgen gingen beide zum Palais, konnten aber nichts entdecken, was auf die Anwesenheit einer fremden Person hingedeutet hätte. Die Überraschung war groß, als sie das Schlafzimmer betraten: Ein Teil der massiven alten Stuckdecke hatte sich vom Mauerwerk gelöst und war zusammen mit diesem auf sein Bett gestürzt. Wenn Friedländer in jener Nacht dort geschlafen hätte, wäre er von der zentnerschweren Last erschlagen worden.

Für das Doppelgänger-Phänomen gibt es eine einleuchtende Theorie, die von dem bereits erwähnten Fachgelehrten Professor Max Mikorey aufgestellt wurde. Er greift dabei auf eine Beobachtung zurück, die man in der Amputationsmedizin gemacht hat. Hiernach sind Phantomschmerzen an amputierten Gliedern keine Sinnestäuschung. Psychologen gehen davon aus, daß sich bei Personen, die im Verlaufe kriegerischer Auseinandersetzungen oder durch Unfälle plötzlich ein Glied verlieren, quasi als Ersatz ein immaterielles Scheinglied bildet, an dem unter bestimmten Bedingungen,

z. B. bei Witterungsumschwung, auch Schmerzen auftreten können. Hierzu Mikorey: »In etwa 95 Prozent der Fälle von plötzlicher Amputation bildet sich am Stumpf anstatt des verlorenen Gliedes, das irgendwo getrennt vom Körper verkommt und verfault, ein körperloses, schattenhaftes, gespenstisches Scheinglied als Ersatz.« Ein ähnlicher Prozeß – natürlich ohne den Umweg über die Amputation – findet bei der Entstehung eines Doppelgängers statt. In diesem Fall wird nicht nur ein menschliches Glied, sondern der Mensch in seiner Gesamtheit »ersetzt«. Mikorey argumentiert weiter: »In der akuten Katastrophenlage versucht der Organismus gleichsam aus der Haut zu fahren, um – z. B. bei Querschnittslähmungen – sich in zwei Teile zu spalten und die kranke Hälfte als Ballast abzuwerfen. Ich selbst beobachtete eine Kranke, die anfallsweise darüber klagte, daß ihre beiden Körperhälften auseinanderträten und sich dann etwa einen halben Meter voneinander entfernten.«

Mikorey ist der Auffassung, das Todkranke, die weiterleben wollten, sich mit dem *Doppelgänger* einen immateriellen Ersatzkörper schaffen würden, ein Phänomen, das auch Astralkörper-Austritte und bestimmte Nahtoderlebnisse erklären könnte.

Freilich reicht die bloße Feststellung, daß bei Amputationen ein real schmerzendes Phantomglied nachwachse, nicht aus, um das Phänomen in seiner Gesamtheit zu verstehen. Mikoreys Theorie sagt z. B. nichts über die »stoffliche« Beschaffenheit von Scheingliedern aus. *Immateriell* im biologischen Sinne heißt ja nur, daß sich solche Gebilde nicht in unser konventionell-naturwissenschaftliches Weltbild einordnen lassen, daß sie aber, dessen ungeachtet, dem Amputierten auf einer feinstofflichen, d. h. höherdimensionalen Ebene, dennoch angelagert sein können. Das Doppelgänger-Phänomen zeigt einmal mehr, daß es neben unserer materiellen Welt ein unsichtbares Universum gibt, das zu erkunden sich die moderne Physik gerade anschickt.

## 8

## *Der Mann, den es zweimal gab*

Unheimlicher noch als das Doppelgänger-Phänomen ist der Fall des Australiers Louis Rodgers, der sich angeblich physisch zu duplizieren, d.h. mit seinem biologischen Körper vollmateriell an zwei weit auseinanderliegenden Orten gleichzeitig aufzuhalten vermochte. Seine Geschichte klingt geradezu unglaublich und erinnert lebhaft an gewisse Folgen amerikanischer Science-fiction-Serien, wie sie in jüngster Zeit von deutschen TV-Sendern gehäuft ausgestrahlt werden.
Als Dr. Martin Spencer, Direktor des »Australia Victoria Institute for Psychic Studies« (Australisches Victoria-Institut für die Erforschung des Paranormalen) von Rodgers Fähigkeiten Wind bekam, hielt er das Ganze für einen ausgemachten Schwindel, eine genaue Überprüfung des Falls für reine Zeitverschwendung.
Im Frühjahr 1937 berichtete die Weltpresse über ein Experiment, in dessen Verlauf Louis Rodgers angeblich an zwei 800 Kilometer voneinander entfernten Orten gleichzeitig anwesend war: in Melbourne und Sydney. Wissenschaftler, Mediziner, Parapsychologen und selbst die Polizei hatten den Mann ständig unter strengster Beobachtung. Sie verfolgten auf Schritt und Tritt alle seine Bewegungen, registrierten seine Kontakte und sperrten ihn sogar vorübergehend ein. Als er sich schließlich zu einem zuvor bestimmten Zeitpunkt in einem streng bewachten Raum in Melbourne aufhielt, riefen externe Ermittler dort an, um den erstaunten Wachmännern mitzuteilen, daß man Rodgers auf einer belebten Straße im fernen Sidney gesehen habe.

Louis Rodgers war 1931 als 30jähriger von England nach Australien ausgewandert und hatte sich in Melbourne als Medium und Hellseher niedergelassen. Dort erfreute er sich einer gutgehenden Praxis, indem er vorwiegend verwitwete ältere Damen damit beglückte, zu deren verstorbenen Angehörigen mediale Kontakte herzustellen. Niemand wußte Näheres über ihn oder sein Privatleben. Eine Aura des Mystischen umgab seine Person, und er war eifrig bemüht, durch geheimnisvolle Andeutungen diesen Eindruck weiter zu vertiefen. Im Sommer 1935 trafen sich zwei von Rodgers Klientinnen in Melbournes Innenstadt. »Ich wußte gar nicht, daß Mr. Rodgers nach Sydney umgezogen ist«, sagte eine der Frauen. »Meine Schwester traf ihn dort am vergangenen Donnerstagnachmittag und unterhielt sich ziemlich lange mit ihm.« Die andere widersprach: »Das ist ganz unmöglich, denn am letzten Donnerstag hielt er sich in meinem Haus auf, stellte er sogar einen Kontakt zu meinem verstorbenen Mann her.« Die Gerüchteküche kochte, und die Zahl der Fälle von behaupteter doppelter Existenz des Mediums nahm ständig zu. Einige der Zeugen wollten sich mit einem vitalen, »aufgekratzten« Rodgers unterhalten haben, während andere, die ihn – vermutlich sein »Double« – zur gleichen Zeit an einem entfernten Ort ansprachen, von einem eher zurückhaltenden, zerstreuten Medium berichteten. Und dieses Merkmal deckt sich auffallend mit dem, was über spektrale Doppelgänger bekannt ist. Der Unterschied sollte sich erst später zeigen: Beide »Rodgers«, also auch das Duplikat, erwiesen sich als materiell anwesend.

Die Fälle von Rodgers Doppelexistenz häuften sich in einem Maße, daß Wissenschaftler von Dr. Spencers Institut ihn darum baten, seine Fähigkeiten testen zu dürfen. Rodgers lehnte jedoch ihr Ansinnen rundheraus ab. Daraufhin suchte Dr. Spencer das Medium höchstpersönlich in dessen Arbeitsräumen auf, um sich zu erkundigen, warum er sich einem wissenschaftlichen Experiment verweigere. Rodgers argumentierte, seine Klienten würden ihn respektieren, ihm vertrauen, und er würde es nicht zulassen, daß durch überflüssiges Theoretisieren seine Karriere in Gefahr gebracht wird. Schließlich konnte Dr. Spencer durch beharrliches Zureden das Medium doch noch von der Wichtigkeit seines Vorhabens überzeugen und ihn zur Einwilligung in eine Reihe von Experimenten bewegen.

Inzwischen hatte auch die Öffentlichkeit von den bevorstehenden Tests gehört. Die Polizei wollte vor allem in Erfahrung bringen, ob sich Rodgers irgendwelcher Tricks bediente, und veranlaßte daher seine genaue Überwachung.

Das Institut begann Anfang April 1937 mit seinen Tests, und Dr. Spencer forderte Rodgers als erstes auf, Melbourne für die Dauer von drei Wochen zu verlassen. Gleichzeitig wies er seine Mitarbeiter an, Rodgers bei seinen Spritztouren im Auge zu behalten, ihm ständig auf den Fersen zu bleiben. Am 8. April, drei Tage nach Beginn der Tests, ließ ein in Sydney stationierter Mitarbeiter Dr. Spencer wissen, daß ein Mann namens Louis Rodgers in einem dortigen Hotel abgestiegen sei. Er suchte das Hotel auf und klopfte an die Tür des Zimmers, das ihm an der Rezeption genannt worden war. Ein stattlicher Mann mit langem schwarzem Haar öffnete die Tür und teilte ihm auf Befragen mit, daß er Louis Rodgers sei. Er wäre gerade aus Melbourne eingetroffen. Sofort setzte sich der verwirrte Kontrolleur mit Dr. Spencer in Verbindung. Dieser bestritt mit Nachdruck die Echtheit besagter Person, da er mit dem richtigen Rodgers gerade frühstücken würde. Spencer schien nicht sonderlich überrascht zu sein. Er malte sich aus, daß zwei Personen, die sich ziemlich ähnlich sähen, mühelos eine Doppelexistenz vortäuschen könnten. Als er dem anwesenden Rodgers gegenüber seinen Verdacht äußerte, war dieser sehr ungehalten. Um die Angelegenheit ein für allemal zu klären, schlug er Dr. Spencer einen letzten Test vor, der am 12. April – einem Samstag – stattfinden sollte.

An jenem Tag wurde das Medium in das Büro von Dr. Spencer gebracht und dort eingeschlossen. In Gegenwart von drei Zeugen bat Rodgers um Nennung eines Losungswortes, ein

Wort, das Spencer gerade in den Sinn käme. Ohne zu zögern schlug dieser das Wort »Flieder« vor. Die am Experiment beteiligten Personen setzten sich. Jetzt konnten sie nur noch warten.

Nach einer Stunde läutete das Telefon. Am Apparat war Spencers Bevollmächtigter in Sydney. Er hatte dort in einer belebten Geschäftsstraße einen Mann gesehen, der wie Rodgers aussah. Die Spannung in Spencers Büro wuchs. Rodgers starrte aus dem Fenster, so als ob ihn dies alles nichts anginge.

Gegen 17 Uhr, etwa eine Stunde nach dem letzten Anruf, läutete das Telefon erneut. Dr. Spencer ergriff den Hörer und schaltete gleichzeitig ein Bandaufzeichnungsgerät ein. Die Vermittlung meldete sich: »Hier ist Sydney, ich habe einen Anruf für Sie.« Die Stimme des Teilnehmers war klar und deutlich zu vernehmen: »Hier ist Louis Rodgers; das Losungswort lautet ›Flieder‹.«

Während der Kriegsjahre diente Rodgers in der australischen Armee. Er starb im Jahre 1942. Das Geheimnis seiner Doppelexistenz konnte nie geklärt werden. Besaß er womöglich die einmalige Gabe, an einem anderen Ort ein Duplikat seiner Person materiell und voll handlungsfähig entstehen zu lassen, einem Phantom seiner selbst Leben einzuhauchen?

Leider ist nicht bekannt, ob das in Sydney aufgetretene Double von Rodgers weiter observiert wurde und ob man diesen erstaunlichen Fall weiter verfolgt hat. Denkbar wäre es, daß Rodgers einen Zwillingsbruder besaß, der, wie dies bei eineiigen Zwillingen häufig der Fall ist, genau wie er aussah. Des weiteren könnte zwischen beiden Männern ein ständiger telepathischer Kontakt bestanden haben, so daß jeder der beiden über den anderen bestens informiert war. Oder haben wir es hier mit einer Parallelwelt-Existenz zu tun, mit einem Rodgers II – eigentlich ein »Zeitfremder« in unserer scheinbar festgefügten Raum-Zeit-Welt? Unter Zugrundelegung der physikalisch zulässigen Parallelwelt-Theorie des genialen Physiktheoretikers John A. Wheeler (Princeton) wäre dies durchaus denkbar.

# 9
## *Mysteriöse Feuerbälle und »intelligente« Kugelblitze*

Die Nacht war mondlos. Hoch über Amerikas Ostküste brodelten drohend Gewitterwolken. Eine Verkehrsmaschine der »Eastern Airlines« befand sich im Steigflug über New York, Kurs Washington D. C., Mitternacht war vorbei. Plötzlich tauchte eine gewaltige elektrische Entladung den Airliner in gleißend helles Licht. Im Passagierraum blickten die Passagiere erschrocken in Richtung Cockpit, aus dem plötzlich eine feurige Kugel auftauchte, die etwa 75 Zentimeter über dem Boden den Gang entlang schwebte. Die massiv wirkende, blauweiß strahlende Kugel mit einem Durchmesser von etwas mehr als 20 Zentimetern explodierte schon nach wenigen Sekunden im Heckbereich mit einem deutlich vernehmbaren Knall, ohne indes irgendwelche Schäden anzurichten.

Diese beängstigende Szene ist keineswegs Teil einer jener nervenzerfetzenden Katastrophenfilme, die in jüngster Zeit über Deutschlands Bildschirme flimmern, sondern die wahrheitsgetreue, von sämtlichen Fluggästen bezeugte Schilderung einer Nahbegegnung mit einem Feuerball, der sich auf unerklärliche Weise – quasi aus dem Nichts kommend – im Inneren eines Verkehrsflugzeuges materialisierte und die Passagiere für kurze Zeit in Angst und Schrecken versetzte. Sie stammt von einem besonnenen, objektiv urteilenden Fachwissenschaftler namens Roger Jennison, Professor für Elektronik an der Universität von Kent (England).

Jennison ist beileibe nicht der einzige, der einen jener mysteriösen Kugelblitze aus nächster Nähe beobachten konnte.

Allein die Tatsache, daß ein Kugelblitz ins Flugzeuginnere eindringen und dort einige Augenblicke herumgeistern kann, ist erstaunlich genug, da geschlossene Räume als sogenannte *Faradaysche Käfige* das Eindringen elektrischer Ladungen normalerweise verhindern. Anders verhält es sich offenbar mit den gar nicht so seltenen Kugelblitzen.
Im Sommer 1921 hatte der damals 24 Jahre alte amerikanische Reverend John Henry Lehn beim Baden während eines heftigen Gewitters ein ungewöhnliches Erlebnis. Er sah einen Kugelblitz in sein Badezimmer eindringen, um seine Füße herumrollen und dann in das Waschbecken abtauchen, von wo aus er lautlos verschwand. Lehn gab später zu Protokoll: »Der Kugelblitz hatte die Größe einer Grapefruit. Sein Farbton war gelblich, so etwa wie der einer Natriumflamme. Ich konnte das deutlich erkennen, obwohl er mich blendete. Er verursachte keinerlei Geräusche.«
Der Kugelblitz hatte auf seinem Weg durch das offene Fenster die Vorhänge durchdrungen, ohne diese zu beschädigen. Paradoxerweise brachte er die Befestigungskette des Verschlußstöpsels am Waschbecken zum Schmelzen, so daß diese in zwei Teile zerbrach. Der ganze Vorgang hatte nur wenige Sekunden gedauert. Es liegt nahe, daß die Feuerkugel ihren Weg ins Freie durch das Abflußrohr nahm.
Doch damit nicht genug. Ein paar Wochen später tauchte in Reverend Lehns Badezimmer erneut ein Kugelblitz auf. Die Reihenfolge war die gleiche wie beim ersten Mal. Diesmal hatte er es allerdings auf die Kette am Verschlußstopfen der Badewanne abgesehen. War dies alles nur Zufall, oder lag es möglicherweise an der Konstruktion des Hauses, seinem Standort bzw. am benutzten Baumaterial?
Wissenschaftler bestreiten, daß es sich bei diesen Feuerbällen überhaupt um »Blitze« im herkömmlichen Sinne handelt. Kugelblitze werden zwar stets als leuchtende Gebilde beschrieben, doch schwanken die Angaben zu Größe und Farbe oft ganz erheblich. Ihre Größe reicht von wenigen Zentimetern bis hin zu einem Meter und mehr. Die Farbe dieser

Objekte wird von stumpfem Weiß über sämtliche Farbnuancen bis hin zu intensivem Rot beschrieben. Manchmal entfernen sich Kugelblitze mit explosionsartigem Getöse, ein anderes Mal verschwinden sie völlig lautlos, so als ob sie sich in Luft aufgelöst hätten. Kugelblitze lassen sich auch sonst kaum mit normalen Blitzen vergleichen. Sie bewegen sich in der Regel viel langsamer als diese, sind länger stabil, und ihr Abgang erfolgt nur selten über vorhandene Blitzableiter. Über das Auftreten von Kugelblitzen im Freien gibt es einige gut dokumentierte Fallschilderungen.

Ein typischer Augenzeugenbericht kommt aus dem russischen Ort Seltij. Der Vorfall ereignete sich in den frühen Morgenstunden des 23. Mai 1936. Er wurde von einem Medizinstudenten namens Tolubejew, der dort bei einem Bauern zur Miete wohnte, in allen Einzelheiten aufgezeichnet: »Nach einem schweren nächtlichen Gewitter, das erst in den Morgenstunden nachließ, ging der Hausherr unter das Vordach und wollte nachschauen, ob der Regen nicht bald aufhören würde. Da sprang mit einemmal ein etwa haselnußgroßes Feuerbällchen aus dem Ofen des Hauses. Es verharrte eine Zeitlang über einer Stelle schwebend, um dann durch den Raum zu fegen, so als ob es einen Ausgang suche. Dann rollte das Ding über den Tisch, auf dem ein gußeiserner Topf stand, um gleich darauf über einer Bank neben der Tür zu schweben, wo meine Tasche mit den chirurgischen Instrumenten lag. Schließlich flog die Kugel durch die Tür auf einen regennassen Baum inmitten des Gartens zu. Hier nahm sie die Form einer gleißend hellen Spindel an, die plötzlich explodierte und den Baum von der Krone bis zum Boden in Flammen aufgehen ließ. Der Vorgang dauerte etwa eineinhalb Minuten.« Später stellte Tolubejew fest, daß die Instrumente in seiner Tasche magnetisiert worden waren.

Daß sich Kugelblitze Menschen gegenüber nicht immer »friedlich« verhalten, zeigt ein tragischer Zwischenfall, über den Anfang 1984 die früher in englischer Sprache herausgegebene Wochenzeitschrift »Soviet Weekly« berichtete. Die

Meldung handelt von fünf Bergsteigern, die im Kaukasus beim Biwakieren von einem Kugelblitz attackiert worden waren. Die Männer hatten in knapp 4000 Meter Höhe ihr Camp aufgeschlagen. Mitten in der Nacht wurden sie plötzlich von einem Feuerball angegriffen, der im Inneren ihres Schlafzeltes kreiste und immer wieder kurzzeitig in die Schlafsäcke der zu Tode erschrockenen Bergsteiger eintauchte. Einer der Männer, der seinen Schlafsack der Kälte wegen auf einer Gummimatratze ausgebreitet hatte, von der man annehmen sollte, daß sie ein ausgezeichneter Isolator sei, wurde hierbei getötet. Seine vier Begleiter erlitten bei dieser Attacke derart schwere Verbrennungen, daß sie mit einem durch Funk herbeigerufenen Hubschrauber eilends ins nächstgelegene Krankenhaus abtransportiert werden mußten.

Dennoch sind Fälle, in denen Menschen von Kugelblitzen angegriffen und dabei ernstlich verletzt wurden, äußerst selten. Sucht man nach übereinstimmenden Merkmalen für Begegnungen mit solchen Feuerbällen, fällt sofort auf, daß diese offenbar eine besondere Affinität für die Nähe zum Menschen entwickeln, so als ob sie diese genauer »kennenlernen« möchten.

Eine italienische Chronik aus dem Jahr 1791 weiß von einem Mädchen zu berichten, das sich auf freiem Feld niedergelassen hatte, um sich ein wenig auszuruhen, als plötzlich aus heiterem Himmel ein Kugelblitz in der Größe einer Billardkugel neben ihren Füßen erschien. Das Ding schwebte unter ihren Rock, klappte diesen wie einen Regenschirm nach oben und entwich aus ihrem Mieder, um dann mit einem heftigen Knall zu explodieren. Lediglich die Gesichtshaut des Mädchens wurde leicht angesengt, ihre Kleider blieben hingegen unversehrt.

Als besonders aggressiv erwies sich ein Kugelblitz, der im Sommer 1980 Mrs. G. Mathews in ihrer Wohnung in Philadelphia heimsuchte. Die ahnungslose Frau hatte sich eben auf dem Sofa ausgestreckt, um ein Nickerchen zu machen, als plötzlich ein »großer roter Feuerball« durch die herabgelassene Jalousie und das geschlossene Fenster in das Zimmer eindrang, dabei aber nichts beschädigte. Mrs. Mathews blieb wie gelähmt auf dem Sofa liegen. Der Feuerball streifte ihren Kopf, wodurch ihre Haare und die Kopfhaut so sehr versengt wurden, daß sich die Frau in ärztliche Behandlung begeben mußte.

Die Finnin Ilkka Serra berichtet über das spektakuläre Auftreten von gleich zwei Feuerkugeln, die am 12. November in der Nähe des Ortes Oulu beobachtet wurden: »Sieben junge Leute sahen gegen 20 Uhr am nordwestlichen Himmelssektor ein bläulich-weißes Licht. Gleichzeitig tauchten aus westlicher Richtung in 30 bis 40 Meter Entfernung zwei hellgelbe Kugeln auf, deren Größe und Leuchtkraft ständig schwankten. Sie schwebten etwa 1,5 Meter über dem Boden und blähten sich in ihrer dunkelsten Phase von etwa 0,5 auf 1,5 Meter auf.

Zwei der Jugendlichen, Eero Lammi und Seppo Moilanen, näherten sich den Objekten bis auf zehn Meter, bekamen es aber dann doch mit der Angst zu tun. Gerade als sie sich umdrehen wollten, bemerkten sie einen grellen Lichtstrahl vor sich. Gleichzeitig spürten sie eine starke Beklemmung in der Brust. Als dann mit einemmal die ganze Umgebung in rotes Licht getaucht war, fiel Eero Lammi in Ohnmacht. Nach dieser Attacke verschwanden die Feuerkugeln im Nichts. Seppo Moilanen schilderte später, wie eine der Feuerkugeln seinen Freund erfaßte, dessen Brust durchdrang und dann etwa einen Meter hinter seinen Füßen die Erde berührte. Der Getroffene hatte das Bewußtsein verloren und war zu Boden gestürzt. Seine Muskeln schienen völlig erstarrt zu sein, sein Puls war auf 40 Schläge pro Minute gesunken. Moilanen schleppte seinen Freund in eine nahe gelegene Hütte, wo er nach fünf Minuten wieder zu sich kam. Gegen Abend bildeten sich bei ihm im unteren Rippenbereich Dutzende roter Flecken. Da sich der Ausschlag innerhalb eines Tages zurückbildete, benötigte er keine ärztliche Hilfe.

Ob es sich in diesem Fall um echte Kugelblitze handelte, sei dahingestellt. Da im Winter elektrische Entladungen dieser Art eher selten sind, könnte es sich hierbei auch um etwas völlig anderes, ein noch bizarreres Phänomen gehandelt haben, etwa um *freies Plasma*, ein aus der Kernphysik bekannter Zustand.

Unklar ist, warum Kugelblitze so häufig in Gebäude und andere geschlossene Räume eindringen, wobei sie sich durch noch so kleine Öffnungen zwängen oder sogar Wände durchdringen. Das ohnehin unheimliche Erscheinungsbild dieses Phänomens wird durch glaubhafte Berichte, denen zufolge Kugelblitze sich gelegentlich so verhalten, als ob sie über einen »eigenen Willen« verfügten, weiter verdüstert. Der amerikanische Autor Vincent Gaddis zitiert aus einer Fallsammlung, die der berühmte Astronom Camille Flammarion (1842–1925) um die Jahrhundertwende angelegt hatte, in seinem Buch »Mysterious Fires and Lights« (Rätselhafte Feuer und Lichter) mehrere Beispiele von – wie er es nennt – »gesellschaftlichem Verhalten von Kugelblitzen«.

In einem dieser Fälle stieß ein Kugelblitz wie absichtlich die Tür eines Hauses auf, in das er dann eindrang. Ein anderes Mal verharrte ein solcher Feuerball auf dem Wipfel eines Baumes, kroch über die Zweige langsam zu Boden und über den Hof. An der Stalltür stieß eines von zwei dort spielenden Kindern mit dem Fuß nach ihm. Der Kugelblitz explodierte mit einem ohrenbetäubenden Knall. Die Kinder blieben unverletzt. Schlecht ging es hingegen den im Stall untergebrachten Tieren, von denen mehrere getötet wurden. Flammarion berichtet auch über einen anderen Fall, in dem Tiere durch Kontakt mit einem Kugelblitz zu Tode kamen, wohingegen dort anwesende Menschen unverletzt blieben. Dies geschah in einem Dorf in Südwestfrankreich. Eine »brennende Kugel« kam aus dem Kamin eines Bauernhauses, rollte durch ein Zimmer, in dem sich eine Mutter mit ihren drei Kindern aufhielt, und dann weiter in die Küche. Sie berührte beinahe die Füße des jungen Bauern, der aber nicht zu Schaden kam. Daraufhin rollte die Feuerkugel

in einen kleinen, im Wohnhaus integrierten Stall, wo sie ein Schwein tötete, um dann auf Nimmerwiedersehen zu verschwinden.
Es soll schon vorgekommen sein, daß Kugelblitze Menschen, die verängstigt vor ihnen flüchteten, regelrecht verfolgt haben. Ein solcher Fall ereignete sich 1961 im australischen Cheltenham. Eine Mrs. Will hielt sich zum Zeitpunkt des Geschehens gerade in der Küche auf. Plötzlich hatte sie das ungute Gefühl, daß genau hinter ihr »etwas Großes« schwebe. Als sie sich umschaute, erblickte sie eine große grell leuchtende Kugel, die ihr einen furchtbaren Schreck einflößte. Wie von Furien gehetzt, floh Mrs. Will aus der Küche durch das angrenzende Eßzimmer zur Treppe. Der Feuerball folgte ihr auf dem Fuße und überholte sie am Treppenabsatz. Vor ihr den Flur entlang schwebend, drang das unheimliche Objekt schließlich in eines der Schlafzimmer ein, in dem Mrs. Wills Bruder noch im Bett lag. Hier entfernte es sich mit einem ohrenbetäubenden Knall durch ein offenstehendes Fenster.
Beim Studium gewisser Verhaltensmuster des Kugelblitz-Phänomens gewinnt man mitunter den Eindruck, als ob zwischen dem Bewußtsein Anwesender und den leuchtenden Energiekugeln eine Verbindung bestünde, vielleicht auf paraphysikalischer Ebene. Ein solcher Fall, der für eine ganze Reihe ähnlich gelagerter Vorkommnisse stehen mag, soll sich am 8. November 1979 in dem Ort Elizabeth, New Jersey (USA), zugetragen haben. Es war gegen 19 Uhr Ortszeit, als eine Familie in einem Mehrfamilienhaus von einer kleinen rotglühenden Kugel mit dem Durchmesser einer Halbdollar-Münze belästigt wurde. Sie war durch den Türbeschlag aus Aluminium ins Wohnzimmer eingedrungen und hatte, 30 Zentimeter über dem Boden schwebend, die Beine eines der Anwesenden umkreist, der sie mit dem Fuß wegzuschubsen versuchte. Die Feuerkugel hatte sich nacheinander allen sieben im Zimmer anwesenden Personen genähert und war vor jedem der Anwesenden kurz erloschen, was bei ihnen den Eindruck hinterließ, als ob sie mit ihnen zu kom-

munizieren versuche. Ein eilends herbeigerufener Streifenpolizist, der sich die Namen der Anwesenden notierte, konnte gerade noch beobachten, wie die Feuerkugel über dem Garagentor kreiste.

Kugelblitze scheinen das Vorhandensein metallischer Objekte förmlich zu »spüren«. Man will sie schon auf Telefondrähten entlangrollend, über Hochspannungsleitungen schwebend oder auf Gittern und Zäunen umherhüpfend beobachtet haben, wobei sie häufig zischende und knatternde Geräusche verursachten. Mitunter geht von ihnen auch ein unangenehmer schwefliger Geruch aus, der offenbar auf gewisse chemische Begleitprozesse zurückzuführen ist. Es stimmt zwar, daß die eigenwilligen Feuerkugeln vorwiegend während Gewittern auftreten, sie sind aber auch schon bei ausgesprochener Schönwetterlage beobachtet worden.

Nur einem Zufall ist es zu verdanken, daß man die in einem Kugelblitz enthaltene Energie wenigstens grob zu schätzen vermochte. Die Schätzung geht auf einen Fall zurück, in dem ein solcher Feuerball in ein bis zum Rand gefülltes Wasserfaß eintauchte und dieses sofort zum Kochen brachte. Von da aus drang er in ein benachbartes Wohnhaus ein, wo er einen Telefondraht »durchtrennte« und einen Fensterrahmen in Brand setzte. Der »Übeltäter« war nach Augenzeugenberichten nicht größer als eine Orange. Eine geschätzte Kalkulation ergab, daß die freigesetzte Energie mehrere Mega-Joules betragen haben mußte, genug, um ein Elektroheizgerät länger als eine Stunde bei Maximalleistung zu betreiben. Unerklärlich erscheint den mit einschlägigen Untersuchungen befaßten Wissenschaftlern die relativ lange Lebensdauer der Kugelblitze, vergleicht man sie mit der künstlich erzeugter Feuerbälle. Sie kann bis zu mehreren Minuten betragen. Zeugen, die das Kugelblitz-Phänomen vom Anfang bis zum Ende aus nächster Nähe beobachten konnten, berichten immer wieder, daß der Durchmesser dieser Objekte, ihre Leuchtintensität und Farbe die ganze Zeit über nahezu konstant blieben.

Über die Entstehung von Kugelblitzen gibt es bereits mehr als ein Dutzend Theorien. Die einen sehen in ihnen brennende Gaskugeln (z. B. Sumpfgas) bzw. Plasmawirbel, die anderen bringen sie mit piezoelektrischen, d. h. druckverursachten Effekten, mit sogenannten atmosphärischen *Masern* (Mikrowellenverstärkung durch stimulierte Strahlungsemission) oder gar mit natürlichen Nuklearprozessen im Minimaßstab in Verbindung.
Zwei englische Atomphysiker des Fusionslabors in Culham – David Ashby und Colin Whitehead – fanden nach zahllosen Experimenten mit energiereichen Kernteilchen (Protonen) und radioaktiven Isotopen, die allesamt ergebnislos verliefen, für die Entstehung von Kugelblitzen eine geradezu geniale wie einfache Erklärung: *Antimaterie!*
Ashley und Whitehead denken hierbei an winzige Teilchen aus Antimaterie, die als Mikrometeoriten langsam zur Erde driften, wobei bestimmte quantenmechanische Vorgänge ihre sofortige Vernichtung verhindern. Die beiden Physiker theoretisieren, daß diese Antimaterie-Winzlinge durch Freisetzen von Protonen negativ aufgeladen und auf diese Weise bei Gewitter unausweichlich zur Erde hingelenkt werden, wo es dann beim Zusammentreffen von Materie und Antimaterie durch instabile Verhältnisse zur gegenseitigen Vernichtung käme. Diesen Prozeß könnte man als Kugelblitz wahrnehmen. Ein interessanter Aspekt, der nicht nur das Kugelblitz-Phänomen erklären, sondern auch zur Erschließung neuer, bislang ungeahnter Energieressourcen beitragen könnte.

# 10

## *Da tat sich der Himmel auf...*

Der Amerikaner Charles Hay Fort, Individualist und intellektueller Bilderstürmer, hatte es sich zu seiner Lebensaufgabe gemacht, Tausende unerklärlicher Ereignisse, die von orthodox argumentierenden Wissenschaftlern ignoriert oder als Lappalien angesehen wurden, zu sammeln, zu katalogisieren und auf eine für ihn typische, eigenwillige Art zu interpretieren.

Fort interessierte sich hauptsächlich für Berichte über ungewöhnliche Niederschläge, so unter anderem für farbige Regenfälle und solche, die kleine Tiere wie Fische, Frösche, Quallen, Schnecken, Muscheln usw. mit sich führten. Sie dienten ihm zur Stützung seiner Theorie vom außerirdischen Ursprung allen Lebens.

Über seltsame Regenfälle wird schon seit Menschengedenken berichtet. So gingen am 28. Mai 1881 während eines Gewitters über den Außenbezirken der englischen Stadt Worcester Tonnen von Einsiedlerkrebsen und Uferschnecken nieder. Die Cromer Gardens Road und angrenzenden Felder waren auf einer Breite von eineinhalb Kilometern mit Getier dieser Art übersät. Geschäftstüchtige Einwohner sammelten die verwertbare »Himmelsgabe« und verkauften sie auf dem Markt von Worcester.

Den Krebs- und Schneckenregen wollten einige skeptisch eingestellte Zeitgenossen damit erklären, daß ein am Strand der 60 Kilometer entfernten Küste postierter Fischverkäufer beim Herannahen des Gewitters seinen Stand verlassen und der aufkommende Sturm seine Ware hochgewirbelt habe, die sich dann weiter landeinärts mit dem Regen niederschlug. Sowohl die große Entfernung zum Strand als auch die Tatsache, daß ein Händler wohl kaum den Verlust seiner Ware selbst herbeiführt, die dann am gleichen Tag für gutes Geld auf dem Markt angeboten wird, sprechen gegen diese Theorie. Natürlich können die Tiere bei dem Unwetter irgendwo hochgewirbelt und von einem Orkan kilometerweit mitgeführt worden sein. Was in diesem Fall verblüfft, ist einzig und allein das massive Erscheinen zweier ganz bestimmter Tiergattungen auf einer eng begrenzten Fläche.

Berichte über Schauer von Fröschen und Kröten gab es schon in der Antike. Der Streit um ihre Herkunft ging meist darum, ob sie von der Erde stammten oder ob sie vom Himmel herabgeregnet wurden. Einige Zeitgenossen behaupteten, gesehen zu haben, wie sie vom Himmel fielen. Andere berichteten, sie hätten die Tiere am Boden kriechend oder aus Dachrinnen kommen sehen.

Der bekannte englische Prediger Thomas Cooper, der in seiner Jugend im 19. Jahrhundert in Lincolnshire zu Hause war, will einmal selbst einen Frosch-Regenschauer erlebt haben. Auf den Wahrheitsgehalt seiner Behauptung angesprochen, meinte er: »Ich bin dessen so sicher, was ich erzähle, wie ich meiner Existenz sicher bin. Die Frösche waren lebendig und hüpften umher. Sie fielen vor unsere Füße auf den Boden und taumelten aus den Regenrinnen der Häuser in die dort aufgestellten Bottiche.« Auffällig ist, daß die herabgeregneten Frösche immer als extrem klein beschrieben werden.

Ob nun alle Frosch-Manifestationen aus Niederschlägen stammen, mag dahingestellt bleiben. Es könnte durchaus auch so sein, daß diese Tiere durch die belebende Wirkung des Regenwassers zum massierten Verlassen ihrer Verstecke angeregt wurden. Dafür spricht, daß nur wenige der vorgefundenen Frösche tot, d. h. zerquetscht oder gelähmt waren. Andererseits gibt es zahlreiche Zeugen, die das Herabfallen der Tiere mit eigenen Augen gesehen haben wollen.

Daß die Kraft des Windes beträchtliche Ausmaße annehmen

kann, erhellt aus einem Bericht, wonach am 19. August 1845 in der Gegend von Houlme (Frankreich) innerhalb weniger Sekunden 180 riesige Bäume entwurzelt und drei Mühlen zerstört worden waren. Planken von Fabrikgebäuden fand man eine halbe Stunde später an einem mehr als 30 Kilometer entfernten Ort. Man darf davon ausgehen, daß bereits geringere Windstärken ausreichen, um Kleintiere über noch größere Entfernungen zu transportieren.

Am 29. Mai 1892 »regnete« es im US-Bundesstaat so viele Aale, daß die Farmer sie einsammelten und ihre Felder damit düngten. Bewohner eines Gebietes an der Nordostküste von England entdeckten am 24. August 1918 auf einer Bodenfläche von fast 2000 Quadratmetern ebenfalls Hunderte von Aalen, die jedoch allesamt tot und stocksteif waren.

Zusammen mit Regenschauern niedergehende Fische sind, offenbar aufgrund des längeren Wasserentzugs, in der Regel tot, wohingegen Lungenatmer eine bessere Überlebenschance haben. Die Liste historisch dokumentierter Tier-Schauer läßt sich beliebig erweitern. Am 8. Juli 1886 fielen im englischen Redruth so viele Schnecken vom Himmel, daß die Leute sie mit bloßen Händen scheffeln konnten. Mit einer wahren Muschelflut wurden am 9. August 1892 die Einwohner von Paderborn beglückt. Sie entstammten einer Gewitterwolke und wurden mit sintflutartigen Niederschlägen herabgespült.

Einwohner des walisischen Mountain Ash beobachteten am 11. Februar 1859 den Niedergang Tausender lebender Fische. Sie wurden im zeitlichen Abstand von zehn Minuten in zwei Schüben abgeregnet. Einige Leute setzten sie, in der Annahme, daß es sich bei ihnen um Seefische handelte, in Salzwasser, woraufhin sie sofort starben. Die, die in Süßwasser gesetzt worden waren, überlebten. Später zeigte es sich, daß sie zur Gattung der Stichlinge gehörten – Knochenfische, die in Brack- und Süßwasser zu Hause sind.

Auch in neuerer Zeit wird über solche Niederschläge animalischer Art berichtet. Die englische Wissenschaftszeitschrift

»New Scientist« meldete in ihrer Ausgabe vom 2. Juni 1988 einen Fisch-»Fall« auf dem Grundstück des im Londoner Stadtteil Eastham ansässigen Ron Langton. Dieser hatte es sich im Mai 1984 am späten Abend gerade vor seinem Fernseher bequem gemacht, als er von draußen ungewöhnliche Klatschlaute vernahm. Am anderen Morgen fand er auf dem Dach seines Hauses und im Hinterhof ein halbes Dutzend zehn bis 15 Zentimeter lange Flundern und Weißfische. Im nahe gelegenen Canning Town wollen zur gleichen Zeit zwei Einwohner bis zu 40 Zentimeter lange Fische in ihren Gärten gefunden haben.

Nur einen Monat später fand der Besitzer einer Autoreparaturwerkstatt unweit von Thirsk im nördlichen Yorkshire auf seiner betonierten Garagenzufahrt und dem Vordach seines Hauses zahlreiche Uferschnecken und Seesterne. Wie sie dort hingekommen waren, konnte niemand sagen, zumal der Ort 50 Kilometer vom Meer entfernt liegt. Die Schnecken waren salzüberkrustet, was auf ihre Meeresherkunft schließen läßt. Die private englische Tornado- und Sturmforschungsorganisation »TORRO« macht für diese ungewöhnlichen Schauer Wind- und Seehosen verantwortlich.

Der »New Scientist« verweist im Zusammenhang hiermit auf die erstaunliche »Sauberkeit« der animalischen Niederschläge. Man will nämlich festgestellt haben, daß beim Abregnen von Fischen, Fröschen und Muscheln nur sehr selten Erde, Steine und Wasserpflanzen mitgeführt wurden. Der Autor des Beitrags spekuliert, daß »entweder der Transportmechanismus eine sorgfältige Auswahl treffe oder die mitgerissenen Objekte schon während des Fluges nach Gewicht, Form und Größe selektiert werden würden«.

Das niedergehende Kleingetier verteilt sich meist ellipsenförmig über Flächen mit einer Maximalbreite von 30 Metern. So fand man nahe Dilhome, etwa 100 Kilometer südöstlich von Dee Estuary (England), nach einem heftigen Gewitter Tausende winziger Muschelschalen, die über eine Fläche von rund 1000 Quadratmetern verteilt waren.

»TORRO« ließ die Fundobjekte von Biologen des Museums in Bristol untersuchen. Sie fanden heraus, daß es sich hierbei um sogenannte »Tauben«-Muscheln handelte. Die aber gibt es nur in den seichten Gewässern tropischer Meere, vorwiegend in philippinischen Küstenregionen. Die Muscheln erweckten den Eindruck, als ob sie bereits für die Schmuckherstellung bearbeitet worden waren. Über ihre eigentliche Herkunft konnte nie etwas in Erfahrung gebracht werden.

Die Theorie, daß Wind- oder Wasserhosen ganze Schwärme ozeanischen Kleingetiers aufsaugen, dieses über viele Kilometer transportieren, das Ganze dabei säuberlich von anderen mitgeführten Dingen trennen und dann noch auf kleinsten Flächen abregnen, erscheint ziemlich weit hergeholt. Charles Hay Fort spricht in seinem utopisch anmutenden Buch »The Book of the Damned« (Das Buch der Verdammten) vom »Bersten eines ›supergeografischen‹ Meeres«, dem alle diese ungewöhnlichen Dinge entströmen sollen. Er vermag zwar nicht, die Lage dieses »Meeres« anzugeben, man darf aber annehmen, daß er hiermit eine andere Realität jenseits unserer Raumzeit meint, eine höherdimensionale Welt, die von Physikern heute als *Hyperraum* bezeichnet wird.

Farbiger Regen wurde in früheren Jahrhunderten oft mit einer Warnung vor drohendem Unheil oder dem Tod eines Herrschers in Verbindung gebracht. Berichte über »Blutregen« in Zeiten römischer Vorherrschaft lassen den Schrecken erahnen, den er bei der einfachen Bevölkerung hinterlassen haben muß. Gregor von Tours, ein fränkischer Geschichtsschreiber aus dem 6. Jahrhundert, hinterließ uns einen Bericht, demzufolge im Jahre 528 n. Chr. über dem Großraum von Paris »echter Blutregen aus einer Wolke auf die Kleidung der Menschen fiel und sie durch Gerinnen so steif machte, daß sie diese voller Ekel wegwarfen«.

Der im Zusammenhang mit dem Feuerball-Phänomen erwähnte französische Astronom Camille Flammarion hat eine lange Liste ungewöhnlicher Regenfälle zusammengestellt. In seinem Buch »Blutregen« führt er mehr als 40 Berichte über solche Vorkommnisse vor dem Jahr 1800 und 21 ebensolche im 19. Jahrhundert auf. Sie stammen aus allen Teilen der Welt und spiegeln die Panik wider, die sich der hiermit konfrontierten Menschen bemächtigte.

Am 15. Mai 1890 fiel in Messignadi (Kalabrien) roter Regen, der sich bei einer Untersuchung am Meteorologischen Institut tatsächlich als regenwasserverdünntes Blut herausstellte. Das Blut stammte – so die offizielle Verlautbarung des Instituts – von Zugvögeln, die von Sturmböen erfaßt und in Stücke gerissen worden waren. Dem steht jedoch entgegen, daß zum damaligen Zeitpunkt keine Stürme tobten und auch keine Vogelkadaver gefunden wurden.

Als im Jahr 1608 an Wänden und Mauern der Randbezirke der französischen Stadt Aix-en-Provence rote Flecken entdeckt wurden, hielten ortsansässige Priester sie für ein Werk des »Teufels«. Ein Monsieur de Peiresc, der diese Flecken sorgfältig untersuchte, machte die ernüchternde Feststellung, daß es sich hierbei nicht um Blut, sondern um das rote Sekret einer bestimmten Schmetterlingsart handelte. Solche Schmetterlinge waren damals in ungewöhnlich großer Zahl am Stadtrand von Aix-en-Provence und den Außenbezirken beobachtet worden. Bezeichnenderweise fand man die Flecken nur an den höhergelegenen Stellen der Mauern, da, wo Schmetterlinge am häufigsten anzutreffen sind. Anfang dieses Jahrhunderts entdeckte der englische Biologe Waldo L. McAtee denn auch, daß es sich bei dem von Schmetterlingen ausgeschiedenen roten Sekret um Mohnsaft handelt.

Blutähnliche Verfärbungen von Regenwasser können auch durch wenige Zentimeter lange Blutwürmer hervorgerufen werden, die aus Schlammpfützen herausragen. Ihre deutlich erkennbaren Blutgefäße erwecken mitunter den Eindruck, als ob die Pfützen mit Blut gefüllt seien. Hieraus könnten Betrachter voreilig den falschen Schluß ziehen, daß sich »Blutregen« niedergeschlagen habe. Diese optische Täuschung kann unter anderem auch durch einzellige Organismen wie Algen, Pilze, Wimpertierchen usw. hervorgerufen werden.

Blutroter Regen, der am 14. März 1813 in Italien niederging, beruhte auf Staub, der aus den Wüstenregionen Nordafrikas stammte. Professor Sementini aus Neapel berichtet: »Der Wind hatte zwei Tage lang aus westlicher Richtung geweht, als es um zwei Uhr nachmittags plötzlich drückend heiß wurde. Der Himmel zog sich zu, und es wurde allmählich so dunkel, daß man Kerzen anzünden mußte. Die erschrockenen Bürger stürzten in Scharen in die Kathedrale, um zu beten. Der Himmel nahm die Farbe von rotglühendem Eisen an, Blitz und Donner wechselten unaufhörlich einander ab ... Dann begannen schwere Regentropfen zu fallen, die blutrot gefärbt waren.«

Der Regen hatte beim Kosten einen schwachen Erdgeschmack und hinterließ gelbliche Rückstände. Professor Sementini analysierte das Pulver, konnte aber nichts über seine Herkunft sagen. Heute weiß man, das Staub und Sandpartikelchen aus der Sahara von starken Stürmen hochgewirbelt, über Tausende von Kilometern mitgerissen und in Niederschlagszonen abgeregnet werden.

Während gelber Regen hauptsächlich auf Blütenstaub zurückzuführen ist, der durch starke Winde hochgetragen wird und andernorts mit Regenschauern herunterkommt, entsteht schwarzer Regen meist durch Industrieemissionen oder riesige Waldbrände. Mit anderen Worten: Rauch- und Rußpartikel werden durch Wind bzw. Thermik hochgetragen, durch die Luftströmung Hunderte von Kilometer weit transportiert, um dann in Tiefdruckgebieten mit Regenschauern herunterzukommen.

Kreuzförmigen Hagelkörnern, die in früheren Zeiten in Frankreich, Deutschland und Belgien niedergingen, wurden nicht selten religiöse Bedeutung beigemessen. Im Jahre 1501 soll es in Deutschland und auf dem Gebiet des heutigen Belgien während der Karwoche solche Kreuze geregnet haben,

die auf der Haut und den Kleidern der Leute angeblich Abdrücke hinterließen.
Aufsehen erregte Anfang des 20. Jahrhunderts das sogenannte »Wunder von Remiremont«. An einem Nachmittag im Mai 1907 saß ein gewisser Abbé Gueniot in seiner Bibliothek, als draußen ein Hagelsturm losbrach. Plötzlich meldete sich seine Haushälterin und bat ihn, rasch herauszukommen, um sich die merkwürdigen Hagelkörner anzusehen. Auf ihnen wäre das Bildnis der »Mutter Maria« zu sehen. Gueniot: »Um ihr einen Gefallen zu tun, warf ich einen flüchtigen Blick auf die Hagelkörner, die sie in der Hand hielt. Da ich jedoch nichts sehen wollte und ohne Brille nichts erkennen konnte, kehrte ich zu meiner Lektüre zurück. Aber meine Haushälterin drängte mich, doch die Brille aufzusetzen, was ich schließlich auch tat. Und jetzt sah ich deutlich auf einer Seite der leicht konvexen Hagelkörner das Bildnis einer Frau in einem Kleid, aber nicht so knöchellang, wie die Gewänder der Priester. Sie sah tatsächlich aus wie ein Bild der Jungfrau Maria. Die Gestalt war winzig und wirkte wie eingestanzt. Meine Haushälterin bat mich, einige Details des Gewandes zu beschreiben, ich aber weigerte mich, es noch länger anzusehen. Ich schämte mich ob meiner Leichtgläubigkeit, denn ich war mir sicher, daß sich die heilige Jungfrau keinesfalls damit abgeben würde, ihre Gestalt auf Hagelkörnern abbilden zu lassen.«
Trotz seiner Skepsis hob der Abbé drei der mysteriösen Hagelkörner auf und wog sie. Ihr Gewicht lag zwischen 170 und 200 Gramm. 50 weitere Einwohner des Ortes bezeugten mit ihrer Unterschrift, daß sie die Körner persönlich in Augenschein genommen hatten.
Natürlich wurde auch nach einer vernünftigen Erklärung für das Zustandekommen der »Prägung« gesucht. Ein Mitarbeiter der »Académie Française« hielt es für denkbar, daß ein Blitz irgendeine Marienmedaille getroffen und dieses Bild auf die Hagelkörner projiziert habe. Vielleicht gibt es für dieses Phänomen auch eine weniger phantastische, plausiblere Er-

klärung. Hagelkörner werden bei ihrer Entstehung oft zwischen warmen und kalten Luftmassen hin und her geschleudert, wobei sich mehrere Eisschichten wie Ringe um das Hagelkorn legen. Dies könnte auch in Remiremont der Fall gewesen sein. Durch unregelmäßige Eisanlagerung könnte sich eine Konfiguration gebildet haben, die, mit ein bißchen Phantasie, einer Mariengestalt ähnlich war.

Die Natur ist in ihrem Gestaltungsreichtum mitunter recht verschwenderisch, was von voreiligen Betrachtern häufig als Eingriff einer höheren Macht – als Wunder – angesehen wird.

## 11
## *Spuklichter über Texas*

Im westlichen Teil von Texas in der Gegend um Mitchell Flats und Marfa bringt ein unheimliches Phänomen alljährlich Tausende neugieriger Besucher nachts auf die Beine: die schon legendären Marfa-»Spuklichter«. Jeff Brady ist einer der vielen Neugierigen, die nach Mitchell Flats pilgern, um die mysteriösen Lichtkugeln möglichst aus nächster Nähe zu beobachten. Er braucht nicht lange zu warten. Eine einzelne grün leuchtende Kugel nähert sich ihm in Augenhöhe, um dann im Abstand von etwa acht Metern vor ihm zu verharren. Jeff geht noch ein paar Schritte auf das Objekt zu, dessen Farbe von Grün zu Rot wechselt und das sich jetzt teilt. Furchtlos setzt er seinen Weg fort, nähert er sich dem Ding bis auf zwei Meter. Plötzlich spürt er in seinen Beinen einen mächtigen Energieschwall, der ihn unvermittelt zwei Meter anhebt und mehr als drei Meter rückwärts schleudert. Bevor sich der verblüffte Brady von seinem Schreck erholt, ist der Angreifer verschwunden.

In West-Texas gibt es kaum jemanden, der die Marfa »Mystery Lights« nicht kennt. Zeugen wollen die geheimnisvollen Lichtkugeln in Shafter, einer alten Bergbaugemeinde südlich von Marfa, im landwirtschaftlich orientierten Redford am Rio Grande sowie in der Gegend zwischen den Landgemeinden Paso Lajitas und San Carlos in Mexiko gesehen haben.

Die meisten Beobachter konnten die Lichtkugeln nur in der Ferne wahrnehmen. Versuche, ihren Ursprung ausfindig zu machen, schlugen bislang fehl, da sie blitzschnell verschwinden, sobald ihnen jemand zu nahe kommt. In einem am 23. August 1965 in der »Denver Post« veröffentlichten Beitrag heißt es, daß sich Beobachter zu Fuß, mit dem Pferd, mit Jeeps, Hubschraubern und sogar mit Flugzeugen den flinken Spuklichtern näherten, ohne ihrer habhaft werden zu können. Manche wollen die Objekte über Distanzen von mehr als 50 Kilometer verfolgt haben, um sie dann auf den letzten wenigen Kilometern aus den Augen zu verlieren.

Suchtrupps haben bei ihren nächtlichen Erkundungstouren nie Lagerfeuer, Fuß- oder Reifenspuren und andere Anhaltspunkte finden können, die auf eine künstliche Verursachung der Spuklichter hätten schließen lassen, auf irgendwelche Manipulationen. Manche Zeugen wollen die Erfahrung gemacht haben, daß die Lichter kilometerweit entfernt erneut auftauchten, nachdem man die Suche erfolglos abgebrochen hatte.

Einer der Zeugen, Alan Nichols aus Dallas (Texas), der schon in seiner Jugend von den Marfa-Lichtern gehört hatte, beschloß eines Tages nach Mitchell Flats zu fahren, um sich von der Existenz der geheimnisvollen Lichtkugeln selbst zu überzeugen. Dort ansässige Farmer hatten dafür gesorgt, daß Beobachtungen nur noch vom Paisano-Paß und von Mitchell Flats aus möglich sind, da sie um die Ruhe ihrer dort grasenden Weidetiere fürchteten. Die beiden Beobachtungspunkte liegen am Highway 90 zwischen Alpine und Marfa.

Von Mitchell Flats aus sah Nichols in einer Entfernung von mehreren Kilometern bunte Lichtkugeln in der Größe eines Volley- oder Korbballs aufsteigen, miteinander verschmelzen, sich teilen und elegant nach unten gleiten. Die Lichter veränderten ihre Farbe von Grün über Gelb und Blau bis hin zu Orange. Sie leuchteten hell auf, verblaßten dann, um schließlich ganz zu verschwinden.

Die Lichtkugeln tauchen gewöhnlich im Südwesten in der Nähe von Chinati Mountain auf. Einheimische behaupten, daß die roten Blinklichter eines dort errichteten Mikrowellen-Funkturms sie geradezu magisch anziehen würden. Von

den zugelassenen Beobachtungsstellen aus kann man sie gut erkennen. Nichols hat in den letzten Jahren viele Nächte in Mitchell Flats verbracht, Spuklichter beobachtet und zu diesem Phänomen mehrere Bürger des am Highway 170 gelegenen Ortes Redford befragt. Jeder von ihnen will dort hin und wieder gelbliche bis orangefarbene Lichter in Ballgröße gesehen haben, die beiderseits des Flusses entlangglitten.
Die Mexikaner Kiko Garcia und Monse Solis hatten die Lichter sogar auf der Straße zwischen Paso Lajitas und San Carlos (Mexiko) beobachtet. Garcia, der als Reiseführer häufig durch das mexikanische Hinterland kommt, behauptet, diese Lichter meist auf nichtgepflasterten Wegen gesehen zu haben. Besonders nach Regenfällen würden sie herumtanzen, sich teilen und dann wieder zusammenfließen, wobei sie blaue und orangefarbene Funkenschauer verursachten. Sie würden häufig Zollfahnder an der Nase herumführen, die dort patroullierten, um Schmuggler aufzugreifen. Die Streifen hielten die Lichtkugeln für Autoscheinwerfer und würden dann in ihrem Hinterhalt vergeblich auf herannahende Schmugglerfahrzeuge warten.
Dennis Stacy, der über die Marfa-Lichter ein Buch herausgegeben hat, glaubt dennoch, daß es sich bei den meisten Sichtungen um Scheinwerfer von Kraftfahrzeugen handelt, die auf dem Highway 67 Richtung Norden fahren und dabei eine 37 Kilometer lange Bergstrecke zu bewältigen haben. Wissenschaftler des »McDonald Observatoriums« bestätigen diese Theorie und meinen, daß die Scheinwerfer einen atmosphärischen »Tunneleffekt« verursachen würden. Stacys Theorie könnte durchaus auf einige der Sichtungen zutreffen, es wäre aber übertrieben, wollte man alle Marfa-Lichter mit atmosphärischer Ablenkung der von Scheinwerfern ausgehenden Lichtstrahlen begründen. Der Astronom Eric Silverberg sagte, daß er selbst in bewölkten Nächten »flimmernde Lichter auch oberhalb des Horizonts sehen könne, da wo es sie eigentlich gar nicht geben dürfte«, was heißt, daß in solchen Fällen der atmosphärische »Tunneleffekt« ausscheidet.

Wissenschaftler bieten für das Phänomen der Marfa-Spuklichter noch zahlreiche weitere Erklärungen an. Man spricht von Lichterscheinungen durch Reibungselektrizität, die durch Erwärmen und Abkühlen der Erdoberfläche, aber auch durch seismische Aktivitäten entlang den geologischen Verwerfungslinien entstehen können. Es gibt in der dortigen Gegend große Vorkommen an Quarzmineralien, von denen man weiß, daß sie unter Druck Elektrizität, sogenannte Piezoelektrizität, freisetzen. Die kanadischen Wissenschaftler Michael Persiger und Gyslaine Lafreniere wollen herausgefunden haben, daß diese natürliche Elektrizität die Luft so aufladen kann, daß sie sichtbar zu leuchten beginnt. Und diese Piezoelektrizität könnte nach Ansicht von Geologen sogar Gas entzünden, das entlang den Bruchlinien von sedimentärem Felsgestein entweicht.

Ein ortsansässiger Pilot, der nachts des öfteren die Mitchell Flats überfliegt, will dort eine leuchtende Fläche in der Größe eines Fußballfeldes gesehen haben. Phosphoreszierende Gase können solche Leuchteffekte hervorrufen, auch ohne sich zu entzünden. Dabei dürften vor allem Feuchtigkeit und Luftdruck die Gasfreigabe beeinflussen, was zur Folge hat, daß die Sichtungen nach Regenfällen erheblich zunehmen.

Andere Erklärungen für die Spuklichter sind statische Elektrizität, entzündbarer Staub, Guano von Fledermäusen, Elmsfeuer, elektromagnetische Energie, Luftspiegelungen, Kleinvulkane und biologische Leuchteffekte. Die meisten von ihnen scheiden von vornherein aus, da sie für den Westen von Texas untypisch sind. Auch erklären sie nicht die zahlreichen Nahkontakte mit aggressiven Lichtkugeln, von denen vor allem Einheimische berichten, die zu nächtlicher Stunde dortige Landstraßen befahren.

Die aus Redford stammende Elvira Peña ist spätabends häufig mit dem Wagen zwischen Marfa und Presidio unterwegs. Sie behauptet, bereits zweimal von den Spuklichtern verfolgt worden zu sein. Beim ersten Mal befand sie sich zehn Meilen südlich von Marfa, als sie bemerkte, daß sich ihr von hinten ein Licht näherte. Es behielt seine Geschwindigkeit bei, selbst als sie ihren Wagen beschleunigte. Dann verschwand es urplötzlich. Beim zweiten Mal, als sie in der Nähe von Shafter unterwegs war, sah sie plötzlich zwei orangefarben strahlende Lichter hinter sich. Frau Peña hielt sie zunächst für Scheinwerfer eines sich ihr nähernden Wagens, bis dann die Leuchtobjekte in eine andere Richtung davonschossen.

Elton Miles Buch »Tales of the Big Bend« (Geschichten vom Big Bend) befaßt sich mit ausgesprochen bizarren Aspekten des Spuklicht-Phänomens. Hier werden Autos und Lastwagen von Lichtern gejagt, angesengt und sogar zusammengeschmolzen. Ihre Insassen verschwinden, erleiden einen Schock oder werden zu stammelnden Idioten, die in der Psychiatrie landen. An einer Stelle des Buches wird sogar behauptet, daß es sich hierbei um ein Laserwaffenprojekt der amerikanischen Armee handele, mit dem etwas schiefgelaufen sei. »Akte X« läßt grüßen, den Spekulationen sind keine Grenzen gesetzt.

Niemand dürfte es wundern, daß das ungewöhnliche Phänomen auch schon mit dem UFO-Szenarium in Verbindung gebracht wurde, mit geheimen Stützpunkten der *Aliens* in den umliegenden Bergen. Eine Gloria Rodriguez aus Crystal City will 1981 vom Beobachtungspunkt Mitchell Flats aus gesehen haben, wie ein grell leuchtender »Stern« aus dem Himmel hervorschoß und sich mit einem der Marfa-Lichter vereinigte. Dieses Licht sei so intensiv gewesen, daß es das Innere ihres Wagens ausgeleuchtet habe. Dessen Zündung wäre während dieser Zeit blockiert gewesen, und sie habe erst dann wieder funktioniert, als das Licht verschwunden war.

Es gab aber auch Bemühungen, dem Phänomen mit wissenschaftlichem Gerät auf die Schliche zu kommen. Drei Physiker des »Massachusetts Institute of Technology«, Robert Creasy, Irvin Wieder und Edson Hendricks, stellten dort unlängst empfindliche elektronische Meßgeräte auf, um die in Verbindung mit den geheimnisvollen Lichtern ermittelten

Wellenfrequenzen und elektromagnetischen Felder zu messen. Sie hofften Zusammenhänge zwischen Sonnenflecken- bzw. elektromagnetischen Aktivitäten und dem Auftreten der Marfa-Lichter zu entdecken. Zwei der Wissenschaftler hatten zuvor schon ähnliche Licht-Phänomene in Mexiko und Norwegen sowie die sogenannten Min-Min-Lichter in Zentralaustralien untersucht.

Hendricks war zunächst sehr skeptisch und vermutete hinter der Erscheinung ebenfalls Scheinwerfer von Kraftfahrzeugen. Doch auch er mußte in einer klaren Augustnacht seine Meinung revidieren: »Zwei weiße Lichtkugeln erschienen. Sie durchliefen einen Farbwechsel von Rot bis hin zu Gelb. Eine der Kugeln hatte einen Halo aus strahlend roten Funken. Sie umkreisten einander. Nach zwei bis drei Minuten sah ich eine der Kugeln, die in einer Entfernung von 30 Metern aus einem Busch hervorschoß... wie ein Magnesiumblitz, wie ein Feuerwerk, jedoch völlig geruchlos. Ich war augenblicklich geblendet. Man kann diese reale Sache nicht mit einem künstlichen Licht verwechseln.« Hendricks sagte, daß er während der zwei Monate seiner Forschungstätigkeit weitere dieser Lichter sah. Ihre Größe gab er mit der einer Grapefruit bzw. eines Korbballs an.

Im Jahre 1973 beschlossen zwei Geologen, Pat Kinney und Elwood Wright, das Licht-Phänomen genauer zu untersuchen. Es gelang ihnen, sich einem der Objekte bis auf wenige Meter zu nähern. Kinney wörtlich: »Wir hatten den Eindruck, daß sie [die Lichtkugel] sich mit einer Geschwindigkeit von 250 bis 300 Stundenkilometern fortbewegte. Sie flog um einen Busch, so als wüßte sie, daß wir uns ihr zu nähern versuchten. Es schien, *als ob sie Intelligenz besäße, als ob dieses Ding schlauer als wir wäre*. Das Objekt war völlig rund und hatte die Größe einer Beutelmelone. Es bewegte sich durch das Buschwerk, so als ob es nach irgend etwas Ausschau halten würde. Vom Busch aus flog es zur Straßenmitte, wo es, ganze sechs Meter von uns entfernt, etwa 90 Zentimeter über Grund schwebte.«

Wright riet Kinney, das Ding mit dem Wagen zu »überfahren«, als die Lichtkugel plötzlich grell aufleuchtete und mit der Geschwindigkeit einer Rakete davonschoß. Die beiden Männer benötigten keinen weiteren Beweis für die Existenz der Spuklichter. Doch das Rätsel der offenbar mit einer gewissen Portion »Arbeitsintelligenz« ausgestatteten Marfa-Spuklichter harrt noch immer seiner Lösung.

## *Fließende Grenzen*

»Jede weit fortgeschrittene Technologie
ist von Magie kaum noch zu unterscheiden.«
A. C. Clarks, »Third Law«

In jüngster Zeit kommt es immer häufiger zu spektakulären »Begegnungen« zwischen scheinbar unerklärlichem Geschehen und dem, was vom wissenschaftlichen Standpunkt aus gerade noch vertretbar ist. Eingebettet zwischen Science-fiction und wissenschaftlich Abgesichertem fällt es mitunter schwer, eine exakte Trennungslinie zu ziehen, Fiktion und Tatsachen voneinander zu unterscheiden.

Der finnische Physiker Eugen Podkletnow von der Technischen Universität in Tampere wollte im Oktober 1996 in der renommierten englischen Fachzeitschrift »Journal of Physics« eine Abhandlung veröffentlichen, die uns der Entschleierung des Mysteriums »Gravitation« einen beträchtlichen Schritt näher gebracht hätte. Doch Podkletnow zog seine Arbeit in letzter Minute zurück. Ob freiwillig oder unter Druck war nicht zu erfahren.

Der Physiker hatte nämlich beim Experimentieren mit einem supraleitenden Keramik-Ring eine geradezu sensationelle Entdeckung gemacht. Bisher war bekannt, daß tiefgekühlte Supraleiter, wenn man sie über einem Magneten plaziert, solange schweben, bis sie sich erwärmt haben. Als Podkletnow über dieser Versuchsanordnung Materialproben wog, stellte er höchst erstaunt fest, daß sich deren Gewicht um bis zu zwei Prozent vermindert hatte. Für den Gewichtsverlust schließt er magnetische Kräfte aus, er glaubt vielmehr, daß seine Apparatur das *Schwerefeld der Erde abschirmt*. Könnte dies bedeuten, daß wir bereits am Anfang der Entwicklung einer zufallsunabhängigen künstlichen Levitation stehen, die eine völlige Umstrukturierung unserer Technologien zu Folge haben wird?

Erst vor wenigen Tagen informierte mich der amerikanische Psychiater Berthold Schwarz aus Vero Beach (Kalifornien) über eine neu entdeckte psychokinetische Fähigkeit des von ihm betreuten Mediums Joe Nuzum. Es geht um kurzzeitiges Levitieren, selbst aus dem Lotussitz heraus – ein ganz seltenes Psychokinese-Phänomen, über das auch in diesem Buch (Kapitel II/3) berichtet wird und über das bereits eine Fotodokumentation existiert. Bestimmte Personen vermögen in einer Art mentalem Ausnahmezustand zumindest zeitweilig das auszuüben, was unsere Wissenschaftler sich gerade anschicken zu entdecken: die Neutralisierung der Gravitation.

Und noch ein anderes Beispiel aus den Schattenzonen der Naturwissenschaften, hart am Rande des Mystischen: In den Fernsehsendungen »FOCUS TV« und »Future Fantastic« (beide Pro 7) wurde kürzlich über die erstmals gelungene *Teleportation* von Photonen (Lichtteilchen) an der Universität von Innsbruck berichtet. Der Experimentator, Dr. Dick Bouwmeester, mit dem ich wenige Tage später Kontakt hatte, deutete an, er hoffe, demnächst auch Atome und Moleküle teleportieren zu können.

Nähern wir uns allmählich den Grenzen der modernen Physik, oder werden wir sie im nächsten Jahrhundert sogar schon überschreiten? Werden wir dann jedwede Objekte oder gar Menschen teleportieren, d. h. von hier nach dort »beamen« können?

John Hasted, Professor für Experimentalphysik und Leiter des Birkbeck-College der Universität London, widmete in seinem aufsehenerregenden Buch »The Metal-Benders« (Die Metall-Bieger) der Teleportationsthematik breiten Raum (Kapitel 18 und 19). Die von ihm untersuchte Teleportation unterscheidet sich jedoch ganz wesentlich von der in Innsbruck praktizierten Methode, da dort, ohne technischen Aufwand, nicht so sehr Photonen und andere Elementarteilchen, sondern größere Gegenstände in ihrer Gesamtheit teleportiert werden. Und diese paraphysikalische Spielart der Teleportation vermag Hasted auch nicht technisch zu beeinflussen. Er kann sie nur überwachen und registrieren.

Diese wenigen Beispiele zeigen, daß Dinge möglich sind, die es vom augenblicklichen naturwissenschaftlichen Standpunkt aus eigentlich gar nicht geben darf. Sie verdeutlichen zugleich, daß, in Kenntnis der Existenz solcher paraphysikalischen Phänomene, erste zaghafte Versuche unternommen werden, diese irgendwann einmal technisch zu realisieren. Dies bedeutet aber auch, daß es für viele der in diesem Buch geschilderten Phänomene und Vorkommnisse sicher einmal eine erweiterte naturwissenschaftliche Erklärung geben wird. Naturwissenschaftler und Parapsychologen wären gut beraten, wenn sie die Ursachen des »Unerklärlichen« gemeinsam zu ergründen versuchten.

# *Dank*

Dank schulde ich allen Freunden, Interessierten und Informanten, die das Zustandekommen dieses »Story«-Buches begleitet und mich bei meinen Streifzügen durch die Welt des Unerklärlichen tatkräftig unterstützt haben: Dr. Larry Dossey, Santa Fé; Dr. Brenda Dunne, Princeton University (PEAR), Princeton; Dr. Norman Emerson, Toronto (Kanada); Gert Geisler, Chefredakteuer »esotera«; Prof. John Hasted, Birkbeck College, Universität London; Prof. Robert Jahn, Princeton University (PEAR), Princeton; Peter Krassa, Journalist und Buchautor, Wien; Dr. Naegeli-Osjord (†), Spezialarzt FMH für Psychiatrie und Psychotherapie, Zürich; Alan Nichols, Dallas; Prof. Dr. Dr. P. Andreas Resch, Institut für Grenzgebiete der Wissenschaft, Innsbruck, und Dozent an der Lateranuniversität, Vatikanstaat; Dr. Hans Schaer, Jurist, Zürich; Dr. Berthold Schwarz, Facharzt für Psychiatrie, Vero Beach (Kalifornien); Prof. Dr. Ernst Senkowski, Physiker, Gesellschaft für Psychobiophysik e. V., Mitherausgeber von »Transkommunikation« und Buchautor; Prof. Ian Stevenson, Carlson Professor of Psychiatry am Health Science Center der University of Virginia, Charlottesville; Alan Wesencraft, ehem. Sekretär der Harry Price Library, Universität London.

Ganz herzlich danke ich auch meinem Verleger, Herrn Dr. Herbert Fleissner, der Verlagsleiterin Frau Dr. Brigitte Sinhuber und meinem aufmerksamen Lektor Herrn Hermann Hemminger, die mich zu meinen Exkursionen in geheimnisvolle Territorien ermutigten.

Dieses Buch wäre ohne die unermüdliche tätige Mithilfe meiner lieben Frau – deren kritische Manuskriptdurchsicht und Verbesserungsvorschläge – nicht zustande gekommen. Hierfür und für ihre Geduld sei ihr herzlich gedankt.

*Ernst Meckelburg*

# *Begriffserläuterungen*

*Abduktionen:* Angebliche kurzzeitige Entführungen von Personen durch UFO-Fremdentitäten, meist um an den Betroffenen medizinisch-biologische Untersuchungen oder Experimente vorzunehmen. Ihr Realitätscharakter ist sehr umstritten.

*Akasha-Chronik* (sanskr.: etwa »Raumäther«): Hier: Eine Art Weltgedächtnis, dem alle vergangenen Vorkommnisse in der Welt innewohnen.

*Antimaterie:* Aus Anti-Elementarteilchen aufgebaute Materie. Beim Aufeinandertreffen von Materie und Antimaterie zerstrahlen beide.

*Apporte:* Das psychophysikalische Herbeischaffen von Objekten ohne erkennbaren Kontakt zu diesen, die von anderen Orten, evtl. auch aus anderen Zeiten stammen.

*Astralkörper:* Auch: Astralleib oder astrales Double. Hypothetischer feinstofflicher Körper, der dem biologischen Körper eines jeden Lebewesens zugeordnet ist. Der für uns normalerweise unsichtbare A. ist höherdimensional beschaffen und kann daher alle materiellen Hindernisse durchdringen. Für medial Veranlagte ist er unter bestimmten Bedingungen sichtbar (vgl. *Außerkörperliche Erfahrungen, AKE*).

*Außerkörperliche Erfahrungen (AKE):* Auch: Astralkörper-Austritte, Astralprojektionen, Astralreisen usw. Hierunter versteht man das Loslösen des hypothetischen (psychischen) Feinstoffkörpers (Astralkörpers) vom biologischen Körper eines Lebewesens und seine Aussendung.

*Außersinnliche Wahrnehmung (ASW):* Hierunter versteht man Fähigkeiten wie Telepathie, Hellsehen (Fernwahrnehmung), Vorauswissen

(Präkognition), Retrokognition usw. Besser: Außersinnliche Erfahrung, da es eine Wahrnehmung ohne die Sinne nicht gibt.

*Autolevitation:* Levitation des eigenen Körpers.

*Automatismen:* Nicht vom eigenen Willen gesteuerte Handlungen wie z. B. automatisches Schreiben, Sprechen, Malen und Komponieren. Spiritisten glauben, die Urheber dieser automatisch durchgeführten Tätigkeiten seien Bewußtseine Verstorbener. Animisten vermuten hinter diesen Vorgängen abgespaltene psychische Prozesse der Persönlichkeit des Betreffenden (vgl. *Spaltpersönlichkeit*).

*Bewußtsein-Materie-Interaktion:* Quantenphysikalisch gedeutete Einwirkung des menschlichen Bewußtseins (Gedanken) auf lebende oder tote Materie.

*Bewußtseins-»Engineering«:* Gezielter Einsatz des Bewußtseins im technischen Bereich (z. B. Steuerung von Geräten mittels Gedanken).

*Bilokation (Gleichörtlichkeit):* Die angebliche Fähigkeit, an zwei oder mehr Orten zur gleichen Zeit weilen zu können.

*Biochips:* Biologische Chips. Implantiert in menschliche oder tierische Gehirne sollen sie direkten Kontakt zum Computer bzw. anderen elektronischen Geräten ermöglichen.

*Biofeedback:* Ein technisches Verfahren, mit dessen Hilfe sich bisher als unkontrollierbar geltende Körperfunktionen bewußt steuern lassen. Pulsfrequenz und Alphawellen werden für die Versuchsperson optisch und akustisch wahrnehmbar gemacht. Der Rückmeldeeffekt führt dazu, daß man nach einem Training die Körperfunktionen willentlich beeinflussen kann.

*Bioplasma (biologisches Plasma):* Hypothetisches biologisches Plasma(feld) (früher: Ektoplasma). Ein dem biologischen Körper mit seinen Zellen, Molekülen, Atomen und Kernteilchen entsprechendes Energiefeld (Energiekörper). Kann indirekt im Hochfrequenzfeld nachgewiesen werden.

*Biogravitationsfeld:* Hypothetisches Feld, das auf der Existenz von Biogravitationen aufbaut. Laut W. F. Bunin versteht man unter B. die

Fähigkeit lebender Organismen, Gravitationswellen zu erzeugen und zu empfangen. W. Puschkin glaubt mit B. auch Psi-Phänomene erklären zu können.

*»Black trips«:* Negative (höllische) Nahtoderfahrungen.

*Déjà-vu-Erlebnisse:* Konventionelle Interpretation: Gedächtnistäuschung. Paranormale Interpretation: Rückschau auf eine in einer früheren Inkarnation erlebte Situation.

*Direkte Stimmen (Direktstimmen):* Paranormale Manifestation, bei der während Séancen eine oder gar mehrere »Jenseitsstimmen« vernommen werden. Hören mehrere Personen diese Stimmen gleichzeitig, dürften, wenn Manipulationen ausscheiden, keine Halluzinationen der Anwesenden vorliegen.

*Doppelgänger:* »Sichtbares« feinstoffliches Double einer Person, das vom materiellen Körper räumlich etwas versetzt bzw. an einem anderen Ort erscheint. Das Phantom tritt scheinbar vollmaterialisiert oder auch nur schemenhaft in Erscheinung.

*Ektoplasma:* Frühere Bezeichnung für Bioplasma (vgl. *Bioplasma*), das sich materialisiert hat.

*Enzephalogramm (Elektroenzephalogramm, EEG):* Aktionsstromkurve des Gehirns.

*Erscheinungen:* Die Parapsychologie versteht hierunter paranormale Manifestationen. Diese können sich als »Gesicht« (Illusion oder Halluzination mit paranormalem Inhalt) oder als quasimaterielle Phantome bemerkbar machen. E. lassen sich auch tiefenpsychologisch, aber nicht konventionell-physikalisch erklären.

*Faradayscher Käfig:* Metallische Abschirmung eines Raumes gegen äußere elektromagnetische Felder.

*Feinstoffkörper:* Hypothetischer »geistiger Körper«, der dem biologischen Körper zeitlebens dimensional übergeordnet angelagert ist. Er liegt offenbar in Abstufungen zwischen dem rein geistigen oder Bewußtseinskörper und einem dem Materiellen näheren Bioplasmakörper vor.

*Hellsehen:* Paranormales Erfahren von Objekten oder Sachverhalten in der Gegenwart oder Vergangenheit ohne Vermittlung der normalen Sinne.

*»Höllenvisionen«:* Negative Nahtoderfahrungen, die evtl. durch religiöse Prägung oder übertriebene subjektive Schuldgefühle entstehen können.

*Hyperästhesie:* Überempfindlichkeit, vor allem der Sinnes- oder Gefühlsnerven, eine Art Sonderwahrnehmungsvermögen. Mitunter kann zwischen H. und ASW kaum unterschieden werden. Es gibt fließende Übergänge.

*Hyperraum:* Mathematisch erfaßbares, höherdimensionales Gebilde jenseits unserer vierdimensionalen Raum-Zeit-Welt (Einstein-Universum), mit dem wir berührungslos verschachtelt sind. Der H. ist mit unseren normalen Sinnesorganen nicht erfaßbar. Nach Ansicht des Autors ist er der Bereich, in dem alle psychischen und paranormalen Phänomene stattfinden und über den Zeitreisen möglich sind, da es dort kein zeitliches Vor- und Nachher gibt, sondern nur Gleichzeitigkeit.

*Informationstransfer:* Ein von Professor James A. Harder (Berkeley-Universität, USA) geprägter Begriff, der anstelle des Terminus *Reinkarnation* benutzt werden soll, um dieses Phänomen wissenschaftlich akzeptabel untersuchen zu können.

*Inkarnation:* Der Glaube, daß die Seele eines Menschen nach dem Tod in ein anderes Lebewesen überwechselt.

*Intervention:* Verhinderung eines präkognitiv wahrgenommenen Ereignisses. Bei der Wahrnehmung müßte es sich dann um eine *Scheinpräkognition* gehandelt haben, denn bei echter Vorausschau ist eine Korrektur des Schicksals nicht möglich.

*Jenseitsstimmen (Transstimmen):* Über Radio oder auf Tonband objektiv vernehmbare Stimmen Verstorbener.

*Kausalität:* Zusammenhang von Ursache und Wirkung. Alle wissenschaftlich verifizierbaren Prozesse laufen kausal ab. Mikrophysikalische Prozesse können akausal verlaufen (Tunnelprozesse). Vorauswissen (Präkognition) ist mit der klassischen Kausalität nicht vereinbar.

*Kontrollgeister:* Nach spiritistischer Auffassung ist dies der »Geist« (Bewußtsein) eines Verstorbenen, der Botschaften aus dem Jenseits vermittelt. Animisten verstehen hierunter Teilpersönlichkeiten des menschlichen Unbewußten.

*Kristallsehen (Kristallomantie):* Alle Verfahren, die durch Betrachten von spiegelnden, leuchtenden oder durchsichtigen Körpern Visionen auslösen, die der Zukunftsdeutung dienen.

*Kryptoskopie:* Räumliches Hellsehen.

*Kugelblitze:* Verhältnismäßig seltene Erscheinungsform des Blitzes. K. bewegen sich als leuchtende Kugeln relativ langsam an der Erdoberfläche. Ihr physikalisches Verhalten ist meist anders als das normaler Blitze.

*Levitation:* Das physikalisch noch nicht eindeutig erklärbare Schweben von Objekten oder Personen (vgl. *Autolevitation*). Evtl. teilweise Steuerung der Gravitation durch bioplasmatische Stützfelder (Antigravitation).

*Materialisation:* Das Hervorbringen filmartiger, transparenter oder dreidimensional wirkender, scheinbar stofflicher Gebilde, die offenbar durch das Einwirken des Bewußtseins auf Bioplasmafelder zustande kommen. Ufologie: Das plötzliche Auftauchen eines Ufos aus dem »Nichts«. Umgekehrter Vorgang: Dematerialisation.

*Medien (Sensitive):* Besonders medial veranlagte Personen; solche, deren Psi-Fähigkeiten ausgeprägter sind als bei »normalen« Menschen.

*Mini-Schwarze-Löcher:* Mikroskopische Gegenstücke zu kosmischen Schwarzen Löchern.

*Multidimensionales Gebilde:* Ein Gebilde, das aus mehr als vier Dimensionen (Raumzeit) besteht. Nur mathematisch, nicht aber mit den normalen menschlichen Sinnesorganen nachvollziehbar.

*Nahtoderlebnisse (NTEs):* Paranormale Wahrnehmungen im Zustand des vorübergehenden klinischen Todes.

*Nano-Technik:* Neue Technik, die mit Bauteilen und Geräten arbeitet, deren Größenordnung sich im Bereich von Milliardstel Metern bewegt. Nano-Teilchen sind so groß wie der einmillionste Teil des Punktes am Ende dieses Satzes. Diese Technik erlaubt z. B. den Bau von Robotern in Millimetergröße.

*Neue Physik:* Indem sie vor allem quantenphysikalische Fakten und die Einflüsse des Bewußtseins (Denkprozesse) auf materielle Systeme berücksichtigt, vermag sie auch sogenannte paranormale oder Psi-Phänomene zu erklären.

*Paradoxon:* Eine sich widersprechende Behauptung.

*Parallelwelttheorie:* Parallel zu unserem Raum-Zeit-Universum existierende, für uns normalerweise nicht erkennbare Welten, die nach dem amerikanischen Physiker F. A. Wolf auch Vorauswissen (Präkognition) und die Möglichkeit von Zeitreisen erklären, ohne Paradoxa und Anachronismen heraufzubeschwören.

*Paraphysik:* Die »Physik« des Paranormalen. Sie beschreibt paranormale physikalische Vorgänge, wie z. B. die *Psychokinese* (siehe dort).

*Phantom:* Auch: Phantasma, Trugbild, Sinnestäuschung. In der Parapsychologie: Gestalthafte Materialisation unterschiedlichen Verdichtungs- oder Verstofflichungsgrades.

*Plasma, freies:* hochionisiertes, elektrisch leitendes Gas, z. B. bei *Kugelblitzen* (siehe dort).

*Poltergeist-Phänomene:* Spontane, wiederkehrende Psychokinese, gekennzeichnet durch unerklärliche Geräusche und physische/physikalische Belästigungen (spontane Objektversetzungen, Levitationen, Bilder drehen sich um ihre Aufhängung, Herausfallen von Befestigungselementen, Zerplatzen von Glühbirnen und Gläsern, Auftreten von Wasserschwällen, Ausbruch von Bränden ohne erkennbare Ursache, Apporte usw.).

*Progression:* Gegenteil von *Regression* (siehe dort). Bei der P. werden Personen in Hypnose in eines von zahllosen theoretisch möglichen Zukunftsszenarien geführt, wobei deren Wunschvorstellungen miteinfließen. Der Betreffende kann also bis zu einem gewissen Grad auf eine bestimmte Zielvorstellung hinarbeiten (dient u.a. der Stärkung des Selbstvertrauens).

*Psi-Komponente:* Begriff geprägt von J.-B. Delacour. Interessen, Neigungen und Charaktereigenschaften, die ein Mensch während seines irdischen Lebens erworben hat, bleiben in einer hypothetischen P. enthalten. Sie geht bei der Zeugung bzw. Geburt auf den neuen Körper über (vgl. *Reinkarnation* und *Informationstransfer*).

*Psychokinese:* Orthodox-physikalisch nicht erklärbare, durch das Bewußtsein ausgelöste Einflußnahme auf materielle Systeme (z.B. berührungsloses Bewegen oder Verbiegen von Objekten, vgl. *Poltergeist-Phänomene*).

*Psychometrie:* Das Erfassen von psychischen Inhalten des Vorbesitzers eines Objektes. Ein Medium, das einen Gegenstand in Händen hält (z.B. ein Schmuckstück) vermag über dessen Vorbesitzer – seine Persönlichkeit und Aktivitäten – Aussagen zu machen. Parapsychologen glauben, daß durch die Berührung des Objekts zwischen Medium und Vorbesitzer eine telepathische Verbindung – ein Rapport – hergestellt wird.

*Regression:* Hypnotische Rückführung in frühere Lebensabschnitte bzw. in Vorleben.

*Reinkarnation* (Wiedergeburt; lat.: Wiederfleischwerdung): Die Annahme, eine individuelle seelisch-geistige Wesenheit (Bewußtseinspersönlichkeit) überlebe den Tod und könne in einem Menschen wiedergeboren werden.

*Rematerialisation:* Wiederverstofflichung.

*Sensitive (Medien):* Personen mit besonders ausgeprägten paranormalen Fähigkeiten.

*Spaltpersönlichkeiten:* Psychiatrie: Das Bewußtsein einer Person teilt sich in unterschiedlich agierende Charaktere auf. Spiritisten glauben, daß es sich hierbei um verirrte, verwirrte Bewußtseinspersönlichkeiten Verstorbener handelt, die den Übergang in ihre jenseitige Realität nicht finden können und sich daher dem Bewußtsein eines Lebenden anlagern, wobei sie dieses mitunter zu verdrängen versuchen.

*Spiegelwelten:* Komplementärwelten zu unserem Raum-Zeit-Universum.

*Spiritismus:* Der S. geht davon aus, daß die geistig-seelische Komponente des Menschen (Bewußtsein) den biologischen Tod überlebt und sich unter bestimmten Umständen in unserer Welt manifestiert.

*S. P. R., Society for Psychical Research* (engl.: Gesellschaft für psychische [paranormale] Forschung): Eine im Jahre 1882 von den Engländern Barrett, Gurney, Myers und Romanes gegründete Vereinigung, die sich der Erforschung des Paranormalen widmet.

*Spuk, personen-, orts- bzw. zeitgebundener:* Sich wiederholende, spontane psychokinetische Manifestationen. Spukphänomene können visuell, optisch oder haptisch wahrgenommen werden. *Personengebundener Spuk:* häufig durch pubertierende Jugendliche oder Sterbende verursacht. *Ortsgebundener Spuk:* Er tritt in unregelmäßiger Folge immer am gleichen Ort auf. *Zeitgebundener Spuk:* Tritt meist am Jahrestag eines bestimmten tragischen Ereignisses in Erscheinung.

*Synchronismus:* Das kausal unerklärliche Zusammenstimmen von psychischen Erlebnissen bzw. Vorgängen und physischem Geschehen (Prinzip akausaler Zusammenhänge).

*Schreiben, automatisches:* Der »automatisch« Schreibende schreibt unwillkürlich und meist zwanghaft; der Sinngehalt des Textes erscheint oft persönlichkeitsfremd.

*Telepathie:* Eine nicht durch die uns bekannten Sinne vermittelte Erfahrung eines fremdpsychischen Vorgangs. Übertragen werden Eindrücke, Ideen, Stimmungen, Bilder usw.

*Teleportation:* Das auf psychischem oder paraphysikalischem Wege erfolgende Versetzen eines Objekts oder Menschen an einen anderen Ort (evtl. auch in eine andere Zeit).

*Thanatologie:* Sterbeforschung; Erforschung der Vorgänge beim Sterben.

*Transkommunikation:* Kontakt mit Jenseitigen. *Instrumentelle Transkommunikation (ITK):* Apparative Jenseitskontakte. Prof. Dr. Ernst

Senkowski unterscheidet zwischen Transaudio, Transvideo, Transtext und Transmitteilungen über Telefon.

*Transwesenheiten:* Bewußtseinspersönlichkeiten Verstorbener im Jenseits.

*Viele-Welten-Interpretation der Quantenmechanik:* Die 1957 postulierte Theorie der Physiker Prof. Hugh Everett und John Wheeler, die die Existenz praktisch unendlich vieler dimensional versetzter Welten (Parallelwelten) annehmen.

*»Voice box«* (vgl. *Direkte Stimmen*): Ein hypothetischer künstlicher Kehlkopf, der sich nahe dem Medium frei im Raum bildet. Nach spiritistischer Auffassung wird er von Transwesenheiten geformt, die sich durch ihn akustisch manifestieren.

*Vorauswissen (Präkognition):* Das Wissen um zukünftige, nicht erwartete, durch Trendverfolgung nicht abschätzbare Ereigniseintritte. Das Phänomen hebt scheinbar die Kausalität auf.

*Warnträume:* Träume, in denen man von bevorstehenden Unfällen oder Katastrophen träumt. Sind sie echt präkognitiver Natur, läßt sich das wahrgenommene Geschehen nicht vermeiden. Betreibt man aufgrund des Traumes eine Abwendungsstrategie und verhindert man auf diese Weise den negativen Ereigniseintritt, so könnte dies gewollt, gewissermaßen als Warnung, von vornherein in der Präkognition enthalten sein.

*Yin-Yang-Prinzip:* Hier eine Art ausgleichendes Prinzip.

# *Literatur*

## I Konfrontation mit der »anderen« Wirklichkeit

Andreas, P., Kilian, C.: *»Die Phantastische Wissenschaft«*; Düsseldorf/Wien 1973
Chowrin, A. N.: *»Experimentelle Untersuchungen auf dem Gebiet des räumlichen Hellsehens«*; München 1919
Comin, J.: *»Informazioni di Parapsicologica«*, Nr. 1, 1973
Gault, J.: *»George Is a Time Machine«*; The Sunday Citizen, Ottawa, 11.8.1973
Gubisch, W.: *»Hellseher, Scharlatane, Demagogen?«*; München 1961
Hellwig, A.: *»Okkultismus und Verbrechen«*; Berlin 1929
Keller, W.: *»Was gestern noch als Wunder galt«*; Zürich 1973
Macklin, J.: *»Caravan of the Occult«*; New York 1971
Naegeli-Osjord, H.: *»Besessenheit und Exorzismus«*; Remagen 1973
Neuhäusler, A.: *»Telepathie – Hellsehen – Präkognition«*; München 1957
Pagenstecher, G.: *»Hellsehen in die Vergangenheit, Gegenwart und Zukunft«*; Leipzig 1928
–: *»Die Geheimnisse der Psychometrie«*; Leipzig 1928
Pasquali, G.: *»Ist keiner aus dem Jenseits zurückgekommen?«*; Gröbenzell 1970
Schmeidler, G.: *»Extra Sensory Perception«*; New York 1969
Wissiak, H.: *»Der Leitmeritzer Hellseher-Prozeß Hanussen«*; Königsberg 1928

## II Die Macht des Bewußtseins

Alder, V. St.: *»The Fifth Dimension«*; London 1960
Carrington, H.: *»Story of Psychic Science«*; London 1930

Clark, A.: »*Psychokinese*«; Freiburg 1973
Green, E.: »*Beyond Biofeedback*«; New York 1975
Kingston, J.: »*Rätselhafte Begebenheiten*«; Mannheim 1979
Meckelburg, E.: »*Der Überraum*«; Freiburg 1978
–: »*Bremsmanöver der Psyche*«; esotera 9/1979
–: »*Störmanöver der Psyche*«; esotera 12/1982
–: »*Psi-Lift*«; esotera 4/1984
–: »*Von Psi zur geistgesteuerten Maschine*«; esotera 1/1998
Rhine, J. B.: »*Extra Sensory Perception*«; Boston 1964
Roll, W. G.: »*Der Poltergeist*«; Freiburg 1976
Rogo, D. S.: »*The Haunted Universe*«; New York 1977
Smith, S.: »*The Enigma of Out-of-Body-Travel*«; New York 1972
Sugleris, P.: Korrespondenz mit dem Autor, am 1.8.1989 und am 8.1.1992
Taylor, J.: »*Superminds*«; New York 1975
Uccusic, P.: »*PSI-Resümee*«; Genf 1975
Watson, L.: »*Geheimes Wissen*«; Frankfurt 1976

## III Diesseits, Jenseits und danach

Brooksmith, P.: »*Life after Death*«; London 1984
Currie, I.: »*Niemand stirbt für alle Zeit*«; München 1978
David-Neel, A.: »*Unsterblichkeit und Wiedergeburt*«; Wiesbaden 1962
Ford, A.: »*Bericht vom Leben nach dem Tode*«; Bern 1973
Frazer, J. G.: »*Mensch und Unsterblichkeit*«; Leipzig 1932
Landau, L.: »*An Unusual Out-of-Body Experience*«; Journal of the S. P. R., Bd. 42, Sept. 1963
Muldoon, S., Carrington, H.: »*Die Aussendung des Astralkörpers*«; Freiburg 1964
Muller, K.: »*Reincarnation Based on Facts*«; London 1965
Neidhart, G.: »*Werden wir wiedergeboren?*«; München 1959
Osis, K.: »*Deathbed Observations by Physicians and Nurses*«; New York 1961
Ritter, G.: »*Und die Toten leben doch*«; Steinbach 1955
Tweedale, Ch. L.: »*Man's Survival after Death*«; London 1909
Whiteman, J. H. M.: »*The Process of Separation and Return in Experiences Fully Out-of-the-Body*«; Proceedings of the S. P. R., 1953–1956
Yram: »*Practical Astral Projection*«; New York 1972

## IV Jenseits der »Normalität«

Davies, P.: »*Great Balls of Fire*«; New Scientist, 24. Dez. 1987
Ducasse, C. J.: »*A Philosophical Scrutiny of Religion*«; New York 1953
Hart, H.: »*Six Theories about Apparitions*«; Proceedings of the S. P. R., Bd. 50, Mai 1956
Kemmerich, M.: »*Gespenster und Spuk*«; Ludwigshafen 1921
Kingston, J.: »*Rätselhafte Begebenheiten*«; Mannheim 1979
Mikorey, M.: »*Phantome und Doppelgänger-Erscheinungen*«; München 1952
Nichols, A.: »*The Marfa Ghost Lights*«; Fate 11/1997
Schneider, A.: »*Physiologische und psychosomatische Wirkungen der Strahlen Unbekannter Himmelserscheinungen*«; Innsbruck 1982
Smith, S.: »*Astrale Psi-Geheimnisse*«; München 1978
Stacy, D.: »*The Marfa Lights*«; A Viewer's Guide 1989

# Register